KB212438

꿈을 깨면 내가 부처

서암 큰스님 법어집2
꿈을 깨면 내가 부처

초판 1쇄 인쇄 | 2015년 3월 30일
초판 2쇄 발행 | 2015년 6월 10일

지은이 | 서암스님

펴낸이 | 김정숙
기획 | 임원영 임혜진
편집 | 오재헌 손명희
관리 | 박영준

펴낸곳 | 정토출판
등록 | 1996년 5월 17일 (제22-1008호)
주소 | 137-875 서울시 서초구 효령로 51길 7(서초동)
전화 | 02-587-8991
전송 | 02-6442-8993
이메일 | book@jungto.org
홈페이지 | book.jungto.org

디자인 | 끄레 어소시에이츠

ISBN 978-89-85961-86-8 03220

이 도서의 국립중앙도서관 출판예정도서목록(CIP)은
서지정보유통지원시스템 홈페이지(http://seoji.nl.go.kr)와
국가자료공동목록시스템(http://www.nl.go.kr/kolisnet)에서
이용하실 수 있습니다.(CIP제어번호: CIP2015009066)

서암 큰스님 법어집2

꿈을 깨면 내가 부처

서암 스님 지음

정토출판

눈앞에 빛나는 주인공이

바로 여러분의 부처입니다.

어떤 곳에서 어떤 일을 하든지

누워 있든지 앉아 있든지

가든지 오든지 변소에서 대변을 보든지

심지어는 멱살을 쥐고 싸우는 일이 있다 할지라도

항상 그 부처를 잠시도 놓치지 않고

자기 부처를 똑바로 봅시다.

깨우침, 서암 큰스님과 인연

살아 있는 생활 선禪의 가르침

깨우침의 인연

큰스님을 처음 뵌 것은 1981년 미국 로스앤젤레스의 한 작은 절에서입니다. 그 절은 가정집 1층 반지하에 있었는데 제가 찾아갔을 때에는 주지 스님은 안 계시고 노스님 한 분만 계셨습니다. 그때 노스님께서 저를 맞이하며 하시는 말씀이 "나도 객으로 왔지만 그래도 하루라도 먼저 온 내가 자네보다 주인이 된다." 하시며 손수 비빔밥을 만들어주셨습니다.

저녁이 되어 잠자리를 준비하는데 침대는 불편하다며 저에게 침대를 내주시고 노스님은 바닥에 자리를 펴셨습니다. 그런 편안한 분이시라 이런저런 이야기를 하게 되었습니다.

저는 중·고등학생 때부터 청소년 불교운동을 하면서 불교가 좋으면서도 한국 불교계의 부정적인 모습에 늘 비판적인 시각을 갖고 있었습니다. 그러다 1980년에 일어난 10·27 법난에 불교계가 제대로 대응하지 못하는 것을 보면서 분노하고 있었습니다. 그러던 차에 편안한 노스님을 뵙자 노스님이 마치 기존 불교를 대표하는 사람인 양, 그동안 마음에 쌓아두었던 한국 불교에 대한 비판을 쏟아냈습니다. 그렇게 두 시간 넘게 비판을 하고 나서 어떻게 하면 이런 한국 불교를 정화할 수 있겠느냐고 노스님께 물었습니다.

그러자 묵묵히 듣고만 계시던 노스님이 조용히 답하셨어요.

"여보게,

어떤 한 사람이 논두렁 아래 조용히 앉아

그 마음을 스스로 청정히 하면

그 사람이 중이요, 그곳이 절이지.

그리고 그것이 바로 불교라네."

두 시간에 걸친 비판과 질문에 대한 답은 이렇게 간단했습니다.

그러나 그 말씀은 제게 큰 충격을 주었습니다. 그동안 저는 불교를 개혁하고 새로운 불교운동을 해야 한다며 나름대로 노력하고 있었습니다. 그런데 노스님의 그 한 말씀에 불법을 말하면서도 눈은 밖으로 향해 있는 내 모습을 보았던 것입니다.

'그래. 불교라는 것은 그 마음을 청정히 하는 것이지. 그 마음을 청정히 한 사람이 수행자요, 그 수행자가 있는 곳이 절이며 그런 것을 불교라 한다. 기와집이 절이 아니고, 머리카락을 깎고 먹물 옷을 입었다고 중이 아니다. 내가 지금껏 불교를 개혁한다고 했는데 이제 보니 불교 아닌 것을 불교라고 착각하고 개혁하려 했구나. 그러니 그것은 마치 허공의 헛꽃을 꺾으려 한 것이요, 꿈속의 도둑을 잡으려고 한 셈이어서 그토록 답답할 수밖에 없었구나.'

노스님의 한 말씀으로 저의 삶과 불교운동은 큰 전환점을 맞게 되었습니다. 잘못되었다고 비판하고 싸우는 데 에너지를 쏟기보다는 부처님의 근본 가르침을 먼저 실천하고 불교적인 대안을 제시하는 방향으로 전환하게 되었던 것입니다.

소탈한 성품

그분이 바로 당시 봉암사 조실이셨던 서암 큰스님이었습니다. 그러나 당시는 그분이 어떤 분인지도 모르는 채 큰 가르침에 감동과 고마움만 안고 한국으로 돌아왔습니다. 그러다 그 이듬해 분황사에서 청소년 수련을 할 때 분황사를 방문한 큰스님을 뵙고 그분이 서암 큰스님임을 알게 되었습니다.

그리고 몇 년이 지난 뒤 서울 비원 앞에 20평짜리 사무실을 빌려 작은 법당을 내면서 큰스님께 전화를 드려 3일간 개원 기념 법문을 해주십사 말씀드렸더니 큰스님은 단지 '미국에서 만난 아무개입니다.'는 설명만으로 흔쾌하게 응낙해주셨습니다. 그래서 "제가 모시러 가겠습니다." 하고 말씀드렸더니 "뭘 바쁜 자네가 내려오나. 한가하고 늙은 내가 알아서 올라가지." 하셨어요.

그리고 큰스님께서는 시외버스를 타고 마장동에 오셔서 다시 시내버스를 타고 대각사에 들러 점심을 드시고 법회 시간에 맞춰

오셨습니다. 큰스님은 약속 시간에 늦은 적이 없으셨습니다. 최소한 30분 전, 보통 1시간 전에 오셨지요. 그렇게 큰스님은 서울의 어느 절에 주무시면서 저희 법당을 오가며 3일간 아침저녁으로 법회를 해주셨습니다. 대중이라야 고작 스무 명 남짓이 모인 좁디좁은 단칸 사무실이었음에도 저희 젊은 불자들을 위해 법문을 해주셨습니다.

그렇게 하시고 봉암사에 가셔서 한 달간 몸살을 앓으셨다고 합니다. 다시 법회에 모시려고 봉암사에 전화했을 때 시봉 스님으로부터 들어서 알았지요. 그러니 비록 큰스님께서는 법회 요청을 허락하셨지만 시봉 스님에게 단단히 야단을 들을 수밖에 없었지요. 그래서 그다음 법회에는 시봉 스님이 따라 올라오셨어요. 큰스님은 그렇게 소탈하셨습니다.

또 한 번은 법회 후 질문 시간을 갖는데 한 사람이 계속 초점이 어긋나고 제자리를 맴도는 질문을 해 모두 답답하게 생각하고 있었어요. 그러자 시봉 스님도 안 되겠다 싶으셨는지 큰스님께 "스님, 못 알아듣는데 그만하시지요."라고 하셨어요. 하지만 큰스님은 대수롭지 않은 듯 "아, 못 알아들으니 내가 여기까지 왔지. 알아듣는 사람만 있으면 내가 무슨 말이 필요해." 하시더니 계속해서 자상하게 답을 일러주셨지요. 저는 한편으로는 죄송스럽고, 한편으로는 포교를 어떻게 해야 하는가에 대한 깨우침을 얻기도 했습니다.

검소한 생활

큰스님께서는 서울에 오실 때나 지방 가실 때 언제나 통일호나 버스를 타고 다니셨어요. 어쩌다 새마을호 표를 끊어드리려 하면 마다하며 꼭 통일호를 타고 가겠다고 하셨습니다. 민망한 마음에 이유를 여쭈어보니, 첫째는 통일호 타는 노인에게는 승차비를 할인해준다, 둘째는 통일호 의자는 딱딱해서 참선하기에 좋다며 아주 단호하셨어요.

나이가 들고 많은 사람의 존경을 받는 위치에 계시면서도 검소하게 생활하는 것이 마치 갓 출가하실 때처럼 그대로 살고 계셨지요. 우리는 지금도 그렇게 못 사는데 말입니다.

서암 큰스님이 주석해 계신 봉암사는 가은 버스터미널에서 20리가 넘는 거리입니다. 그런데 노스님은 그 거리를 늘 걸어다니셨습니다. 그래서 어쩌다 선방 수좌들이 시내에서 택시를 타고 들어오다가 큰스님이 앞에 가시면 지나칠 수도 없고 해서 어쩔 수 없이 내려서 걸어갔다 합니다.

또 대중이든 신도든 음료수를 마시는 것을 보면 “왜 맑은 물 놔두고 썩은 물을 돈 주고 사 마시나?” 하셨고, “공부하는 사람은 차 달여 마시는 것도 엉뚱한 짓”이라고 질책하셨다고 합니다.

쓸데없는 일에 욕심 안 부리고 공부에만 전념한다면 저절로 수행이 된다는 것을 큰스님께서는 늘 생활 속에서 깨우쳐주셨습니다.

언제나 배려하는 마음

제가 포교원을 처음 개원했을 때는 자리도 좁고 돈도 없어서 불상도 못 모시고 관세음보살님 액자 하나를 모시고 시작했습니다. 어른 스님을 모시면서 법당 하나 제대로 갖추지 못한 것이 송구해서 큰스님께 "아직 불상을 모시지 못했습니다."라고 말씀드렸더니 그때 큰스님께서는 "생불이 앉을 자리도 없는데 불상이 앉을 자리가 어디 있겠느냐."며 조금도 개의치 않고 법회를 행하셨습니다.

그러다 홍제동으로 옮겨 정토포교원을 열었을 때 불상을 모시겠다고 말씀드렸더니 이번에는 큰스님이 불상 만드는 곳을 직접 찾아가셔서 주머니 속에 꼬깃꼬깃 넣어두셨던 쌈짓돈을 꺼내어 제작자에게 주시면서 "이 젊은이들은 돈이 없으니 이 돈만 받고 해주게." 하시면서, 불상은 허리가 좀 길어야 기상이 있어 보인다고 허리를 좀 더 키우라고 자상하게 지시해주셨습니다. 그러니까 저희 정토회가 처음 모신 불상은 바로 그렇게 큰스님이 해주신 것이었습니다.

1989년도 하안거 기간에는 제가 봉암사에 가서 부목을 한 철 살았습니다. 미래 사회에 대한 새로운 모색을 하려면 하던 일을 모두 멈추고 아무도 모르는 곳에서 나를 돌아보는 것이 필요하다는 생각에서 그런 시간을 마련한 것이라 다른 대중들 모르게 지낼 수 있도록 해달라고 큰스님께 부탁드렸습니다. 그래서 큰스님도 모른 척해주셨지요.

제가 그때 부목 일을 참 죽기 살기로 열심히 했습니다. 세상에서 하던 일조차 잠시 놓고 근본을 돌아보는 생활을 하려고 그곳에 갔는데 또 그렇게 일하는 것에 빠졌던 것이지요.

하루는 땀을 콩죽같이 흘리며 장작을 패고 있는데, 큰스님이 가까이 오셔서 지나가듯 말씀하셨어요.

"최 법사, 자네 없어도 이제까지 봉암사 잘 있었네."

본분을 놓치고 일에만 집착하는 저를 그렇게 은근히 깨우쳐주셨습니다.

그때 제가 봉암사를 찾아온 거지를 설득해서 함께 부목을 살았는데, 그는 나를 보고 "너는 중도 아닌데 뭣 땜에 새벽 3시에 일어나 예불하고 또 저녁 예불도 하면서 중처럼 지내느냐?" 하면서 놀리곤 했지요. 그러다가 어느 날 제가 일을 무리하게 해서 몸살이 나 몸져눕게 되었어요. 그런데 제가 약방에 간 사이에 큰스님께서 아무도 몰래 방에 오셔서 꿀을 놓고 가셨습니다. 그것을 본 거지는 다음날로 절을 떠나버렸어요. 제가 부목이 아닌 줄 알았던 것이지요. 돌이켜보면 저는 이제까지 큰스님의 배려를 참 많이 받았습니다.

언제나 법도에 맞게

문경 정토수련원을 개원할 당시의 일입니다. 아직 길도 안 닦인 그곳에서 슬레이트 지붕의 작은 요사 하나 지어 수련원 개원 법문을 청했는데 큰스님은 흔쾌히 응하시고 땀을 흘리며 걸어오셨지요. 건물이 작아 감나무 그늘 밑에 놓인 돌 위에 앉아 법문을 하시고 저희도 돌을 깔고 앉거나 땅바닥에 앉아 법문을 듣는 그야말로 야단법석이 펼쳐졌지요. 그때 법문을 마친 큰스님께서는 저희 젊은 사람들을 기특해하시면서 돌밭을 돌아보며 "앞으로 여기에 큰 건물이 쫙 들어설 것이야."라고 하셨는데 당시에 저희는 그곳에 불사를 할 생각을 못 했는데 지금 저희들의 계획을 미리 보신 듯합니다.

큰스님은 출가 재가를 막론하고 누구나 수행 정진하는 대승불교의 정신이 잘 살려지길 바라셨지요. 그래서 1991년 제가 다시 머리를 깎고 출가했을 때 탄식하시면서 "아니! 최 법사가 죽었구먼, 죽었어." 하시면서 섭섭해하셨어요. "이 세상에 중은 흔해도 최 법사는 귀하다."는 말씀을 하시면서 아쉬워하셨지요.

종정이 되실 때에도 큰스님께서는 안 하려 하셨습니다. 그러다 원로 회의에서 그렇게 결정하고 간곡한 요청이 있자 "내가 조계종 중으로 종단에 빚이 많으니 밥값은 해야겠구나." 하시며 응하기는 하셨지만 사태가 정리되면 곧 그만둔다고 하셨습니다.

나중에 종단 사태가 발생했을 때 많은 스님들이 개혁한다며 힘으로 밀어붙이자, "세력으로 밀어붙이는 것은 불법이 아니라 폭력이야."라고 말씀하시면서 세속 법이 아니라 불법에 따라 순리로 풀기를 권하셨습니다.

결국 종정직을 사퇴하신 큰스님께서는 종단에 폐를 끼치지 않겠다며 처음 출가하실 때처럼 다시 바랑 하나 짊어지고 노구를 이끌고 한곳에 머물지 않고 이곳저곳을 만행하셨습니다.

그러다가 봉화에 작은 토굴을 짓고 정착하셨을 때에도 손수 끼니를 지어 드셨습니다. 제자들이 시봉하겠다고 찾아오면 바랑을 문밖으로 내던지면서 "공부하려고 중 되었지, 남의 종 노릇하려고 중 되었냐!" 면서 야단을 쳐서 돌려보내곤 하셨습니다.

한번은 그곳을 지나다 들르게 되었는데 그때가 한겨울이었습니다. 그런데 방이 아주 냉골이라 참으로 황망한 마음에 "방이 왜 이리 춥습니까?" 하고 여쭤보니 "보일러가 많이 쓴다고 자꾸 데모를 해!" 하시는 것이었어요. 보일러가 고장났지만 혼자 계시다 보니 손을 쓸 수 없었던 겁니다. 그래도 끝끝내 큰스님은 몸을 움직일 수 있으면 됐다고 하시면서 시봉 스님을 받지 않으시려 했지요.

즐거운 가운데 깨우침을 주는 살아 있는 법문

큰스님께서는 그렇게 소탈하고 검소하게 그리고 언제나 법도에 맞게 살아오셨습니다. 그렇다고 고리타분한 것과는 거리가 멉니다. 큰스님은 번뜩이는 유머 감각으로 언제나 대중을 즐겁게 해주셨고, 그 즐거운 가운데 깨우침을 주시는 참으로 살아 있는 법문을 하셨지요.

일반 법문도 감동적이지만 특히 대담에 뛰어나셨습니다. 한번은 방송용 대담을 하는데 한 질문당 3분 이내로 해주시면 좋겠다는 진행자의 말에 "그러마." 하시더니 정말 시간을 잰 듯 정확하게 그러면서도 핵심을 밝혀주시는 말씀을 하셔서 방송 진행자가 감탄을 하였습니다.

다리가 아프면 "몸뚱이도 80년 부려먹었더니 이제 다리가 데모를 해." 하며 웃으셨고, 어느 날 파리가 밥에 앉는 것을 보고는 "아 참, 그놈 발도 안 씻고 남의 밥상에 앉는다."고 하시는 등 큰스님의 유머와 번뜩이는 지혜는 우리를 늘 깨우쳐주었습니다.

또 젊었을 때 수행하면서 경험하신 이야기도 그렇습니다. 한번은 거지들이 자기들은 하루 종일 구걸해도 많이 못 얻는데 스님이 탁발하면 자기들 보다 많이 얻으니까 큰스님 뒤를 졸졸 따라다니면서 동냥을 얻었다고 합니다.

그렇게 하루 종일 함께 다니고 저녁 무렵 마을 어귀에 도착했을 때입니다. 큰스님이 갑자기 뒤돌아서서 그 거지들을 향해 요령을 흔들며 염불을 하신 것입니다. 처음에는 당황하던 거지들도 차츰 얼굴이 환해지면서 큰스님 바랑에 그날 얻은 것을 다 넣어주면서 좋아하더랍니다. 주는 것이 기쁨임을 거지들에게 알게 해주신 것이지요. 참으로 가섭 존자 이야기가 실감나는 살아 있는 법문이지요.

불교를 전혀 모르는 대중이라도 큰스님의 말씀은 쉽고 친근하게 불법의 핵심에 다가가게 해줍니다. 옛 성인의 말씀을 인용하실 경우에도 그 예가 정확하고 쉬우면서도 옛사람의 정취를 느끼게 해주십니다. 문자로는 큰스님의 그러한 독특한 향기를 다 전할 수 없어서 아쉬울 따름입니다.

한국 최고의 선승이자 원로 스님이신 서암 큰스님! 세수로 80세가 넘도록 몸이 허락하는 한 언제나 대중교통을 이용하시고 시봉 또한 두지 않으셨지요. 참으로 검소하고 소박하게 살아가신 큰스님의 모습에서 우리는 수행자의 삶이 어떠해야 하는가 그 근본을 볼 수 있습니다.

서암 큰스님께서 입적하신 지 10년이 되던 해, 큰스님의 가르침을 다시 새겨보는 일을 시작했습니다. 삶으로써 붓다의 가르침을 실천하고 선승의 풍모를 보여주셨던 큰스님을 회고록으로 다시 뵙고, 월간《정토》를 통해서 꾸준히 전해주신 큰스님의 가르침을 다시 모아 법어집으로 출간하는 일이었습니다.

올해, 서암 큰스님 열반일을 앞두고 두 번째 법어집을 내어놓습니다. 이번 법어집은 마음공부를 하면서 느끼게 되는 궁금함과 어려움을 대중들이 직접 큰스님께 여쭙고 이에 큰스님께서 답해주신 내용을 모아 엮은 것입니다. 특히, 이번 법어집은 불교를 처음 접하는 과정에서 생겨나는 소소한 의문점에서부터 공부의 과정에서 일어나는 수행의 문제에 이르기까지 그에 대한 쉽고 명쾌한 큰스님의 말씀이 담겨 있습니다. 아무쪼록 큰스님의 말씀이 여러 분의 수행에 나침반이 되기를 바랍니다.

2015년 4월

법륜 삼가 씀

차례

제3장 수행의 길잡이

제4장 생활 속 수행 이야기

일러두기

1. 이 법어집은 1988년부터 월간 ≪정토≫에 연재된 서암 큰스님의 〈생활 선禪을 위한 큰스님 말씀〉을 묶은 것입니다.
2. 각 법문의 시기와 장소 표기는 생략하였습니다.
3. 본문에 실린 법어 휘호는 서암 큰스님이 쓰신 것입니다.

제1장

마음 하나 밝히면 극락

내 마음을 살피는 그 마음은 무엇입니까

자기 모습을 살펴서 진짜 자기 모습을 발견하라 하시지만 내 마음을 살피는 그 마음이 무엇인지 모르겠습니다. 그것 역시 기쁨과 슬픔을 왔다 갔다 하는 마음이 아닌지 의심이 듭니다. 이렇게 내 마음을 살피는 그 마음은 무엇인지요?

그것은 배워서 알게 되는 것이 아닙니다. 마음 없는 사람 손 한 번 들어보세요. 집 안에 빗장으로 채워놓고 온 사람 있나요. 거기 항상 있는 그 마음을 응시해서 자기가 깨쳐야지 설명으로는 안 됩니다. 말로 설명할 수 있는 것은 전부 이론입니다. 그 이론이 막히는 곳에서 빛이 나는 것이 마음인데 그것을 이론으로 설명하라 하니 저 태산을 저울에 놓고 재려는 것과 같습니다. 스스로 꽉 막혀야 합니다. 그것이 화두입니다.

도무지 모르겠다 이 말입니다. 모르기는 모르는데 이놈을 찾아 내려 해도 찾을 수가 없거든요. 그러니 답답하지요. 눈 밝은 의사가 해부를 해놓고 아무리 찾아봐야 마음을 못 집어냅니다. 그러면 마음은 없는 것이냐. 꼬집으면 아픈 줄 알고 부아 내고 기뻐하고 갖은 짓거리를 하는 그것이 없는 것이냐. 있다 해도 맞지 않고 없다 해도 맞지 않습니다. 있다 하려고 해도 아무리 찾아도 못 찾으니 있는 것이 아니고, 없다 하려니 분명 울고 웃고 하니 없는 것이냐 말입니다.

우리가 미워하고 좋아하는 등의 희로애락은 육체가 있는 동안에만 써먹는 것입니다. 어리석은 사람은 물질적으로 더 풍부하고 향락적으로 오욕락을 누릴 수 있다고 하면 거기에 현혹되어 자기 인생을 불행의 구렁으로 떨어뜨립니다. 장수해서 백 년이 아니라 천 년을 산다 해도 그런 물질을 기준으로 사는 것은 행복이 아닙니다.

본시 마음은 형단이 없으니 키울 수도 없고 줄일 수도 없고 어디 묶어놓을 수도 없습니다. 육체는 모양이 보이니 거기에 갖은 짓거리를 할 수 있지만 마음은 그럴 수가 없습니다. 그 형단 없는 마음이 얼마나 큰지 보십시오. 이 우주 자리를 다 집어삼켜도 마음자리는 비좁지 않아요. 또 그 마음을 똘똘 뭉쳐서 바늘구멍에 몰아넣어도 구애가 없습니다.

마음은 형단이 없기 때문입니다. 형단이 없는데 무슨 구애가 있겠습니까. 우리 육체는 조그만 벽만 가려도 못 나가요. 마음은 그렇지 않습니다. 삼천대천세계가 다 환하게 그 자리가 그 자리인지라, 조금만 살펴도 누구나 위대한 자기 부처 자리를 감지할 수 있습니다.

그런데 이것이 다생에 걸쳐 탐진치 삼독의 먼지가 끼어서, 서로 물질적으로 아웅다웅하고 싸우다 보니 그놈이 점점 찌들어 이런 말도 잘 받아들이지 않는 사람이 많아진 것입니다. 그러나 그 먼지 낀 것만 털어버리면 본래 빛나는 자기는 영원히 시간과 공간을 초월해서 잠시도 사라지지 않습니다.

여러분 생각해보십시오. 마음이 없으면 아무것도 없어요. 마음이 없으면 뭐가 있겠습니까? 귀신도 도깨비도 천당도 지옥도 부처도 전부 내 마음에서 짜낸 그림자입니다. 참말 그 자리는 부처라 해도 안 맞습니다. 그 자리는 언어도단입니다. 말로는 표현이 안 되고 이론적으로도 닿지 않습니다. 오직 내가 깨쳐야 하는 것이지요.

이 물이 찬지 더운지는 마신 사람만이 알지 아무리 이야기해도 다른 사람은 알 수가 없습니다. 모른다는 말이 정직한 말입니다. 그런데 세상 사람들은 자기가 모르는 줄도 모릅니다. 모르는 줄 아는 사람이 영리한 사람이지요. 항상 쓰면서도 모르는 줄도 모르니 안타깝지요. 그런데 이제 모르는 줄 알았으니 가만히 있을 수 없지요. 밤잠 안 자고 그놈을 알아내야겠다는 바탕이 비로소 성립되는 것입니다. 또 설령 알았다 하면 얼마만큼이나 알고 있겠습니까? 길게 알고 짧게 알고 둥글게 알고 모나게 알고 착하게 알고 악하게 알고……. 아는 그것은 다 관계에 부딪혀 아는 것입니다. 그렇게 아는 것은 몇 푼어치 안 되지요. 그런 작은 지혜는 다 부숴버리고 영원히 빛나는 내 마음에서 알아내야 합니다.

마음자리를 찾으려고 참선을 많이 하는데 염불을 해도 마음자리를 찾을 수 있는지요?

마음자리 찾는 길은 사통팔달이라 안 통하는 곳이 없습니다. 서울 가는 길이 한 군데만 있는 것이 아닙니다. 비행기로도 가고 버스나 기차 타고 갈 수도 있고 걸어서도 가고 배 타고 갈 수도 있지요. 비행기 타고 왔다고 서울이 더 잘 보이고 버스 타고 왔다고 서울이 안 보이는 것도 아닙니다. 서울 오면 다 똑같이 보입니다.

마찬가지로 참선을 하든 염불을 하든 또는 머리가 터져라 그 문제에 몰두해 해결하든지 모두 다 부처님 법에 들어가는 길입니다. 그렇게 팔만사천 문이 있으니 어찌 염불한다고 못 들어오겠습니까.

처음에는 분별심도 많이 일어나고 산란심도 많이 일어나지만 한곳에 딱 꿇어앉아서 염불하다 보면 자기 몸도 잊어버리고 자기가 어디 있는지도 모르게 됩니다. 그렇게 시간 공간을 잊고 염불만 자꾸 하다 보면 생각이 끊어지게 됩니다. 그게 내내 화두 하는 것과 같습니다. 어떠한 방법으로 하든지 일심으로 하면 다 통하는 것입니다.

마음자리를 보는 것을 견성이라 들었습니다. 그런데 견성에도 얕고 깊은 수준이 있다고 들었습니다.

그것은 말도 안 되는 소리입니다. 다만 중생을 교화하기 위해 한 말일 뿐이겠지요. 꿈을 깨면 그것이 꿈인 줄 아는 것입니다. 견성이란 성품을 보았다는 소리인데 보았으면 그만입니다. 다만 그것을 어렴풋이 보면 그리 명쾌하지가 못하지요.

무엇과 같으냐 하면, 아편 중독에 걸린 사람이 몸이 괴롭거든요. 괴로우니까 의사한테 가면 의사가 "자네 건강에 나쁘니 아편을 끊어라." 그럽니다. 그래서 끊으려고 결심을 했다 합시다. 이제는 아편이 좋지 않다는 것을 알았지요. 멋모르고 습관이 들었지만 이제 그것이 나쁜 줄 알아서 안 해야겠다는 결심이 선 것이지요. 그렇게 결심이 서면 대번에 끊어버리는 사람도 있지만 몇 달을 걸려도 못 끊는 사람도 있습니다.

그렇다고 해서 그것이 무슨 대번에 끊는 법이 있고 여러 해 걸려도 못 끊는 법이 따로 있는 게 아닙니다. 다만 그 사람의 생각 정도에 따라서 다른 것입니다. 내가 어리석은 삶을 떠나서 참으로 밝은 세계에 들어가야겠다고 생각하지만 전생 다생에 익힌 습관이 장애가 되어서 하루아침에 안 되는 것입니다.

심우도尋牛圖는 그것을 설명한 것입니다. 처음에는 소가 간 발자취를 보고 나갑니다. 그래서 소를 찾고 나니 이놈이 사나워서 묶는 데 애를 먹습니다. 그다음에 고삐를 끌고 다니며 풀을 먹이고 길들이면 소는 가만히 두어도 그 사람을 피하지 않습니다. 더 깊이 길들면 사람이 소를 타고 통소를 불며 돌아갑니다.

오늘 옳은 부처의 세계를 보았지만 하루아침에 그것을 쓰지 못하기도 합니다. 돈오돈수頓悟頓修라 대번에 깨쳐서 거리낌 없는 사람이 있는가 하면, 또 돈오점수頓悟漸修라 깨쳐서 점점 닦아가는 사람도 있습니다. 확철대오한 것과 어렴풋이 안 것이 차이가 있으니 그런 잔소리가 나온 것입니다. 그렇다고 그것이 무슨 일정한 법이 있는 것은 아닙니다.

정법正法이다 사법邪法이다 정도正道다 사도邪道다 말이 많습니다. 불자는 어떤 기준을 갖고 정법을 찾고 정도로 나아가야 하는지요.

쉽게 비유한다면 정당한 길이 있고 정당하지 못한 길이 있는데 가령 내 마음을 향해서 딱 집중해나가는 길은 정당한 길입니다. 그런데 자기 마음을 찾으려고 하지 않고 바깥으로 어느 위대한 힘을 하나 만들어놓고 거기에 의존해가면 그것은 삿된 길입니다. 그 사람은 마음을 밝힐 수가 없습니다. 자기 마음에서 찾지 않고 바깥으로 헤매는 것은 다 사법입니다.

《금강경金剛經》에도 나오지요. '약이색견아若而色見我 이음성구아以音聲求我 시인행사도是人行邪道 불능견여래不能見如來라.'

어떠한 빛깔이나 어떠한 음성으로써 나, 즉 진리를 찾으려 하는 사람은 사도를 행하는 사람입니다. 그러니까 어떠한 색깔이든 소리든 바깥 경계를 따라가면 다 사도입니다.

불교는 바깥으로 찾아 헤매는 게 아닙니다. 내 마음 하나 다스리고 찾아내는 것이지 바깥의 어떤 신이나 어느 힘에 의존해 따라가는 것이 아닙니다. 내가 우주의 조물주고 근본이므로 내 마음을 찾아가는 공부입니다. 그래야 바로 마음을 깨치지 이 마음을 밀어두고 신에게 매달리면 찾을 수 있겠습니까? 그렇게 잘못 가는 것을 사도라 합니다.

불교는 일체유심조라, 전부 마음에서 일어난다고 가르칩니다. 하늘 위에나 하늘 밑에나 나 하나뿐입니다. 하늘 위에 나를 간섭할 무슨 위대한 존재가 있는 것도 아니고 하늘 밑에 무슨 조물주가 있어서 우주 만물을 만든 것도 아닙니다. 천상천하유아독존이라 나밖에 어느 높은 것도 없다 이 말입니다. 누구나 다 내가 가장 중요합니다. 자기 밖에서 무엇을 찾아 헤맨다면 사도에 떨어집니다.

나란 핵심이 있으니까 모든 문제가 벌어지는 것이지 나란 핵심이 없으면 우주는 빈껍데기입니다. 나란 중심이 있으니 무슨 중생이니 부처니 천당이니 지옥이니 하는 것들이 벌어지지, 나란 존재를 치워버리면 뭐가 있습니까? 내 인생을 찾지 않고 어느 신의 노예가 되어 쩔쩔매니, 그래 가지고 어디 나를 찾겠느냐 말입니다. 불교가 아니고는 참말로 나를 발견하는 길은 없습니다.

마음 밖의 것을 구하는 것이 사도라 그러셨는데요. 기운을 잘 운용해서 건강해지고 상대의 마음도 읽을 수 있는 능력을 계발하는 등 그런 것이 종교처럼 되는 세태에 대해서는 어떻게 생각하시는지요?

그것도 모두 사교지요. 건강을 얻는다고 해도 얼마나 얻겠어요, 수억만 년을 얻겠어요? 아무리 비결을 써서 건강해진다 해도 몇 푼어치밖에 더 되겠어요?

사람이 몇 해 더 사는 방법이 있다 해서 그것이 진리는 아닙니다. 그러니 그것이 무슨 종교가 되겠습니까. 일종의 건강법일 뿐입니다. 또 그 건강법으로 몇만 년을 사는 것도 아니고, 설사 몇만 년을 산다 해도 그것은 다 끝이 나는 법입니다. 설령 신선법이라고 해서 몇천 년을 산다 해도 결국은 죽습니다. 그러니 백 년을 사나 몇천 년을 사나 마찬가지 아닙니까? 건강 보호하는 것은 건강 보호법이지 그게 무슨 진리고 종교이겠습니까.

부처님 당시에도 아시타라는 나이 많은 선인이 살고 있었습니다. 그 아시타 선인은 궁성으로 와 부처님이 출생하신 것을 보고 눈물을 흘렸습니다. 그러자 왕이 놀라서 "왜 우느냐, 우리 아들이 무슨 흉상이 있어서 우느냐?" 걱정이 되어 물으니 "부처님이 세상에 오시는 일은 쉽지 않으나 저는 너무 늙어 오래지 않아 목숨이 다할 것이니 부처님이 나오심도 보지 못하고 진리의 가르침도 듣지 못할 것이기에 웁니다."라고 말합니다.

그러니 신선이 아무리 산다고 해봐야 남보다 좀 더 살면 나을 것이 뭐 있겠습니까. 이것은 내내 깨지는 법입니다. 유루법有漏法입니다. 새는 법입니다. 이 몸뚱이는 한없이 사는 것이 아닙니다. 지수화풍地水火風 사대四大로 이루어진 것이라 부서지기 마련이니 신선이 되어 몇천 년 더 산다 해도 뭐가 나을 게 있겠습니까. 세상에서 요즘 별의별 것으로 사람을 현혹하는데 그까짓 것 일고의 논할 가치도 없습니다.

분별하는 마음은 왜 생길까요

사랑이나 미움, 아름다움이나 추함에 대해 분별하는 마음은 왜 생길까요?

사랑, 미움, 아름다움, 추함. 이런 분별하는 마음이 일어나는 것, 이것이 모두 중생의 살림살이입니다. 이 마음을 따라가다 보면 모든 고통과 갈등이 일어납니다.

그러나 그 온갖 마음이 생기는 자리는 하나입니다. 사랑하고 미워함이 일어나는 마음이 따로 있고, 아름다움과 추함이 일어나는 마음이 따로 있는 게 아닙니다. 우리가 한 생각 일으키는 데 따라서 마음이 갈라질 뿐이지요. 그런 것을 모르고 그 갈라진 마음만 따라가니 중생은 항상 불안하고 평화가 끊어지는 것입니다. 불보살은 사랑하는 마음, 아름다운 마음, 추한 마음, 더러운 마음이 일어나는 그 근본 마음을 보기 때문에 지엽에 흐르지 않고 원만한 마음을 씁니다.

사실 중생살이의 실상을 알고 보면, 사랑하는 사람이나 추하고 미운 사람이나 사람은 모두 다 불행합니다. 이 세상에서 육체를 가진 사람치고 불행하지 않은 사람은 없습니다. 순간순간의 행동을 보고 저 사람은 좋다, 저 사람은 싫다고 판단하지만, 깊이 생각해보면 모든 사람이 다 똑같이 생로병사와 희로애락 속에서 걷잡을 수 없는 불안에 허덕이고 있거든요. 그러니 눈을 뜨고 보면, 흉하고 밉고 좋지 못한 인간일수록 오히려 더 동정이 가고 분별하는 생각 없이 원만한 마음을 쓸 수가 있게 되지요.

불보살이 차별심에 빠지지 않는 까닭이 여기에 있습니다. 우리 중생도 원만한 본래 마음자리를 찾아서 미움이나 사랑을 초월한 그런 절대적인 마음을 놓치지 말아야 하겠습니다.

부처님은 사랑하는 사람도 미워하는 사람도 갖지 말라고 하셨는데 그렇다면 어떤 사람을 가져야 할까요?

사랑도 여러 가지가 있겠지만 여기서 부처님이 말씀하신 사랑은 조건부 사랑을 뜻합니다. 부처님이나 보살의 사랑처럼 차별이나 한계가 없고 어떤 대가도 바라지 않는 절대적인 사랑을 말하신 게 아니라 이해관계에 얽힌 중생의 사랑을 경계한 것이지요. 그런 사랑은 결국 고통을 가져오기 때문입니다. 고통에 빠질 사랑이라면 하지 않는 게 좋겠지요. 또 미워하는 사람을 갖게 되면 어떻습니까? 항상 미워하는 그 마음이 내 마음을 흐리게 합니다. 그러니 미워하는 사람도 갖지 말라고 하셨습니다.

그렇다고 사람을 가려서 가지라는 뜻은 아닙니다. 극치에 달한 사랑의 마음도 쉬고 미워하는 마음도 쉰 그런 마음으로 사람을 대하라는 뜻입니다. 사랑하는 사람만 가까이하고 미워하는 사람은 뿌리치라는 말이 아니지요. 사랑에 이끌리고 미움에 쏠리는 그런 차별심을 떠나 모든 사람을 평등하게 대해야 한다는 뜻입니다.

정녕 마음을 비운다는 것은 어떤 것인지요.

우리 중생의 마음은 전부 색깔 있는 마음이지요. 그러나 본래 마음은 모양도 색깔도 없습니다. 다만 사랑한다든지 미워한다든지 슬퍼한다든지 괴로워하는 등 24시간 일어나는 온갖 마음의 갈등 때문에 중생은 괴롭습니다.

마음을 비운다 함은 그렇게 사랑하고 미워하고 슬퍼하는 온갖 생각으로 물든 마음, 그 잘못되고 때가 낀 마음을 비우라는 뜻입니다. 마음을 다 비워버리면 운거청천雲去晴天이라, 구름이 걷히면 맑은 하늘이 나타나듯, 탐진치 삼독에 근거한 중생의 마음을 비워버리면 본래의 참다운 고향을 만날 수 있습니다.

이렇듯 마음을 비운다는 것은 어떠한 생각을 비운다는 말이지, 근본 마음이야 비우려야 비울 수도 없고 담으려야 담을 수도 없습니다. 허공을 누가 끊을 수도 없고 버릴 수도 없고 청할 수도 없듯이 마음자리는 본래 형단形段이 없으니 비우고 담는 것과는 하등 관계가 없지요. 다만 탐진치 삼독에서 일어나는 때 낀 마음을 비울 때, 비로소 그런 근본 마음자리가 여실히 드러난다는 뜻입니다.

그런 것을 모르고 마음을 비운다 하니 혹자는 마음이 없어져 버리면 중생은 해골이나 돌덩어리 같아지는 것이 아닌가, 나라는 존재가 없어지는 것 아닌가, 그러면 나는 어떻게 되는가, 이런 걱정을 합니다만 그것은 다 잘못된 생각이지요.

마음을 비우면 내가 없어지는 것이 아니라, 그야말로 영원하고 불생불멸한 자기 마음을 만나게 되는 것입니다. 이 마음 비우는 공부가 바로 참선 공부요, 불교의 가르침입니다.

銀山鐵壁
西庵

마음공부하는 자세를 알려주세요

마음공부하는 자세에 대해 말씀해주세요.

부처님이 전생에 설산동자였을 때 산에서 수행하는데 어디선가 "제행무상諸行無常 시생멸법是生滅法"이라는 말이 들려왔지요. 정신이 번쩍 났습니다. 이 세상이 오래가는 줄 알아 애착하고 살았는데 모두 허깨비, 거짓말이라 하니 귀가 번쩍 띄었지요. 이 세상이 그대로 진리인 줄 알고 좋고 나쁜 것을 찾아서 동서남북으로 쫓아다니며 애쓰고 사는데 제행무상이라니요. 인생을 좀 깊이 있게 사는 사람이 들으면 깜짝 놀랄 소리입니다.

사람들은 제행이 모두 떳떳한 줄 알기에 내 것으로 하려고 서로 야단입니다. 그런데 무상이다, 빈껍데기라는 소리를 들으니 정신이 확 트이거든요. 세상에 할 일이 없다는 것입니다. 공연히 애

쓸 것도, 싸울 것도 없습니다. 제행무상이니까. 훌륭한 사람 있으면 제 아내 삼으려 하고 남편 삼으려 하고, 무슨 감투 하나 쓰려고 싸우는 게 세상 놀음이지요. 그러나 제행무상을 알면 그런 행동을 안 합니다.

그런데 설산동자는 제행무상 시생멸법이라 하니 통쾌하긴 한데 뭔가 알맹이가 더 있을 거라는 생각이 들었습니다. 그래서 누가 이런 말을 했나 돌아보니 도깨비같이 험상궂게 생긴 물건이 하나 있어요. 그래서 부처님이 "그다음 글귀를 마저 일러달라." 하니 "아이고, 내가 배가 고파서 도저히 일러줄 수 없다." 해서 "뭘 먹으면 기운이 나느냐?" 물으니 "나는 산 사람의 피를 마시면 기운이 난다."고 합니다. "내가 이 피를 주는 것은 아깝지 않다. 지금까지 몸을 애착하고 살았는데 너한테 제행무상 시생멸법이라는 소리를 들으니 정신이 번쩍 나서 이 몸뚱이쯤 아깝지 않다. 그런데 내가 몸을 주고 나면 귀가 없어져 들을 수가 없다. 그러니 먼저 그 글귀를 일러주면 내 몸을 주겠다." 그랬어요. 그러자 "믿을 수 없다. 네가 듣고 그냥 달아나버리면 나는 어떻게 하느냐." 해서 "좋은 방법이 있다. 내가 나무 위로 올라가 있을 테니 일러달라. 다 들으면 내가 떨어질 테니 그때 내 피를 먹으면 되지 않겠느냐."고 했습니다. "그러면 그래라." 나무에 딱 매달려서 "자, 일러라." 그러자 "생멸멸이生滅滅已 적멸위락寂滅爲樂이라." 생멸이 멸해 다 마치면 적멸한 경지에 이른다.

모든 생각이 우리 생활을 꽁꽁 묶고 있는데 생각을 모두 털어 버리면 쾌활할 것 아닙니까? 생각을 안 한다고 내가 없어지는 것은 아닙니다. 나는 없어질 수 없습니다.

불교는 참말 근본적인 자기를 만나는 일입니다. 그것을 한번 떡 만나면 그다음에는 세상사 모든 것이 해결됩니다. 울어도 그 태, 웃어도 그 태이니 다름이 없습니다. 물이라는 바탕이 없으니 물거품이 일어나지 않고 영원한 마음자리가 없으니 일체 망상이 일어나지 않습니다. 그 바탕을 알면 다음에는 탐진치시도貪瞋癡是道, 탐진치가 도입니다.

그러나 몸이 소용없다고 해서 함부로 하면 못 받아씁니다. 있는 동안은 보호해 쓰다가 다 쓰면 나중에는 집어던집니다. 그 근본 바탕이 허무한 것을 알 때 애착하지 않고 통쾌하게 포기합니다.

불교는 마음 하나 깨치는 것뿐입니다. 마음을 밝히면 모든 것이 다 밝아집니다. 마음 하나가 팔만사천의 문제요, 우주 전체의 문제입니다. 이 마음 하나 알면 우주 전체를 압니다. 하나에 모든 것이 다 있습니다. 세상 물질도 그렇습니다. 모두 입자로 돌아가고 원자로 돌아가고 전자로 돌아간다고 하는 것이 다 똑같은 소리입니다.

중생과 부처가 둘이 아니요, 탐진치가 바로 그대로 부처입니다. 중생은 흔히 탐진치를 별개로 봅니다. 사람이 지옥 가도 내내 그 사람이고, 천당 가도 그 사람이고, 부처가 돼도 그 사람이고, 중생이 돼도 그 사람입니다. 얼음이 돼도 우박이 돼도 서리가 돼도 내내 그놈입니다. 조금도 변하는 것이 아닙니다.

이렇듯 불교란 참으로 원융무애圓融無礙합니다. 모두 그 하나를 밝히는 데 힘써 정진하시기 바랍니다.

욕심을 갖지 말라고 배웠습니다. 도를 구하는 마음은 욕심이 아닌지요.

흔히 경계하여 말하는 욕심은 중생이 쓰는 좋지 못한 욕심을 뜻합니다. 도를 구하고자 하는 마음은 이런 욕심과는 다릅니다. 그러나 차원을 바꿔 말하면 도를 구함도 욕심이라 볼 수 있습니다. 물론 이 세상 중생이 가지는 몇 푼어치 안 되는 욕심과는 비교가 안 되는 욕심이지요.

높은 자리나 값진 보배나 건강처럼 세상 사람들의 욕망을 채우려는 욕심이란 극히 보잘것없고 작은 욕심입니다. 이 욕심은 깨진 독에 물 붓기로 아무리 채우려 해도 백 년 안쪽에 다 흩어지고 새어나가는 욕심이니 얼마나 허망합니까.

아무리 건강이 좋다 해도 백 년 이상 못 가고, 아무리 보배를 많이 쌓아놓는다 한들 자기 수명이 다하면 쓸 데가 없고, 감투 또한 살아 있는 동안에나 필요한 것이지 자기 몸이 죽으면 무슨 필요가 있겠습니까. 그런데도 중생은 이런 헛되고 보잘것없는 작은 욕심에 매달려 삽니다.

부처님은 꽃다운 청춘 시절에 세상에서 가장 위대하고 좋은 임금 자리와 아름다운 부인, 이런 인간으로서 누릴 수 있는 최고의 자리를 헌신짝같이 집어던지고 하루아침에 거지가 되어 산중으로 들어가 불도를 구하는 치열한 수행을 하셨습니다. 부처님의 이 욕심이 얼마나 큽니까. 천하를 집어삼키는 가장 큰 욕심을 가진 이가 바로 부처입니다. 중생의 욕심을 버리고 큰 욕심으로써 천하를 들이 삼키고 자기 인생을 발견하니, 부처님 진리가 천고에 빛나게 흐르는 이치가 여기에 있습니다. 그러니 우리가 도를 구하는 것도 욕심이라면 욕심이요, 이런 정도의 욕심은 가져야겠지요.

중생이 본래 부처라고 하지만, 현재 우리가 중생인 것은 어쩔 수 없는 현실입니다. 본래 부처인 우리가 중생으로 살고 있는 까닭은 무엇입니까?

심불급중생心佛及衆生 시삼무차별是三無差別이라 했습니다. 마음이나 부처나 중생이 차별 없이 모두 부처라는 말이에요. 부처님이 이 세상에 출현하신 뜻은 부처의 세계를 우리에게 나누어주려는 게 아니라 우리가 본래 가지고 있는 부처를 알려주고자 함에 있습니다.

그런데 왜 우리가 이 부처 마음자리를 활발하게 쓰지 못하고 처처에 걸려서 울고불고 불안해하느냐는 거예요. 그것은 우리 부처가 탐진치 삼독 속에 싸여 있어 그 자리를 못 보기 때문입니다.

그것은 마치 아무리 값나가는 금이라도 산중에 묻혀 있으면 제 구실을 못하는 것과 같지요. 광부가 땀 흘려 캐내어 용광로에 녹이고 단련시켜야만 완전한 금이 되고 그래야 비로소 가락지도 만들고 비녀도 만들고 술잔도 만들 수 있어요.

또한 금을 발굴해내어 일단 정금이 되면 그 후에는 다시 광산에 버려져도 다른 것과 섞이지 않아요. 술잔이 되어도 금이요 가락지가 되어도 금이요 언제나 변함없이 금이지요.

우리도 그렇게 참선하고 기도하고 정진하여 탐진치라는 광산에 묻혀 있는 빛나는 자기 부처를 캐내야 해요. 이 본래 부처를 캐내는 피나는 노력이 모두 수행이지요.

그리하여 일단 본래 부처 모습을 캐어놓으면 이 세상 어느 곳에 들어가도 걸림이 없어져서 그 몸 그대로 지옥에 들어가면 지옥이 부서지고, 아귀에 들어가면 아귀가 만족하고, 축생에 들어가도 지혜가 생깁니다.

내가 만약 칼산 가면 칼산들이 무너지고(我若向刀山 刀山自催折)

화탕 지옥 내가 가면 끓는 물이 사라지며(我若向火湯 火湯自消滅)
내가 만약 지옥 가면 지옥들이 없어지고(我若向地獄 地獄自枯渴)
아귀 세계 내가 가면 아귀 절로 배부르고(我若向餓鬼 餓鬼自飽滿)
수라 앞에 나서면 악한 마음 항복되고(我若向修羅 惡心自調伏)
축생들을 대하면 큰 지혜를 모두 얻게 하옵소서(我若向畜生 自得大智慧).

《천수경》의 말씀은 바로 이러한 뜻입니다. 내가 마음을 한번 밝혀놓으면 온갖 나쁜 세계가 다 벗어진다는 말이지요. 지옥이니 축생이니 하는 것은 모두 탐진치 삼독의 컴컴한 그림자에 가린 세계이므로, 마음 하나 밝히면 광명이 비치어 온갖 어두운 그림자는 사라지게 마련입니다.

내 본래 마음 하나 밝힐 때 세상 모든 고통이 사라지는 이치를 알았다면 이제 모두 그 마음 밝히는 작업에 힘써야겠습니다.

마음의 근본 자리에 대해 궁금합니다

꿈을 꾼 장면이 현실에서 직접 보일 때가 있습니다. 그럴 때 마음을 어떻게 다스려야 하는지 알고 싶습니다.

두 사람이 수행하면서 살다가 "오늘 아무개가 저기 오는 걸 봤어. 오고 있으니까 저녁 한 그릇 더 준비해라." 미리 알고 밥을 해 놓는 거예요. 또 앉아서 정진하다가 한 사람이 픽 웃거든. "너 왜 웃느냐?" 하면 아무 소리도 않고 웃기만 해요. 한참 있다가 논에 빠져서 후줄근해진 도반이 올라오더니 "그래, 여기 앉아서 남이 논에 빠지는 것 보고 좋아서 웃고 있느냐?" 이러거든. 그러니 서로 거울에 비치듯 하지요.

정신이 맑고 망상이 없는 사람은 꿈이 맑아요. 욕심이 많고 업이 많은 사람은 어지러운 꿈을 잘 꾸는데 그게 다 마음의 그림자예요. 꿈은 누가 만들어주는 게 아니라 자기 마음의 그림자예요. 내가 애착을 부리면 꿈에 나타나요. 가령 멀리 사는 아들이나 딸이 어떤가 하고 궁금해하면 꿈에 보여요.

내 마음을 맑게 다스리면 꿈도 맑을 것이고, 내 마음이 어지러우면 어지러운 꿈을 꾸지요. 그러니 마음의 그림자지요.

심리학에서는 마음을 의식, 무의식, 잠재의식으로 풀어서 설명합니다. 불교에서는 마음에 대해서 어떻게 설명하는지요.

한마디로 마음이라 하지만 세부적으로 들어가서 이야기하려면 세계가 다른 것이 많이 나옵니다.

마음을 열 가지로 분류한 것을 자세히 보면 묘한 이치가 들어 있어요. 전오식前五識, 제육 의식第六意識, 제칠 말나식第七末那識, 제팔 아뢰야식第八阿賴耶識, 제구 백정식第九白淨識, 제십 여래장식第十如來藏識.

전오식은 안이비설신眼耳鼻舌身, 즉 눈·귀·코·혓바닥·몸뚱이 다섯 가지를 말하지요. 눈이 보고 김 서방이다, 박 서방이다, 돼지다, 두꺼비다 온갖 것을 눈이 판단하거든요. 귀가 듣고 저건 바람 소리다, 새소리다, 박 첨지 소리다 구분하지요. 코로 저건 고소한 참기름에 적 부치는 냄새다, 자반 굽는 기름 냄새다, 앞집 마구간 치는 냄새다, 부처님 앞에 향 피우는 냄새다 알아요. 혀로 이건 짭짤한 고기 맛이다, 시금털털한 초 맛이다 알게 되고, 몸뚱이가 이건 여자 손이다, 남자 손이다, 고양이 발이다, 돼지 발이다 감촉을 느끼지요. 이 다섯 가지 판단을 전오식이라 합니다.

그런데 눈이 저 혼자 보는 게 아니에요. 그 뒤에 대장이 있어서 눈이라는 창을 통해 본 것을 무엇이라 판단하고, 귀라는 창을 통해서 들은 소리를 무엇인지 판단해요. 그것을 제육 의식이라 하지요. '그 산은 높은데 무슨 산보다도 높구나.' '이것은 무슨 향인데 무슨 향보다 좋다.' 하는 식으로 오식 경계로 들어오는 것을 판단하는 거예요. 그러니까 문을 다섯 개 만들어놓고 눈이란 문, 귀라는 문, 코라는 문, 혀라는 문, 몸뚱이라는 문을 통해 받아들이는 주인공이지요. 보통 인간들은 전부 육식 경계에 살아요.

그다음 제칠 말나식은, 밤길을 무심히 걸어가는데 느닷없이 발끝에 뱀이 보여요. 그건 눈이 본 게 아니지요. 먼 산을 보고 가는데 깜짝하고 보니 발끝에 뱀이 있는 거거든요. 또 정진하다가 친구가 오는 게 보여서 픽 웃거든요. 그럼 옆 사람이 가만히 앉아 있다가 싱겁게 왜 웃나, 돌았나? 하는데, 조금 이따 보면 그 친구가 들어와요. 그게 제칠 말나식 경계에서 보는 거예요.

다음에 제팔 아뢰야식이 있어요. 몸뚱이는 여기 두고 천상 세계에서 왔다 갔다 하는 게 제팔 아뢰야식이에요. 빛나는 정신이 우주를 비추는 것이지요. 아뢰야식 경계가 되면 이 몸이 시원찮으면 집어던지고 누구 집에 가서 그 집 자식으로 태어나기도 하지요.

사조 도신 선사는 빨래하는 처녀한테 가서 태어났잖아요. 양반집 처녀가 아기를 뱄다고 집에서 쫓겨났어요. 처녀는 억울한 생각에 세 살 먹은 아기를 물에다 집어넣어 버렸어요. 남자 손목도 안 잡아봤는데 아기가 태어났으니 나한테 무슨 원수가 졌나 싶었지요. 그런데 물은 아래로 흘러가는데 아기는 위로 올라가니 겁이 났어요. 그래서 다시 안아 올려 기르다 보니 정이 들어 누가 달라고 해도 안 줄 정도가 되었는데 한번은 아기가 엄마 보고 "엄마야. 절에 가자." 그래서 절에 데리고 갔어요.

절에 가서 법당에 내려놓으니 아기가 거기에다 똥을 한 무더기 싼 거예요. 깨끗이 청소해놓았는데 똥을 싸놓으니 스님이 부아가 나지 않겠어요? 법당에 부처님이 계신 데 누가 똥을 싸게 했느냐고 야단을 치거든. 그러자 아기가 스님을 쳐다보며 하는 말이 "스님아, 부처님 없는 곳이 어디고? 부처님 없는 곳을 가르쳐주면 내가 거기 가서 똥을 싸고 오마." 그러는 거예요.

불신충만佛身充滿이라 했으니 부처님 없는 곳이 없잖아요. 그렇게 애한테 말로 졌으니 그 스님은 놀라서 똥이 묻거나 말거나 애를 업고 조실 스님 처소로 뛰어갔지요. "조그마한 게 그래 가지고 내가 꼼짝을 못 했습니다. 절에 붙들어둡시다." 그런데 조실 스님이 "똥도 못 가리는 아이를 어떻게 붙들어놓는가. 제 엄마한테 줘

라. 아홉 살이나 돼서 똥을 가리게 되거든 그때 데려오면 될 것 아닌가?" 하니까, 아기가 하는 말이 "조실 스님아, 언제는 늙었다고 안 받고, 언제는 젊다고 안 받으니 나를 언제 데려다가 성불시켜 주겠느냐." 하는 거예요. 그래서 대중이 붙들어놓은 거지요. 그게 사조 도신 선사예요. 나이 많은 늙은이가 가니까 송장 감을 어떻게 중을 만드느냐며 안 받아줬던 거지요. 가서 몸을 바꿔오라고 하니 아기 몸으로 바꿔온 거예요. 그러듯이 팔식 경계가 되면 자기 몸을 마음대로 바꾼다고 하지요.

다음에 제구 백정식이 있지요. 아마라식이라고도 하는데 경계가 어디냐 하면, 등각等覺, 묘각妙覺이에요. 그때는 자기 인생을 천당 가려면 가고, 지옥 가려면 가고 마음대로 출입하지요. 목련 존자가 자기 어머니를 구하려고 지옥에 들어가니 지옥의 파수들도 못 말리지요.

그다음 제십 여래장식은 부처님 세계입니다. 그건 참으로 근본자리, 참으로 깨친 사람이 아니고는 이해할 수 없는 세계지요. 불생불멸의 생사가 없는 세계입니다.

중생은 모두 생사 속에서 살아갑니다. 우주도 성주괴공成住壞空합니다. 지구 덩어리란 것도 언젠가는 녹아 없어집니다. 눈에 보이는 것은 전부 무너져버리지요. 그것이 제행무상의 도리입니다. 우리가 몸뚱이를 받아서 나면 고통이 끊어지지 않아요. 항상 기멸하니까요. 좋은 업 지으면 좋은 세계가 나타나고, 나쁜 업 지으면 나쁜 세계가 드러나지요. 그렇게 해서 삼계육도가 벌어지는 것입니다.

그러나 본시 그 마음자리는 불생불멸입니다. 그것을 열반이라 하지요. 우주 만물이 일어나기 전에 있는 자기, 우주 만물하고도 상관이 없는 자기입니다.

달리 말한다면, 우리 눈앞의 한 생각 가지고 이야기할 수 있어요. 한 생각이란 항상 기멸합니다. 한 생각이 24시간 가만히 있지를 않아요. 좋은 생각이 일어나도 24시간 좋은 게 아니고, 미워하는 생각이 일어났다고 해서 24시간 미워하는 생각만 일어나는 것은 아니지요. 경계가 변하면 좋아하는 경계가 일어나기도 합니다. 그것을 불교에서는 일찰나간一剎那間에 구백생멸九百生滅, 찰나에도 구백 번이나 생각이 일어났다 꺼졌다 한다고 말합니다.

바늘구멍만 한 창틈에도 햇빛이 딱 들어오면 먼지가 바글바글한 게 보입니다. 없던 먼지를 태양 빛이 가져온 게 아니라 창문 틈으로 비친 밝은 빛 때문에 먼지가 보이는 것이지요. 항상 있는데 둔한 눈으로는 안 보이더니 밝은 빛을 비추면 먼지가 보이듯이, 생각이 탁한 사람은 한 생각 일어나고 꺼지는 게 잘 안 보이지만, 정신이 맑고 정진력이 강한 사람은 자기 생각이 세밀하게 일어나고 사라지는 것을 볼 수 있습니다.

생각이 일어난다는 것이 나고 죽는 것입니다. 한 생각 일어났다가 없어지는 것이 죽는 것입니다. 누가 총부리를 갖다대고 죽인다고 할 때 생각이 공포에 질려 죽어버립니다. 생각이 부동不動하면 죽음이 없습니다. 총부리를 앞에 놓고도 부동한 마음이 있으면 그 사람은 죽지 않습니다. 몸뚱이를 천 번 만 번 끊어도 그 자기가 죽을 수는 없습니다. 그런 이치입니다.

생사란 것은 생각의 기멸입니다. 생각의 기멸이 없어지면 생사가 없어지는 것입니다. 그래서 일념불생一念不生, 한 생각도 일어나지 않는 그것이 근본 자리입니다.

중생은 무슨 생각이든 일어나고 있지, 한 생각 없는 사람이 없습니다. 물에 파도가 치지 않으면 모든 것이 드러나고 그림자도 분명히 나타나지만, 파도가 일렁거리면 아무것도 안 나타나고 그림자도 찢어지지요. 중생의 모든 생각은 마음에 일어나는 파도입니다. 물에 파도가 일듯이 마음에 파도를 일으키며 살지요. 일념불생이란 한 생각도 일어나지 않는, 파도가 일어나지 않는 그것을 말합니다. 그것이 본래 열반 자리입니다.

그런데 그것이 잘 안 되거든요. 내가 생각이 안 일어났다 하면 벌써 생각이 일어난 것입니다. 참으로 모든 생각이 일어나지 않을 때는 우주와 내가 둘이 아닌 경계에 도달합니다. 네가 있고 내가 있고 이러면 일념불생이 되질 않습니다. 도인들은 마음대로 생각을 쉬어버립니다. 그러면 열반락에 들어갑니다. 하지만 중생이 산다는 것은 생각 기멸, 전부 생각 놀음입니다.

좋은 생각을 냈을 때가 자기 본색인가, 미운 생각을 냈을 때가 자기 본색인가 묻는다면 뭐라고 대답할까요? 둘 다 그림자입니다.

일어났다 꺼지는 눈앞의 생각을 가만히 보면 오래가는 것이 없고 전부 파도처럼 기멸하는 허깨비라는 말이지요. 좋은 경계가 나타나면 좋은 경계가 있는 것 같지만 돌아보면 지나가는 그림자이고 나쁜 경계도 결국은 지나가는 그림자이고 모두 한바탕 그림자일 뿐입니다.

그런 그림자 속에서 헤매니 항상 고통밖에 더 있겠어요? 그림자가 다 벗어지면 그때 자기 본래 모습, 한 생각도 나지 않은 그 자리가 열리지요. 그 자리는 우주 만유가 생기기 전 자리와 똑같아요. 아무 생각이 안 일어나지요. 그 자리를 불교에서는 무아라 합니다.

정진삼매에 들어 이 뭣고 하다 보면 처음에는 이 뭣고 하는 자기 몸이 있고 선방이 있고 시간도 있지만 지극히 이 뭣고 일념이 되면 시간도 공간도 잊어버리지요. 이 뭣고 의심 하나뿐입니다. 그 의심 하나를 꿰뚫어 딱 깨쳐버리면, 본시 파도가 일어나지 않는 바탕, 그 본래 고향 자리로 찾아가는 거예요. 그것이 열반이고 삼매지요. 그러니까 아까 말한 우주 전체를 이야기하는 것이나 일념 하나 푸는 것이나 다 똑같은 것입니다.

마음 이야기를 안 하면 이야기할 게 없어요. 요새 심리학이니 뭐니 여러 이야기가 있는데 전부 마음입니다. 마음 한 점만 밝혀내면 우주 전체가 밝혀지지요. 마음을 정돈하지 않으면 언제든지 파도에 흔들리고 떠내려가는 것이 삼계윤회입니다. 그 생각 하나 쉬어버리면 떠내려가지 않고, 본래 자기를 알면 걱정거리가 없어요. 그것이 불교입니다. 자기라는 정체를 알아내는 것이 불교입니다.

천경만론이 다 똑같은 소리지요. 착잡한 중생 세계 이야기를 맨날 해봐야 그 근본 돌이키면 아무것도 아니에요. 결국은 자기 마음을 뚫어지게 알면 됩니다. 그것밖에 진실함이 없어요.

그러니까 전오식에서 십식까지 열 가지로 운용하는 마음의 근본 자리를 찾으라는 것인가요?

열 가지로 분석하니까 열 가지지, 알면 그 열 가지란 말도 안 맞아요. 그것이 들어가는 과정에서 잔소리가 많아지긴 하나, 떡 깨면 열 가지라는 것은 구경할 수도 없는 거예요. 우리가 망상을 일으켜도 그 마음이 내내 그 마음이에요. 우리가 탐심을 내도 그 탐심 일으키는 자체가 부처이지요. 탐진치가 곧 도라는 말이 그것입니다. 우리가 알고 쓰느냐 모르고 쓰느냐 그것이 문제지, 알면 탐심을 내는 것도, 진심을 내는 것도 내내 부처입니다. 그런 안목을 깨쳐 알 때 그것이 모두 하나입니다.

거품은 거품이고, 물은 물이고, 번뇌 망상은 번뇌 망상이고, 달관한 사람은 번뇌 망상 속에서도 편안해요. 성을 낸다고 해서 그 사람이 괴로운 게 아니에요. 성을 내도 내가 내는 겁니다. 중생은 자기도 모르는 사이에 일어나니까 항상 헤매지만, 알게 되면 성을 내도 내가 내고, 웃어도 내가 웃고, 모든 것을 내가 합니다. 자기가 하니까 그런데 구애받지 않고 고통이 안 되지요.

불법은 이 진리가 펄펄 흘러가는 이치이지, 딱 못 박아서 이것이 불법이다 하면 그 사람은 불법을 모르는 것입니다. 모든 것을 알아버리면 처처에 아는 세계가 열리고, 모르면 어디 가든 처처에 걸리지요. 부득이해서 전오식이니 칠식이니 팔식이니 하는 것이지, 이렇게 말해도 하나입니다. 몇 가지로 구분해 풀어 말해도 그놈이 내내 그놈입니다. 마음이 밝은 사람은 그 열 가지를 다 쓰고 있는 거예요. 말하자면 우리가 눈으로 보는 것도 눈으로만 보는 것이 아니거든요. 내 몸 전체가, 부처가 보는 것입니다. 또 듣는 것도 그렇습니다. 설명하자니까 그렇게 구분한 것이지 각각 하는 게 아니지요.

그러니까 중생 마음을 깨치면 바로 부처지, 중생 마음 따로 있고 부처 마음 따로 있는 게 아니에요. 중생과 부처가 둘이 아니고 탐진치가 그대로 부처지요. 중생은 흔히 탐진치를 별개로 보지만 사람이 지옥 가도 그 사람이고 천당 가도 그 사람이고, 부처가 돼도 그 사람이고 중생이 돼도 내내 그 사람이에요. 조금도 변한 것이 아닙니다.

對境千差心開一境

曦陽山人 西庵

미혹을 벗어나면 어떻게 달라질까요

붉은 꽃이 있다고 할 때 깨닫지 못한 미혹한 사람이 볼 때는 붉은 꽃으로 봅니다. 그런데 미혹을 벗어나 깨달은 사람이 붉은 꽃을 볼 때는 어떻게 볼까요?

똑같이 보는데 미혹한 사람은 망상 속에서 보기 때문에 분별이 따르고, 깨달은 사람은 망상이 없기 때문에 어떠한 경계에도 물들지 않는 그대로를 봅니다. 물론 그 차이를 말로 표현하기는 어려워요. 다만 분명한 것은 미혹에 빠진 사람은 경계에 전부 다 착着합니다. 그 색의 경계만 보고 근본 도리를 모르기 때문에 착하는 것이지요. 미혹을 벗어난 사람은 모든 경계를 보더라도 공한 이치를 보기 때문에 구애를 받지 않습니다.

무심과 중생을 사랑하는 자비심은 어떻게 다르며 또 같은 점은 무엇입니까?

무심은 글자 그대로 마음이 없다는 뜻입니다. 무슨 일을 할 때 자기를 가만히 살펴보면 어떤 마음이든 있지요. 마음 없이 하는 일은 하나도 없어요. 나는 마음을 안 가졌다 해도 안 가졌다 하는 마음, 그것을 가진 거지요. 어떠한 마음이든지 마음을 갖고 있지, 아무 마음도 없는 마음은 가지기 어렵지요.

마음이 없다 할 때의 그 '없는 마음'은 희로애락 하는 중생 세계의 마음을 털어버린 마음이에요. 그렇다고 해서 우리의 근본 마음자리까지 없는 것은 아니에요. 파도가 가라앉은 잔잔하고 맑은 명경지수의 물처럼 우리 마음에 파도치는 모든 망상이 쉰 그 자리가 무심이며 본래 마음의 바탕이지요.

자비에 대해서 물으셨는데, 세상 사람이 갖는 자비는 한계가 있어요. 부부간에도 생명이 다하도록 사랑하겠다고 맹세를 해놓고도 자기 요구대로 상대방이 안 따라주면 미워하고 이혼까지 하게 되니 세상의 사랑이라는 것은 조건부 사랑입니다.

하지만 불교의 자비는 아무 조건 없이 베푸는 사랑입니다. 자식이 불효막심해서 어버이를 죽이려고 할 때에도 죽는 순간까지 자식을 사랑하는 게 어버이의 마음이고, 제자를 가르치기 위해 아무 대가 없이 성의를 다하는 게 스승의 마음이고, 생사를 같이한 친구가 잘못된 길로 빠지면 아무런 바람 없이 건져주는 게 친구의 마음입니다. 이러한 부모 마음, 스승 마음, 친구 마음이 불교에서 말하는 자慈의 마음입니다.

비悲의 마음은 오늘도 지옥문 앞에서 눈물을 흘리며 중생구제에 여념이 없으신 지장보살님의 마음입니다. 이 눈물은 누구를 원망하는 눈물이 아니라 상대의 비참한 모습을 보고 마음 아파 흘리는 눈물이에요. 비록 나에게 해를 끼친 사람도 나한테 잘못한 그의 마음은 얼마나 괴로울까, 괴로운 마음을 쓰는 저 사람은 얼마나 측은한가 하며 비통해하는 마음이 비심입니다. 이렇게 사람을 구제하는 유일하고 영원한 힘, 사랑과 비통을 불교에서는 자비라고 합니다.

석교 화상이 원적사를 지을 때인데, 근처 화북 장터에 성질이 고약한 녀석이 하나 있었어요. 나쁜 짓이라면 안 하는 게 없는 녀석이라 옆에 오면 사람들이 다 도망가버렸지요. 그렇게 성질 고약한 녀석이 좁은 논둑길에서 석교 스님을 마주치자 탁 차 버린 거예요. 스님은 무심히 가다가 발로 차이니 논에 처박혀버렸지요.

그런데 이 녀석이 스님을 차다가 고무신 한 짝이 벗겨져 저쪽 논 귀퉁이에 떨어졌어요. 스님이 그걸 보더니 신을 주우러 가는 거예요. 그놈이 그걸 보고는 '저 신을 가지고 나를 후려치려는가 보다.' 생각하는데 스님이 맑은 물에 신을 깨끗하게 씻어 장삼 자락으로 닦아서 두 손으로 그놈에게 갖다주는 거예요. 그 신으로 후려칠 줄 알았는데 갖다주리라고는 상상도 못 했지요. 저런 세계가 다 있는가 싶었겠지요. 남 두들겨 패고 해치는 세계만 알았지 그런 세계는 못 봤거든요. 그러니 꿈 깨듯이 정신이 번쩍 난 거지요. 그놈은 그 길로 마음을 고쳐먹었답니다.

말 한마디 안 하고 나쁜 소리 하나 안 하고 그 사람의 양심에 불을 켜준 거예요. 악은 악으로 다스려서는 안 된다 이 말이지요. 그러니 그런 인욕이 어디 쉽겠어요. 듣고도 잘 못 하지요.

석교 화상 얘기를 하나 더 하자면, 석교 화상이 계신 원적사에 전국에서 모여든 대중이 한 서른 명 같이 살았어요. 본사에서 기름을 짜면 이 노장이 깻묵을 얻어다가 죽을 쑤어 한 그릇씩 먹고 산에 가서 산채도 뜯어 먹으며 살았지요. 조그만 방에 서른 명이 무르팍이 빈틈없이 닿게 앉아 철저하게 공부를 했어요.

그런데 일제 때는 살기가 곤란해서 도적질하는 놈들이 많았어요. 십여 명이 산꼭대기에 있는 절에 도적질하러 올라가서 보니 신발이 수십 켤레가 있어요. 그런데 불이 희미하게 켜져 있는데 조용한 거예요. 이상하다 여겨 침을 묻혀 문구멍을 뚫어보니 사람들이 빽빽하게 붙어서 돌아앉아 있는데 전부 화석이 된 거예요. 생전 처음 보는 광경에 이게 도깨비인가 귀신인가 하고 놀랄 수밖에요.

그러니 그놈들도 조심이 돼서 바깥에서 조용히 기다렸어요. 스님들이 정진하다가 소변보러 나가는 시간이 되어 나오니까 그때 얘기를 한 거예요. 사실은 자기들이 도둑질하러 왔는데 그렇게 앉아 있는 걸 보고 감탄했다고 말이지요. 그 광경을 보고는 법문 한 마디 안 듣고 도둑이고 뭐고 다 때려치우고 발심이 되어 중이 된 사람도 있답니다.

그런데 석교 화상처럼 할 사람이 몇이나 있겠어요. 그 정도는 돼야 남을 가르칠 수 있는 힘이 있는 거지요. 남을 위해 포교하는데 조금도 기대가 있으면 안 돼요. 기대가 있으면 그것이 이루어지지 않을 때 불평이 생기지 않겠어요? 어떤 것을 해도 털끝만큼도 바라는 게 없어야 보살심이지요. 다만 그 일을 하다 갈 뿐이지, 대가를 바라면 자격이 없는 거예요.

신라 시대 두운 조사가 죽령재에 있는 희방사를 지을 때 일이에요. 스님이 토굴을 만들고 그 안에서 공부를 하는데 어느 날 범이 와서 아가리를 딱 벌리고 달려드는 거예요. 이 자식이 남 공부하는데……. 먹으려면 먹으라 하고 머리를 범의 아가리에 들이밀었어요. 그런데 이놈이 자꾸 뒤로 물러나면서 아가리를 벌리기만 하는 거예요. 나를 먹으러 온 건 아니구나 생각하고 목 안에 뭐가 있는가 싶어 손을 넣어보니 비녀가 걸려 있는 거예요. 그걸 빼주었더니 그냥 달아났지요.

다음날 새벽에 뒤란에 쿵 하는 소리가 나서 가보니 호랑이가 웬 처녀를 업어다 놓은 거예요. 이놈도 스님이 자기 생명을 구해줬으니 은혜를 갚는다고 경주까지 가서 어느 대감 집의 무남독녀를

둘러업고 온 거예요. 그 처녀는 호랑이 등에 업히니 놀라 까무러쳤다가 아랫목에 눕혀놓고 이불을 덮어놓으니 깨어났어요.

그런데 눈이 많이 와서 바로 집에 데려다줄 수가 없어 한 달쯤 있다가 어지간히 눈도 녹자 스님이 처녀를 집에 데려다주러 함께 갔어요. 그 집에서도 무남독녀가 호랑이에게 업혀 갔으니 얼마나 놀라고 걱정이 컸겠어요. 마침 그날 무당을 불러다 굿판을 벌이고 있는 거예요. 대감 집에서 굿한다 하니 동네 사람들이 모두 모여서 구경하느라 야단이 났는데 딸이 스님하고 떡 들어오니까 모두 뒤로 자빠졌지요. 스님은 호랑이가 둔갑한 것이고 처녀는 귀신이 온 것으로 안 거예요. 한 달이나 지났으니 벌써 죽었을 거라 생각했는데 나타났으니 모두 놀란 거지요.

그런데 자세히 보니 귀신도 호랑이도 아니거든. 범이 천 리나 되는 먼 길에 업어다 줬으니 천생연분이라며 그 집에서는 결혼하라 했지요. 두운 조사가 "그런 말도 안 되는 소리 하지 마라. 출가한 사람은 세상일이 무상한데 그게 무슨 소리냐." 했지만 그 집에서는 청춘 남녀가 한 달 이상을 산중에서 살았으니 으레 내외가 된 줄 아는 거예요. 그런데 그게 아니잖아요. 그러니까 참으로 감사하다면서 무슨 소원이 없느냐고 물으니 두운 조사가 아무 소원이 없다고 했지요. 그러자 그 집에서 절을 지어주고 절 아래 높은 무쇠 다리를 놓아주었어요. 그래서 사람을 많이 구제했지요. 희방사 역사가 그래요.

내가 경험한 일이 있어요. 6·25 때 서울 창경궁에 가니까 철망을 쳐놓고 사슴을 수백 마리 모아놓았더라고요. 길가에 버려진 콩깍지를 주워서 철망 사이로 넣으니 사슴들이 먹으러 모여들었어요. 군인들이 지나가다 재미있어 보이니까 저희도 들이댔는데 사슴들이 도망을 가는 거예요. 군인들이 "야, 사슴도 도인을 알아보는구나." 그래요. 그럴 수밖에. 우리야 짐승을 안 잡으니까 살기가 없잖아요. 군인은 몸에 화약 냄새가 나니까 먹이를 갖다줘도 내빼는 거지요. 짐승도 자기에게 해를 끼칠 사람은 가까이 안 해요. 서로 다 알아요.

원적사에 들어가니까 산돼지 여러 마리가 떼를 지어 있었어요. 감자 심어놓은 것을 막 파먹으면서 스님을 보고 도망을 안 가요. 저희를 해치지 않을 줄 아는 거지요. 그런데 마을 사람들이 오면 번개같이 달아나버리는 거예요. 그놈들도 제칠식인지 제팔식인지 뭔가 통하는 영감이 있는 거지요. 쫓아도 안 가요. 도로 와서 꿀꿀거리지.

상념이 끊어진 자리가 근본 마음자리라고 하는데 그 생각이 일어나지 않는 상태는 어떤 상태인가요?

상념이 끊어진다는 말은 우리의 모든 생각, 일체 망상이 끊어진다는 것이지, 상념이 끊어졌다고 해서 우리의 본래 주인공이 끊어졌다는 말은 아니에요. 견성 오도하면 상념 자체가 그 자리인데 이것은 참선을 아직 익히지 못한 이치에서나 이야기가 되는 것이에요. 참으로 알면 마치 물에서 파도가 일어나듯 탐진치 그대로가 그 자리입니다. 파도도 역시 물이다 이것이지요. 물을 떠난 파도가 없고 파도를 떠난 물이 없듯이 이 상념이 그대로지만, 중생은 근본을 모르기 때문에 상념에 사로잡혀 있는 거예요. 그런 헛된 상념이 끊어질 때 참다운 자기 자리를 볼 수 있습니다. 상념이 끊어졌다 해서 허공같이 아무것도 없고 무정물이 된다는 말은 아니지요.

본래 청정하다는데 왜 무지와 미혹이 생기는지요.

그건 화두지요. 이것은 설명 안 하는 게 좋을 것 같습니다. 스스로 깨쳐 알아야 하니까요. 조선 시대 때 보우 스님이 국사國師가 되어 승과 시험 관직을 맡고 있을 때 사명 대사가 승과를 보러왔어요. 제목이 이것이었지요. "청정본연清淨本然 운하홀생云何忽生 산하대지山河大地이요?" 그렇게 묻자 사명 대사가 똑같은 말을 반복한 거예요. "청정본연 운하홀생 산하대지이요?" 그래서 합격시켰어요.

왕이 의심을 해서 똑같이 흉내를 낸 것인데 왜 합격시켰는가 물으니 보우 스님이 설명했지요. 질문은 "본래 우주가 청정한데 왜 우주가 더러워졌느냐?"였고 사명 대사는 "본래 우주가 청정한데 왜 우주가 더럽다고 하느냐?" 라고 답한 거지요. 설명하려면 얼마든지 할 수 있겠지만 그런 것은 의문으로 하나 남겨두는 게 좋겠지요.

제2장

수행이란 내 부처를 찾는 길

수행이란 무엇입니까

수행이란 무엇입니까?

부처님께서 말씀하시기를 유정무정有情無情이 개유불성皆有佛性이라, 생명이 있는 유정물뿐 아니라 바윗돌 같은 무정물까지도 불성이 있다고 하셨지요. 심불급중생心佛及衆生 시삼무차별是三無差別이라, 마음과 부처와 중생이 조금도 차별이 없다는 《화엄경》의 이 말씀은 부처와 중생이 똑같다는 뜻이지요.

그런데 중생은 무명에 가려 미혹하기 때문에 항상 부처의 성품을 쓰면서도 보지를 못하고 있습니다. 그것을 깨닫게 하기 위해 부처님이 출현하신 겁니다.

잘 모르고 그릇되게 쓰는 것과 알고 쓰는 것은 분명히 다릅니다. 내가 아무리 부처의 성품을 쓰고 있어도 그것을 모르고 쓸 때에는 헤매게 되지요. 그래서 아느냐 모르느냐 하는 것만 다르지 부처님이나 우리나 일체중생이 똑같아요.

거울은 항상 밝지만 먼지가 끼면 물건을 비추지 못하지요. 그런데 먼지가 덮여 있다고 해서 거울에 빛이 없어진 것은 아닙니다. 본시 다 부처인데 우리가 그것을 모르고 먼지가 낀 것처럼 부처의 빛을 발하지 못하고 중생의 업력에 놀아나지요.

부처님이 출현하신 것은 너희들 그렇게 헤매지 말고 정신 똑바로 차려서 네 안에 본래 있는 부처를 찾으라 하는 데 뜻이 있습니다. 고집멸도苦集滅道 사제四諦, 십이인연법十二因緣法, 육바라밀법六波羅蜜法 이런 것들이 모두 마음의 먼지를 털어내고 내 부처를 찾는 방법입니다.

마음의 먼지를 털어버리는 것을 일러 수행이라 하면 되는지요.

이름을 붙이자면 수행이지요. 하지만 그 사람이 어디가 막혔는지를 알아야 수행이지, 막연하게 수행이라고 해서는 닿지 않지요. 사람마다 막힌 데가 다 다릅니다. 우리가 막혀서 헤매는 고통을 두고 부처님이 그 매듭을 하나하나 풀어주시느라 사십오 년 동안 팔만사천법문을 하신 것입니다. 사람마다 병폐가 다르니 가르치는 방법도 다 달랐던 것입니다. 그러니 틀에 박힌 한 가지 방법만 있는 게 아닙니다.

예를 들면 중생이 살아가는데 이 세상이 모두 고통이다, 왜 고통이 생겼느냐, 고통이라는 것을 누가 하나씩 갖다 맡긴 것인가, 이렇게 의심이 생깁니다. 그러면 부처님은 고통은 누가 던져준 것이 아니라 스스로 씨를 뿌려 만드는 것이라고 가르쳤습니다.

그것이 집集이지요. 나의 나쁜 습관이 쌓여서 고통이 생긴 것입니다. 가령 아편 중독이 된 사람은 처음에는 호기심에 팔려 한 대 두 대 맞다가 황홀하고 재미있는 맛에 자꾸 맞으니 나중에는 재산을 모두 털어 남몰래 아편을 맞는 중독으로 발전합니다.

그러니 아편 세계에 발을 들여놓고 고통받는 것은 누가 만든 것입니까? 평지풍파로 자기가 그물을 만들어 자기 그물에 걸린 것이지요. 자기가 '아하, 내가 잘못했구나. 이것을 떼어버려야지.' 하고 마음을 먹는 것이 중요합니다. 물론 그렇게 마음먹어도 하루아침에 떼어버릴 수는 없어요. 그러니 자꾸 바른말을 듣고 그 해로움을 알아서 억지로라도 참고 해독하는 약을 먹어서 떼어버려야 한다는 것이지요.

원래 죄를 짓고 나온 것이 아니라 전부 내가 지어서 내가 만든 것입니다. 이것이 고집멸도 사제 법문의 원리입니다. 어리석은 중생은 모든 것을 자기가 만들었다는 그 이치를 받아들이지 않고 내가 언제 만들었나 하고 의심하지요. 그러다 보니 그 사람 의심을 완전히 풀 때까지 부처님이 가르쳐야 하니까 이야기가 많은 겁니다.

개인마다 가진 문제가 다르니 부처님이 그것에 맞게 답을 주셨군요.

문제는 각각 다르지만 원리는 같아요. 술에 중독된 사람, 재물에 중독된 사람, 사랑에 중독된 사람, 감투에 중독된 사람, 중생의 업 따라 천차만별이지요. 그러니 우선 자기 문제에 맞게끔 설명을 해주어야 그 사람이 치료할 생각을 하겠지요. 그래 너는 어떠어떠해서 그런 허물이 생겼다. 그것을 네가 제거하지 않으면 결국은 어떠한 고통이 온다고 설명을 한 것이지요.

그런데 수행을 한다고 하면 가족 관계를 끊거나 특별한 고행을 해야 한다는 두려움을 갖고 있어요. 수행하는 걸 별스럽게 생각해 못 하는 경우도 있습니다.

그것은 불교를 모르는 소리입니다. 불교라는 것이 어떤 덩어리로 묶여 세상과 따로 세워져 있는 게 아닙니다. 이 세상에서 인생을 잘 살아가게 하는 것이 불교지요. 인간이 어떻게 살아야 헤매지 않고 아름답고 가치 있게 사는가를 제시한 것이 부처님의 가르침이지, 안 해도 되는 것을 만들어서 하라는 게 아니에요. 세상살이를 벗어나 그 인연을 집어던진다고 해서 되는 게 아닙니다. 내 마음속에서 일어나는 모든 번뇌 망상을 벗어버리면 되는 것이지요.

세상의 모든 욕심을 끊어야만 수행을 할 수 있는 게 아닙니다. 어느 청년이 장가가서 아들딸 낳고 멋지게 살기를 원하는데 그런 욕락을 다 집어던져야 수행하는 것이라고 하면 어떻겠어요? 못 하겠다고 그러겠지요. 수행은 그런 게 아닙니다. 장가가서 아들딸 낳고 돈 벌고 온갖 것 다 하는 가운데 필요한 것이 수행입니다. 만일 그런 것을 집어던진다면 수행은 우리 삶과 관계가 없는 일이지요. 결혼해 어떤 마음으로 살아야 행복하고 어떤 정신으로 자식 교육을 해야 하고 어떤 정신생활을 해서 내 인생을 마쳐야 하나, 그렇게 삶을 바르게 살도록 가르치는 것이 불교입니다. 그런데 우리가 느끼고 살아가는 오욕락이 금방 집어던진다고 해서 던져지지를 않아요. 잘못하면 오히려 병이 더 깊어지게 되기도 합니다. 그러니 우선 욕락 속에 살지만 그것에 사로잡히지 않는 방법을 알아야 합니다. 자기가 할 수 있는 데까지 연구하고 다듬어나가다 보면 스스로 길이 열리지요. 그래서 자기의 모든 문제를 살피고 제재를 해야 되지요. 우리가 몸이 아프면 명의에게 가서 진찰을 받고, 몇 달 몇 해에 걸쳐서 치료하다 보면 모진 병이 낫는 것과 마찬가지로 내가 처한 현실에서부터 시작해 차차로 나아지는 것입니다.

진리에 눈뜨는 특별한 방법은 없을까요?

나는 항상 나를 여의지 못합니다. 나를 여의어본 사람이 있나요? 그것을 바라보십시오. 우리는 그것을 자꾸 바깥에서 찾아 헤매는데, 항상 가지고 있는 자기를 응시하는 것이 가장 좋은 방법이지 신출귀몰하는 별스런 방법은 없습니다.

그러나 내가 다생에 걸쳐 익힌 습관을 하루아침에 놓지 못하니 법문을 자주 들어 부처님 원력에 힘입어서라도 해보려고 자꾸 노력하면 됩니다. 정말 공부하면 안 되는 게 없습니다.

공부할 생각을 안 내면 안 된다는 생각도 없겠지요. 안 된다는 소리는 애를 쓴다는 소리지요. 자전거를 배울 때 한 번에 타는 사람은 없습니다. 다 넘어지면서 배워요. 안 된다고 멈추면 자전거는 못 탑니다. 한다, 된다는 신념이 중요합니다. 반드시 된다는 확신이 있으면 자꾸 핸들을 고쳐 잡게 되거든요.

안 된다고 애쓰는 그 사람이 소중합니다. 안 되는 과정 없이 되는 것은 없거든요. 필경에는 되는 것입니다. 안 되는 것을 부처님께서 무슨 심술로 하라고 하셨겠습니까. 다 되는 것입니다. 안 해서 그렇지 안 되는 것은 아닙니다. 구두선으로 말만 해서 그렇지, 우리가 뼈 빠지게 노력하면 왜 안 되겠습니까? 경전 말씀이 모두 거짓이 없지요. 모든 말씀이 다 견성 성불의 길을 일러줍니다. 부처되는 길이 따로 있는 것이 아닙니다.

십이연기와 사성제에 대해 알려주세요

십이연기와 사성제의 가르침에 대한 스님의 말씀을 듣고 싶습니다.

부처님의 팔만사천 가르침이 알고 보면 단 한 마디입니다. 두 마디도 없습니다. 얼마나 모순된 말씀입니까? 어찌해서 팔만사천법문이 한 마디냐.

말하자면 바닷물의 맛이 한 맛인 것과 같은 이치입니다. 바닷물이 한 맛이라는 것을 안 믿는 사람은 안 믿습니다. 어리석은 사람은 바다가 그렇게 너른데 한 맛이겠느냐고 의심합니다. 그래서 배를 타고 여기 가서 찍어 먹고, 저기 가서 찍어 먹고, 전 세계 바닷물을 다 찍어 먹고 나서야 과연 한 맛이구나 하고 알게 되는 것과 똑같습니다.

그 한 마디 말을 각도를 달리하면 십이인연법입니다. 십이인연법의 첫 번째가 무명인데 무명은 어둡다는 말입니다. 밝음이 없는 것이 무명이지요. 무명연행無明緣行이라, 어두우니까 거기서 어지럽게 작용이 일어납니다. 행연식行緣識이라, 작용이 일어나니 알음알이가 일어납니다. 식연명색識緣名色이라…… 결국에 가서는 노병사老病死까지 열두 가지로 풀이해놓은 것이 십이인연법입니다. 바로 마음 하나 미迷할 때 이 세상에 흘러나온 것을 설명한 것입니다.

무명연행無明緣行 행연식行緣識 식연명색識緣名色 명색연육입名色緣六入 육입연촉六入緣觸 촉연수觸緣受 수연애受緣愛 애연취愛緣取 취연유取緣有 유연생有緣生 생연노사生緣老死라.

그러면 그 열두 가지를 없애려면 어떻게 하느냐. 무명멸즉행멸無明滅卽行滅하고 행멸즉식멸行滅卽識滅하고…… 이렇게 해서 다 멸합니다. 무명즉멸생로병사라, 무명만 똑바로 보면 모든 게 없어집니다. 무명에서 잘못 생각해서 생사를 보는 것이니까요.

십이인연을 풀이하면 수많은 경전이 나옵니다. 《능엄경》이니 《원각경》이니 《화엄경》이니 모두 십이인연법에 의지해서 설명한 것입니다.

고집멸도 사제도 그래요. 고통이 왜 생깁니까? 고苦란 누가 던져준 것이 아닙니다. 어느 신이나 조물주가 고통을 나누어준 게 아니라 바로 자기가 집集했다. 즉, 자기가 모은 것입니다. 아편 중독에 걸리면 얼마나 괴로워요. 즐거움으로 먹기 시작한 것이 차츰차츰 중독된 것이니 자기가 만든 거지요. 자기가 모아가지고 중독의 고통을 받는 거지요. 자기가 만든 고통을 제삼자가 아닌 자기 스스로 없애는 것이 바로 멸滅입니다. 그리고 그것을 어떻게 없애느냐. 팔정도八正道를 닦아야 합니다. 그것이 고집멸도입니다.

자기가 인因을 지어서 과果를 받는 것이지 제삼자의 간섭이 없다는 것입니다. 콩을 심고는 아무리 팥이 나기를 축원한다 해도 절대 안 나잖아요. 동네 사람 아무도 모르게 콩을 심어놓고는 내가 여기 팥을 심었다고 떠들어도 싹틀 때까지는 속이겠지만 콩이 팥이 되어 나오지는 않습니다.

그렇듯이 남을 속이는 것은 나를 속이는 것입니다. 이것이 불교의 인과법이지요. 남을 속이는 게 아니라 내가 나를 속이는 것이요, 남을 도와준다는 것은 내가 나를 도와주는 것입니다. 불교가 알고 보면 전부 이렇게 상통하지요.

다를 것 하나 없어요. 모르면 글귀마다 막히지만 십이인연법이 참선법이요, 고집멸도가 불교의 전체 진리를 말한 것이고, 모든 부처님 법을 통하면 다 불이법입니다. 다 똑같은 한 소리고, 또 그 한 소리도 없는 것입니다.

부처님은 사십오 년 동안 그 방대한 말씀을 해놓고도 나는 한 마디도 한 바 없다고 시치미를 뚝 뗐습니다. 그러나 부처님이 시치미를 뗀 것이 아니지요. 부처님이야 너희 병 때문에 내가 약을 쓴 것이지 본시 병이 없으면 무슨 약이 있겠느냐는 말씀입니다. 꿈만 깨면 부처님이 팔짱 끼고 돌아앉아서 코 골고 낮잠 자고 있을 뿐입니다. 중생이 하도 헤매니까 부처님이 동서남북 돌아다니며 깨우쳐주는 것이지, 우리가 꿈만 깨버리면 별일 없습니다.

세상 사람들은 낙을 취하지 고를 취하지는 않아요. 부처님 법 알았다고 뭐 뾰족한 게 아닙니다. 세상 법 그대로입니다. 법을 알게 되면 낙을 취한 대가로 고를 치를 각오를 하게 됩니다. 세상 사람들이 그 법을 모르고 낙은 취하고 고는 싫다고 하니 그것이 되겠습니까?

고락은 상대적인 것입니다. 한 자 올라가면 한 자 내려와야 해요. 중생은 낙만 취하고 고를 취하지 않으려고 하기에 더 큰 고를 받아 헤매게 됩니다. 부처님도 사람 죽이면 형무소 갇혀야지, 부처님이라고 뭐 특권을 갖고 용서받는 법이 없습니다. 부처님 세계에서야 지옥을 구제했으니까 지옥 천당이 상관없지만 껍데기 이 세상은 똑같이 받습니다.

팔정도 중에서 바른 정진이란 어떤 것인지요?

바른 정진이 따로 있는 게 아닙니다. 선악과 시비를 초월한 근본 마음을 찾아 흔들림 없이 그것을 지켜나가려는 노력이 바른 정진입니다. 가만히 앉아서 우주와 혼연일체가 되어야 바른 정진을 한다고 말할 수 있어요. 그렇게 되면 누굴 원망한다든지 사랑한다든지 미워하는 게 다 없어집니다.

그게 편안한 열반의 세계입니다. 그렇게 될 때 비로소 이 세상을 판단할 힘이 생겨서 누가 잘못하고 잘하는 건지 눈으로 보듯이 환히 나타나거든요. 그러면 네가 그렇게 하면 좋지 않으니 어떻게 하라고 가르치면 됩니다.

불교란 결국 전부가 마음 하나 찾는 겁니다. 근본이 거기 다 있어요. 또한 무유정법無有定法이라 마음 닦는 법이 정해진 게 없어요. 모든 그림자가 가라앉으면 깨끗한 것이지 깨끗한 게 따로 있는 게 아닙니다. 탁한 것 때문에 깨끗하다는 소리가 나온 것이고, 중생의 마음에 굴곡이 생겨 병이 들었기에 부처도 교화하러 나오는 겁니다. 자기 마음만 밝히면 환하게 밝아지는 것이라 그게 정정진正精進이지요. 이것은 말로 되는 게 아니에요.

살다 보면 옆에 같이 있었다는 것 때문에 욕 얻어먹는 경우가 있습니다. 신도 중에 택시 운전하는 분이 계십니다. 손님이 가자는 대로 갔는데 차가 꽉 막혀 한참을 가지 못하니까 화가 난 손님이 자기한테 입에 담지 못할 욕을 하기에 가만히 듣고 있었다고 합니다. 그러다 너무 대꾸를 안 해주면 이상해할까 봐, "실컷 하십시오. 손님이 그렇게 해서 화가 풀린다면 저는 그냥 감사한 마음으로 듣겠습니다." 했더니 이 손님이 나중에 내릴 때 돈을 내면서

"죄송합니다." 하고 가더랍니다. '인욕바라밀'에 대해서 자세히 알고 싶습니다.

그게 인욕이지요. 세상 사람은 어떤 나쁜 경계에 놓이면 전부 남한테 떠넘기는 성질이 있어요. 절대 자기가 책임을 안 져요. 잘한 것은 자기가 한 것 같고 못한 것은 전부 남이 한 것 같아요. 그게 중생 세계거든요. 조금만 생각을 넓게 가지면 그렇게 안 하게 되지만.

상황이 잘못되었다 해도 누가 일부러 나쁘게 한 게 아니잖아요. 이리로 가면 길이 복잡할 줄 알았어야 하는데 몰랐다면 그 사람도 나도 정신이 흐린 건데 누굴 원망하겠어요. 나쁜 데 데려가려고 한 게 아니라 자기도 빨리 간다는 게 그렇게 된 거지요.

손님이 욕을 하니까 그 운전사가 얼마나 마음이 상했겠어요. 그런데 보살심이 있어서 욕을 해서 속이 풀리거든 실컷 하라고 했다니 보통 사람은 아니네요. 그러니까 이 손님은 상대방을 나무라면 자기는 분이 풀리기에 화풀이를 했겠지요. 그런데 나중에 생각해 보니 자기가 너무했거든. 잘못했다는 생각이 들었으니 죄송하다고 하면서 갔겠지요. 결국은 손님의 양심에 비춘다는 말이지요.

인욕에는 그런 위대한 점이 있어요. 이 사람이 참았기 때문에 정신없이 욕하는 저 사람을 반성시킨 거예요. 인욕행이란 이런 거지요. 내 감정에 파묻혀 있으면 아무에게도 이익이 안 됩니다. 내 감정을 비워놓고 잘못을 지적하지 않고 보살심으로 용서하는 거예요.

용서하면 잘못한 사람은 자기가 잘못한 걸 스스로 알게 돼요. 내가 바른 것을 밝히면 그건 벌써 효과가 없어져요. 억울함을 듣고도 가만히 있으니 그 마음이 얼마나 너그러워요. 그 손님이 그걸 배운 거지요. 양심의 빛이라는 건 다 똑같기 때문에 나쁘게 하는 사람도 나중에는 자기가 나쁘게 한 걸 알아요. 다 알고 한 거지 모르는 것은 아니에요.

그러니까 인욕바라밀이 위대한 힘이 있는 겁니다. 인욕으로 상대의 항복을 받는 거지요. 억지로 두들겨가며 하는 건 가치가 없어요.

사람이 감화가 되면 나쁜 짓을 하라고 해도 할 수가 없어요. 교화는 말 가지고 되는 게 아닙니다. 실제로 그렇게 하도록 이끌어 가는 지도력이 필요하지요. 그게 쉬울 것 같지만 참 어려워요. 산에 가서 범 잡기는 쉬워도 남을 위해서 말 한마디 하기는 어렵다는 소리가 있잖아요. 참된 말은 그 사람의 정신을 좌지우지하는 위력을 가지고 있습니다.

어떤 것이 올바른 교화일까요?

중생 교화라고 말은 많이 하지만 사실 참 어렵지요. 모든 사람이 다 보살이 돼야 해요. 그렇게 되기 전에는 교화가 안 돼요. 보살이 되면 그 사람이 무슨 짓을 해도 손짓 발짓 말 한마디가 다 남을 감화시킵니다. 그렇지 않고 자기 체취가 송곳처럼 뾰족뾰족 나온 사람은 아무리 좋은 소리, 성인의 소리를 훔쳐다 해도 소용없어요. 그러니 사람을 감화한다는 게 쉬운 일이 아닙니다.

우스운 얘기 하나 해보면, 예전에 살인한 사람이 있었어요. 그래 잡아다 감옥에 가둬놓고는 아무 소리도 안 하고 며칠을 가만히 둔 거예요. 밥 한 주먹씩만 넣어주고는.

하루는 고을 원님이 와서는 문을 열고, "그대가 사람이요?" 하고 물었어요. 비록 사람을 죽였어도 자기도 사람은 사람이잖아. 그래서 "예, 사람입니다."라고 대답했어요. 그러니까 쳐다만 보고는 더 이상 말도 안 하고 갔어요. 그러고는 그 이튿날 다시 와서 또 같은 질문을 하는 거예요. "그대가 사람이요?" 라고 말이지요. "예, 사람입니다." 하고 같은 대답을 했어요. 사흘간을 물어도 사람이라고 대답했거든요. 그러자 그 원님이 말하기를 "사람이 어떻게 사람을 죽이나. 너는 사람이 아니다. 여기는 사람 가두는 형무소야. 너는 여기 갇힐 자격이 없어." 그러고는 그 살인자를 내보냈답니다. 이 사람이 생각하니 자기는 사람 취급도 못 받았단 말이지요. 그러니 반성하지 않겠어요. 뭔가 감동을 시켜 사람을 제대로 만들었다는 것이지요. 그러니 근본적으로 마음 닦는 운동이 일어나야 합니다. 그래서 불교가 발전하면 나라가 발전하고 불교가 병들면 나라가 병든다고 하는 것입니다.

열반이란 무엇입니까

열반의 핵심은 무엇입니까?

열반이란 불교 극치의 도리입니다. 그러니 성불했다는 말이나 열반에 들었다는 말이나 다 같은 소리입니다. 삼매에 들었다, 부처가 되었다는 것도 다 열반과 비슷한 말이지요.

열반이란 인도 말인데 적적해서 모든 희열 속에 산다는 뜻입니다. 이 세상에서 우리는 항상 이 생각 저 생각으로 어지럽고 동요됩니다. 그와 정반대가 열반이거든요. 중생의 모든 고통을 벗어버린 세계가 열반입니다. 괴로운 것을 좋아하는 사람이 어디 있겠어요. 고가 없어진 자리가 열반이니 누구나 열반의 세계를 희구하여 그 세계에 들려고 하는 거지요.

음력으로 이월 보름을 부처님 열반절이라 하여 기념합니다. 사실 그날은 석가모니 부처님께서 육신을 떠나 돌아가신 날입니다. 열반재일을 맞이하는 불자의 마음가짐은 어떠해야 하는지요.

불교에서 기리는 사대 명절이 있지요. 첫째가 부처님이 출현하신 날인 사월 초파일인데 그것도 나라마다 날짜가 다릅니다. 우리가 정해놓고 무슨 날이다 하는 것이지, 그 날이나 저 날이나 동쪽에서 해 뜨고 서쪽으로 해 지기는 마찬가지입니다.

그다음에 납월(음력 12월) 팔일 부처님이 견성 오도한 날입니다. 이날이 진짜 부처님이 생긴 날이지요. 사월 초파일은 부처님이 왕궁에서 육체를 얻은 날이고 부처의 세계를 구성한 날은 납월 팔일이거든요. 그리고 이월 보름 열반절은 형단의 몸이 없어진 날입니다. 견성한 날이나 열반한 자리나 같은 자리입니다. 생사 없는 자리로 돌아가는 것이 열반이니까요.

그런 의미에서 보통 사람의 죽음은 열반과는 무관한 것으로 보아야겠군요.

보통 사람의 죽음은 생사윤회지요. 세상 사람들은 뭘 모르고 죽기 때문에 보통 사람이 죽는 것은 열반이라고 할 수는 없어요. 그것은 생사를 되풀이하는 윤회 속에서 단지 이 몸뚱이만 없어진 것입니다.

깨달은 사람의 세계에서는 몸을 가지고도 열반의 세계에 든다고 합니다. 몸이 나고 죽는 것과 상관없이 열반이지 꼭 죽은 뒤가 열반이 아닙니다. 그런 의미로 보면 부처님이 성도한 날이 바로 열반한 날입니다. 성도했다는 것은 모든 고통을 벗어버렸다는 것이니 그것이 열반이지요. 그 몸뚱이가 죽었다고 열반이 아닙니다.

세상 사람들의 눈으로는 부처님이 이 세상을 여의고 가니까 열반은 죽음이다 이렇게 보지만 부처님에게는 본래 생사가 없습니다. 육체를 받았다 해서 부처님이 새로 생긴 것도 아니고 육체가 무너졌다 해서 부처님이 없어진 것도 아닙니다. 세상 사람들이 자기 눈으로 보니까 제대로 못 보고 모르는 것입니다.

열반이란 자리는 눈으로 볼 수도 없고 생각으로 미칠 수도 없고 몸으로 더듬을 수도 없습니다. 그것은 중생의 세계로는 측량할 수 없는 자리거든요. 중생 세계에 나타나 형상에 얽매이는 물건이 육체입니다. 그러니 열반에 들면 육체와 상관이 없으니 육체가 없어진 자리가 열반이 될 수도 있지요. 그렇게 될 수도 있지만 그렇다고 육체가 없어진 그것이 열반인 것은 아닙니다.

부처란 소리가 바로 열반입니다. 열반한다는 것은 부처의 본래 자리로 돌아갔다는 소리거든요. 생사가 없는 자리로 돌아갔다는 말입니다. 그런 이치를 모르고 육체를 본위로 열반이라 하는 것은 껍데기만 가지고 하는 말이지요.

중생은 부처님이 육신을 버리고 이 세상을 떠나시는 모습에서 많은 감동을 받고 발심하기도 합니다. 나아가 큰스님들의 열반, 그러니까 입적하실 때의 모습도 사람들에게 많은 감화를 주는 것 같습니다. 한암 스님 같은 분은 앉아서 입적하시는 등 그런 모습들이 예사롭지 않으니까요. 어떻게 보시는지요.

큰스님이 따로 없고 불법을 알아버리면 그 사람을 큰스님이라 합니다. 죽고 사는 이치를 확실히 알아서 그것에 연연하지 않고 법당에 가서 법문하다가 내가 간다 하면 떡 떠나가듯이 생사를 탈피한 사람이다 그런 말입니다.

예전에도 향 꽂아놓고 이 향 다 타기 전에 법문하다가 내가 간다 하고 그냥 가버리고 그랬지요. 그렇게 좌탈입망坐脫入亡하고 자유자재하면 듣기에도 통쾌하지 않습니까? 죽음 앞에서 쩔쩔매며 정신없이 가기보다는 옷 벗어버리듯이 자기 마음대로 훌쩍 가는 것이 누가 봐도 통쾌하지요.

그 정도가 되면 그 사람은 고통이나 집착이나 모든 것을 떠나 열반에 든 것이 아닙니까?

조사 스님네가 그렇게 죽는다고 해서 꼭 열반이라 볼 수는 없습니다. 어찌 됐든 통쾌하게 고통을 벗어나는 것이 좋지요. 그러나 높은 정상에 올라가서 산을 바라본 것과 반쯤 올라가서 바라본 것과 산 밑에서 바라보는 것은 차이가 있을 것 아니에요.

자기가 닦은 것만큼 세계가 넓어지고 시야가 넓어집니다. 그러니까 완전하게 열반의 경지에 이르지 않았더라도 생사에 애착 없이 가는 그런 조사도 있는 것이지, 그렇다고 부처님처럼 참으로 완전무결하게 열반에 들었다고 보기에는 무리가 있지요.

아무 걸림 없이 입적하시는 모습이 감화를 많이 일으키는 것을 보면 그런 모습 역시 교화의 방편이 아닌가 싶습니다.

그렇지요. 눈을 바로 뜨고 보면 수행한 사람의 행동에는 집착이 없습니다. 대부분의 사람은 집착 때문에 울고불고 원수를 맺지만 수행하는 사람은 그렇게 살지 않아요. 내 것을 누가 빼앗아가도 그만이고 누가 갖다줘도 그만이고, 칭찬해도 그렇고 헐뜯어도 그렇고……. 그렇게 살면 편할 것 아니에요.

누구한테 칭찬받으면 좋아서 야단이고 중상모략하면 재판을 하네, 뭐 하네 하면서 극단적으로 나가니까 살풍경이 벌어지지요. 모든 헐뜯음이나 칭찬에 동요하지 않고 살면 세상이 편안합니다. 그러니까 이 세상을 일없이 사는 게 부처님 가르침 아닙니까. 서로 용서하고 살라는 거지요.

불교는 자비무적慈悲無敵이라, 적이 없습니다. 그런데 전부 적을 두고 조금만 틀어져도 언성을 높이니 세상에 자꾸 파도가 치고 괴로운 것이지요. 완전무결하면 더없이 좋지만 그 흉내만이라도 내면 우선 덜 시끄럽습니다. 똑같은 일 가지고도 서로 눈을 부라리고 싸우면 우선 내 마음부터 괴롭습니다.

그러니까 기도하는 사람의 생활은 누가 봐도 남에게 안심을 줍니다. 남에게 안심은 못 줘도 파도는 안 일으킵니다. 마음 하나 어떻게 쓰느냐에 따라 이 세상이 천당도 되고 지옥도 됩니다. 내가 보시하라는 것은 내가 희생하라는 것이거든요. 불교는 전부 그래요. 싸워 쟁취하라, 저 사람을 거꾸러뜨리면 내게 이익이 된다는 말씀은 경전에 없어요. 불교는 항상 남을 위하고 자비롭게 살라 합니다. 그러면 세상이 저절로 정화됩니다.

정화하는 마음이 습관이 되면 남을 용서하는 것이 힘들지 않습니다. 옆 사람이 괴로운 것이 바로 내가 괴로운 것이지, 저 사람이 다른 사람이냐 말입니다. 내게 이익이 되는 것은 저쪽 사람에게 피해를 주고 내가 가져온 것입니다. 그러니 그것이 강도짓하고 한가지지요. 그러고 보면 자기도 불행한 것 아닙니까? 알고 그러든 모르고 그러든, 내가 남을 해쳤다고 남의 것을 빼앗아왔다고 생각한다면 얼마나 불행한 일입니까? 하지만 내가 남을 도와주면 돌아서서도 기분이 좋아요. 잠잘 때도 두 다리 뻗고 편안하게 잡니다.

불교는 물질로써 세상에 기여하는 것이 아닙니다. 눈에 보이지 않는 마음 씀씀이가 중요합니다. 그 마음 씀씀이로 해서 세상이 극락도 되고 지옥도 됩니다. 그래서 불교는 일체유심조라, 그 마음 하나 잘 쓰는 방법을 말합니다.

虛徹靈通

庚辰年初
無爲精舍
西庵

수행자의 마음가짐은 어떠해야 할까요

깨달은 사람과 깨닫지 못한 사람은 어떻게 다릅니까?

말 자체가 다르니 다르다 해도 됩니다만, 사실 깨달은 사람이나 깨닫지 못한 사람은 똑같아요. 다를 게 없어요. 깨달은 사람도 꼬집으면 아프고 깨닫지 못한 사람도 꼬집으면 아프고, 깨달은 사람도 슬픈 일 있으면 눈물 나오고 깨닫지 못한 사람도 눈물 나오고 다를 게 없지요. 다른 게 있다면 벌써 병폐지요. 모든 것은 불이법不二法이라 다 같아요.

다만 깨달은 사람은 어떠한 경계라도 헤매지 않고, 깨닫지 못한 사람은 처처에 헤매는 것이 다르지요. 깨달았다 해서 대변도 안 보고 밥도 안 먹고 꼬집어도 아픈 줄 모르고 돌덩이처럼 무감각한 게 아니라 깨달으나 못 깨달으나 육체를 가지고 있으면 똑같아요. 똑같은데, 달관한 사람은 그렇거니 하고 헤매진 않거든요. 완전히 그 이치를 알아버리니까 헤매지 않아요.

쉽게 말하면 맑은 거울에 물건을 비추면 금방 비치고 물건을 치워버리면 거울에 흔적이 없다 그 말이에요. 그래서 깨달은 사람은 어떠한 경계에 닥치면 그때만 판단해버리지 그다음에 무슨 그림자가 없어요. 그런데 미迷한 사람은 부아가 나면 부아가 난 경계가 지나가도 몇 달을 두고 부아를 내요. 그 꼬리가 있다 말이지요. 그러니까 서로 이놈 두고 보자 하고 원수 맺고 그러지요.

하지만 깨달은 이는 다 허무한 줄 알고 달관해버리니까 그때 경계에 부아를 냈으면 그만이지 잊어버리고 거리낌이 없어요. 그렇게 깨달으면 거리낌 없이 살지만 깨닫지 못한 사람은 말에 걸리고 뒷그림자가 한없이 쉬지 않고 맴돌아요.

그런데 사람들은 깨달은 사람은 더러운 걸 줘도 아무렇지도 않고, 좋은 걸 줘도 아무렇지도 않고, 죽여도 아무렇지도 않고, 살려도 아무렇지도 않고, 그렇게 되는 걸로 착각을 하거든요. 그래서 깨달은 사람이나 깨닫지 못한 사람이나 똑같으면 깨달을 것도 없고 노력할 것도 없지 않으냐, 그렇게 생각하지요. 사람들은 그렇게 말에 걸려요. 그러니까 부처님 잔소리가 사십오 년 동안 계속되고 몇천 년이 지나도 끝이 안 나는 거예요.

수행하는 사람의 마음가짐은 어떠해야 하는지요.

우리 중생은 늘 생각이 흐트러진 채 살고 있습니다. 누가 이러면 이렇게 따라가고 저러면 저렇게 따라가고 희로애락 속에서 헤매며 근본을 모르고 따라가기만 하는 거지요. 따라가는 그 핵심, 근본을 알아야 합니다. 근본을 모르면 누가 부아를 지르면 부아 나는 데로 따라가서 정신없이 부아 내고 칼부림을 일으키지만, 그 부아 나는 핵심을 떡 알면 거기 따라가지 않고 그것을 정확히 판단해서 해결하는 지혜가 생기지요. 인생의 근본을 알아야 환경에 흔들리지 않고 자기가 자기 인생을 요리할 수 있습니다. 좋고 나쁜 모든 것을 내가 요리해야지 정신없이 헤매고 다녀서야 되겠어요.

어떻게 하면 번뇌를 떨치고 마음을 잘 다스릴 수 있을까요.

다스리는 방법은 많이 있지요. 보통 항상 화두를 하면 문제가 다 거기서 해결되는데 그걸 못하고 경계에 사로잡혀 있으니 그때마다 정신을 차리고, 내가 이렇게 따라가면 안 되겠다, 근본을 찾아야겠다, 하는 마음을 항상 가지고 살아야 합니다.

예를 들어 누가 술을 권할 때 술은 먹고 싶지만 그다음에 정신이 혼망해져서 공부에 지장이 있겠구나 하고 판단해서 술을 마시지 않는 것으로 마음을 다스리고, 누가 화나게 해도 그 화나는 근본이 무엇인가에 마음을 가다듬어야 합니다. 이렇게 항상 어떤 경계에도 자기를 풀어놓지 말고 자기 중심을 가다듬어 살아가는 게 마음 다스리는 것입니다.

누가 칭찬한다고 해서 좋아서 따라가면 자기 마음을 잘 못 다스리는 거예요. 칭찬한다 해서 내 인생에 털끝만치라도 보탬이 되는 게 아니다 생각하고, 칭찬을 하나 헐뜯으나 흔들림이 없어야 해요. 언제나 자기 중심을 잃지 않고, 항상 핵심을 바로잡는 그것이 바로 마음을 잘 다스리는 법이지요.

제가 참선 공부한 지는 한 삼 년 정도 되었는데 정진하다 보니 생각이 끊어져 텅 빈 자리를 경험했습니다. 텅 비고 다시 내가 있어야 하는데 나를 잃어버렸으니 답답합니다. 생각이 끝난 자리에서 깨달으면 얼마나 넉넉한지에 대해서 여쭙고 싶습니다.

참선 공부를 하다 보면 텅 빈 자리를 느끼는 단계가 있습니다. 만약 허공처럼 비었다면 허공 자체는 말도 못 하고 아무것도 모르니 그 단계에서는 우리도 말을 못 하고 아무것도 몰라야 합니다. 하지만 빈 자리를 경험한 후에도 마찬가지로 말을 하고 길을 걷고 하지요.

비었지만 분명 빈 것을 아는 놈이 하나 있습니다. 그 아는 놈을 잘 처리할 줄 알아야 합니다. 텅 비어 아무것도 없다 해도 아무것도 없는 줄을 아는 놈은 있으니, '그 아는 놈이 무엇인가'를 궁구하여 그놈의 뿌리를 뽑아야 합니다. 텅 빈 데 그쳐 그 상태에만 빠져 있으면 안 되지요. 그 텅 빈 데서 다시 출발하는 힘이 있어야 합니다.

나옹 스님이 각오 선인에게 이런 글을 보냈어요.

"염기염멸念起念滅 위지생사謂之生死이니, 생각 한 번 일어나고 한 번 멸하는 것이 나고 죽는 것이니."

누가 칼을 가지고 와서 목을 자른다고 하거나 총부리를 대고 죽인다고 할 때, 생각이 벌써 공포에 흐르게 됩니다. 이제 내가 죽는구나 하는 생각이 흐를 때 공포가 있는 것이지 생각이 흐르지 않으면 공포가 생기지 않습니다.

죽는다는 게 별다른 게 아닙니다. 총부리만 겨누어도 목에 칼을 대기만 해도 생각이 움직이니 터럭 하나 상하지 않아도 까무러쳐 죽는 사람이 있습니다. 그런가 하면 총을 쏴도 생각이 조금도 흔들림 없이 큰소리치는 사람이 있지요. 이렇게 총을 겨누기만 해도 죽는 사람이 있고 몸을 쪼개도 안 죽는 사람이 있으니, 생각이 일어나고 멸함에 따라 생사가 있게 되지요.

'생각 일어나고 멸하는 생사의 경계를 당해서 부디 힘을 다해 화두를 잡아 일으키라(當生死之際 須盡力提起話頭).'

나도 없고 우주도 없고 다 비었다 해도 빈 줄을 아는 놈은 분명히 있으니 그놈이 무엇인지 한번 철저하게 의심해보라는 것입니다. 망상에 따라가지 말고 번뇌에 속지 말고 힘을 다해서 이 뭣고 화두의 멱살을 잔뜩 잡으란 말입니다.

'화두가 순일하면 일어나고 멸함이 곧 없어지리니(話頭純一 起滅卽盡)'

'일어나고 멸함이 없어진 곳을 적이라 하리니(起滅卽盡處 謂之寂)'

'적적한 가운데 화두가 없으면 그것을 무기라고 하고(寂中無話頭謂之無記)'

일체 생각의 기멸이 끊어진 자리는 적적합니다. 화두를 놓쳐버리면 그저 혼 빠진 할머니가 딸네 집 건너다보기를 우두커니 정신없이 하는 것처럼 일체 생각이 끊어졌지만 바보같이 돼 버린다는 말입니다. 선문에서는 이를 무기라 하지요.

'적적한 가운데 화두에 매하지 않으면 이를 영이라 한다(寂中不昧話頭 則謂之靈).'

일체 기멸이 끊어진 자리에서도 '아는 놈은 하나 있구나.' 하고 깊게 의심을 하면 자연히 신령한 기운이 뜹니다. 영성이 있게 되면 방 안에 앉아서도 몇천 리 밖의 일도 비치게 되지요.

'이 공적과 영지는 무너지지도 않고 난잡하지도 않으니(卽此空寂靈知 無壞無雜)

이와 같이 애를 쓰면 하루도 안 되어 성취하리라(如是用功 不日成之).'

열심히 의심을 한다면 꿈 깨는 도리를 알게 됩니다. 꿈을 깨면 다시 모를 것이 없어요. 천하의 만사가 다 환하게 열립니다.

마장이란 무엇인지요.

글자 그대로 마구니란 말입니다. 공부하는 데 방해되는 것을 모두 다 그렇게 부릅니다. 부처님이 성도할 때 팔만사천 마구니를 항복시켰다고 합니다. 미녀가 현혹하고 무기로 위협했지만 흔들리지 않았어요.

그냥 마魔라고도 하는데, 바깥에서 오는 마도 있겠지만 근본적으로는 다 자기 마음에서 일어납니다. 팔만사천 번뇌가 그대로 다 팔만사천 마구니가 되는 거지요.

술을 좋아하는 사람이 술 생각이 나면 마구니에 팔린 것이고, 미색을 좋아해서 미색에 팔리면 그 미색이 마구니고, 감투 좋아하는 사람이 감투를 준다 할 때 거기에 망상이 들면 그 감투도 마구니입니다. 또 수행 정진하는데 부모가 애걸복걸해서 거기에 마음이 흔들리고 효심이 발동하면 그 효심도 마구니입니다. 효심이 공부를 방해하는 거지요. 이렇게 마음에 일어나는 모든 습관이 다 마라는 것을 알아서 그 마구니만 제하면 공부하는 데 흔들림 없이 항상 여여합니다.

사람들이 마장에 빠지는 이유는 무엇일까요?

자기가 습관을 들여서 빠지는 거지요. 술 좋아하는 사람은 술을 먹어도 그냥 먹는 게 아니라 술에 대한 애착이 있거든요. 술에 중독된 사람은 집안 살림살이까지 다 팔아 술 먹으러 가기도 해요. 그런 습관에서 빠져나오려면 안 하면 되지요. 일체유심조라 전부 다 마음에서 일어나는 겁니다.

수행의 기본으로 참회가 필요한 이유가 무엇입니까? 우리는 말로는 높은 이상에 가치를 두고 수행을 한다지만 그게 하루아침에 되는 게 아니에요. 수십 년 도박을 익힌 사람은 하루아침에 그 습을 못 끊어요. 끊으려 하다가도 또 되돌아오기 때문에 자꾸 노력을 해야 합니다.

그래서 성현 앞에 꿇어앉아 다시는 그러지 않겠다고 참회해야 나중에 벗어날 수 있습니다. 참회란 뉘우침인데 그 참회가 공부의 문이지요. 그 문을 통해서 진리에 들어가는 것입니다.

그래서 수행하는 데 있어 참회가 지극해야 발심도 굳고 원력도 확고히 세워진다고 들었습니다.

자기를 반성하는 맹렬한 태도가 참회입니다. 과연 내가 이렇게 살아서야 되겠는가. 뭔가 잘못된 것이다 하고 분명히 알아야 해요.

참회한다는 것은 내 잘못을 돌이켜보는 태도거든요. 잘못을 돌이켜보고 이래서는 안 되겠다는 결심이 서야 합니다. 그냥 적당히 느끼는 게 아니라 성현에게 눈물을 뿌리면서 내 잘못을 뼈저리게 느낄 때 힘이 솟아납니다. 하루하루 잠깐잠깐 지나가는 내 생활을 돌이켜보는 그런 노력을 해야 해요. 그것이 정진이지요. 그러니 시시로 참회하고 시시로 용기를 북돋아 용맹정진해야 합니다.

참회하다 보면 내가 잘못 살아왔다는 생각에서 좌절감에 빠지는 경우도 있습니다. 그래서 무슨 일이든 힘 있게 하지 못하는 경우가 있는데 이것은 참회가 잘못된 것인지요.

참회가 되었다면 그것이 잘못될 수 없지요. 다만 참회를 해도 철저하게 할 수가 있고 그저 가볍게 돌이켜본 경우도 있겠지요. 예를 들면 술을 많이 먹는 사람은 실수도 하고 병도 생겨서 생활이 좋지 않아져요. 나중에 가만히 돌이켜보고 '아, 내가 잘못했구나.' 하고 참회를 하거든요. 그러나 용기가 없는 사람은 그런 경계가 닥치면 또 범합니다. 그러다 보면 주벽이 생기고 그다음에는 탈출할 용기도 없어지지요.

미지근한 것은 옳은 참회가 될 수 없습니다. 한 번 잘못이라고 생각하면 뼈아프게 다시는 내가 이것은 범하지 않겠다는 결심이 서야 합니다. 그렇게 확실히 결심이 서면 망설이고 자시고 할 것이 없어집니다. 그런 게 저절로, 우연히 되는 게 아니지요. 전부 자기 노력과 결심입니다.

자기 마음에서 모두 묶어 세워서 되는 것이지 누가 해주는 게 아닙니다. 잘못을 한 번에 뉘우치고 다시는 안 하는 사람도 있고, 몇 번 하다 돌아서는 사람도 있고, 아주 헤어나지 못하는 사람도 있는데 그것은 모두 그 사람의 정신 자세에 달린 것입니다.

수계를 받고 잘 살아보려 하면서도 다시 범하게 되고 그럴 때마다 참회는 하지만 또 반복된다는 생각에 아예 계도 안 받고 참회도 안 하는 것이 좋겠다는 생각을 하기도 합니다.

계율을 지키면 좋지만 우리 중생은 다생에 걸쳐 익힌 업 때문에 자꾸 탈선을 하게 됩니다. 그것이 잘못된 것인 줄 알면서도 말이지요. 술 좋아하는 사람이 자꾸 술집을 찾듯이 중생은 자기가 익힌 쪽으로 쉽게 빠져들어 갑니다.

그것이 잘못되었다는 것을 아는 게 발심인데, 용기를 내 그 잘못된 것을 바로잡아야 합니다. 용기 없는 사람은 한두 번 해보고 안 되면 안 되겠다 하면서 물러나지만 결심이 분명하면 언젠가는 벗어납니다.

출가도 그렇습니다. 남이 장에 가니 나도 장에 가는 식으로 출가해서는 계행을 지킨다 하면서도 남들 할 것 다하고 빠질 것 다 빠지기 쉽습니다. 그렇게 하면 진취가 없습니다. 그것은 자기도 속이고 사회도 속이는 것이지요.

나쁜 습관을 벗어나는 게 쉬운 일은 아닙니다. 다 피맺힌 노력과 정진이 필요하지요. 한 번 잘못되더라도 포기하지 말고 일어나고 또 일어나서 결국은 벗어나야 합니다. 잘못된 줄만 확실히 알면 자꾸 반성해서 다시 하고 또 다시 합니다. 그 노력이 정진입니다.

계행을 지키려다 보면 걸어가다 벌레를 죽일 수도 있듯이 살아가는 것 자체가 조심스럽습니다. 그래서 농사짓는 것보다 장사하는 게 낫겠다는 생각도 하게 됩니다.

그것도 한마디로 말하기는 어렵지요. 자기 습관 따라서 탈선하기 쉬운 환경이 있을 것입니다. 술 잘 먹는 사람이 술장사를 하면 아무래도 술 먹고 실수하는 일이 많을 것 아닙니까? 자기 성격을 알아서 지혜롭게 해야 되지요.

맹모삼천지교라, 맹자 어머니가 세 번이나 이사를 가서 결국에는 서당 가까이에 사니 맹자가 글 배우는 흉내를 냈다지요. 그게 다 지혜입니다.

그런 식으로 자기의 습성을 알아서 직업도 택해야 합니다. 자기가 익은 쪽으로 가면 더 익으니까 벗어나기 힘들지요. 살생업을 하는 것도 그렇습니다. 사람이 자꾸 살생을 하면 생명을 죽여도 죽인 줄 모르고 그것이 습성이 되거든요. 그러니 주위 환경을 잘 택하는 것도 지혜입니다.

출가 정신의 핵심은 무엇입니까

불자는 모두 출가 정신으로 살아야 한다고 합니다. 그러면 그 출가 정신의 핵심은 무엇입니까?

출가는 글자 그대로 세상의 집에서 떠나는 세계입니다. 이 세상에 사는 것은 모두 오욕락을 근본으로 합니다. 그 오욕락에 따라 사는 것이 이 세상의 재미요, 낙인데 출가는 정반대로 오욕락을 떠나는 것입니다.

오욕락이란 깨진 독에 물 붓기로 얼마 지탱하지 못합니다. 생사윤회하는 법이기 때문이지요. 쉽게 말하면 낙도 많지만 고가 더 많거든요. 고를 겪거나 낙을 겪거나 항상 눈물바다를 벗어나지 못하고 산다는 말입니다. 오욕락이라는 게 다 그렇지요.

그러나 출세간법은 그런 새어버리는 낙이 아니고 고락을 떠난 참다운 진락眞樂입니다. 그것을 불교에서는 열반락이라 하지요. 그러한 영원한 고통을 벗어버리는 세계를 향해 가는 길이 출가입니다.

재가에서는 그것에 파묻혀서 내가 온 곳도 모르고 갈 곳도 모르고 향락에만 도취되어 살다가니 항상 고락 속에서 괴롭습니다. 그 고락을 한번 벗어나 해탈해보자는 게 출가지요. 그럼 됐지, 뭐 다른 게 있겠습니까.

세상살이가 내 뜻대로 되지 않아 출가하는 경우도 있는데, 출가하는 사람의 마음가짐에 대해 말씀해주십시오.

한마디로 말하면 결심이지요. 초지일관이라 처음 낸 마음이 중요합니다. 그 결심을 놓치지 말아야 합니다.

세상만사가 지겹고 살아갈 능력이 모자라서 그저 그런 마음으로 출가하면 그런 출가는 미적지근해서 출가의 목적을 달성하지도 못하고 세상사에 빠져 사는 것도 아니고, 어리뻥뻥하게 살게 됩니다. 출가의 본래 뜻을 간직하고 항상 그 마음을 살려서 정진해야 합니다. 그렇게 해야 그 노력이 쌓여 본래 정신을 얻을 수 있는데, 그렇지 못하고 결심이 흐리면 그 길이 옳게 될 수 없지요.

항상 그 처음 낸 마음을 지켜보며 견고하게 다지는 노력이 필요합니다. 말하자면 번뇌 망상과의 전쟁이거든요. 부단히 노력하는 자세를 놓쳐버리면 마구니가 침범해 들어옵니다. 창에 틈만 있으면 바람이 들어오고 천장에 틈이 있으면 비가 새듯이 우리 마음에 틈이 나면 다생에 걸쳐 익힌 온갖 나쁜 업이 새어들어 옵니다. 그러니까 항상 염념 발심으로 생각 생각 마음을 다져서 잡념이 들어오지 못하게 하는, 그야말로 피맺히는 투쟁이지요.

출가 승려거나 출가 정신으로 사회에 봉사하며 사는 사람 중에는 부모나 자식이 마음에 걸리는 경우가 많습니다. 옛 성현을 보면 그런 경우 아주 단호하게 끊는 분도 있고 지극하게 잘 모시며 이끄는 분도 계시는데 어떤 마음으로 대하는 것이 출가 정신에 맞는 것일까요?

출가한다고 해서 무슨 별세계에 가는 게 아닙니다. 내 몸 하나만 봐도 부모를 비롯해서 사회의 모든 은혜를 지고 난 것이지요. 그러니 그러한 자기 위치를 부정할 수는 없습니다. 이 세상의 모든 책임을 연대적으로 걸머지게 되어 있습니다. 그것이 사회 공동생활이지요.

그러나 출가해서 다부진 생각으로 세상 인연을 끊어버리는 것은 용기있는 마음입니다. 그것이 쉬운 게 아니거든요. 부모가 옆에 와서 죽는 한이 있더라도 해탈하기 전에는 추호도 흔들리지 않겠다는 견고한 마음이 섰다면, 그 자리에는 이 일은 하는데 저 일은 못 하느니 다른 것을 하느니 못 하느니 부모를 돌봐주느니 못 하느니 하는 생각이 날 틈이 없습니다. 그런 사람은 일념 만 년으로 시간이 흘러가는 것도 모르고 자기가 어디에 있는 줄도 모르고 오로지 한 생각, 해탈하기 전에는 자리를 뜰 수 없다는 그런 정신이 맺혀 있는 사람이지요. 그런 사람은 요동이 없습니다. 그래야 용기 있고 잘하는 것입니다.

하지만 그렇게 못 하는 사람들이야 세상 살아가려면 인연되고 연관되는 사람들이 있게 마련이지요. 그렇게 인연 맺은 사람들이 나쁜 길로 빠지지 않도록 항상 부처님 말씀을 나눠가지면서 노력하는 것이 소중하지요. 그 가운데에도 결심이 굳고 철저한 사람은 세상 인연이나 욕락에 덜 흔들리지만 결심이 흐린 사람은 얽히고 설킨 인연에 빠져 자신을 잃기도 하지요.

출가한 사람 중에도 세속에 들어가 아들딸 낳고 살다가 또 들어오는 사람도 있거든요. 그렇게 비틀비틀하는 사람은 아무래도 공부하는 길이 희미하지요. 희미해서는 안 되지요. 출가한 사람은 어떻게 해서든지 부단한 용맹으로 이 세상의 괴로움에서 벗어나고자 노력해야 합니다.

누구를 만나도 발심하는 태도를 보이면 상대도 정신을 차려서 살게 되고 그러면 주위 사람들도 교화가 되고 감화가 됩니다. 그렇게 정신 차리려고 모두 노력하면 점점 정화가 되고 피차간 살기 좋은 세계를 형성하게 됩니다. 그러니 세상 사람들이 그런 출가 정신으로 살아가고자 노력한다면 그 노력한 만큼 사회에 기여하는 것입니다. 첫술에 배부른 것 아니듯이 노력하고 정진하는 그런 사회가 형성되어야 합니다.

결심이 중요하다고 하셨는데 결심을 한다고 해도 자꾸 흔들리기 때문에 수행을 하는 것이라고 생각합니다. 처음 결심을 굳히기 위한 특별한 수행법이 있는지요.

이 세상을 산다는 것이 좋은 일은 하기가 어렵습니다. 모두 나쁜 습관을 많이 익혔기 때문에 나쁜 것은 안 배우고 안 하려 해도 자꾸 빠져들게 되고 좋은 일은 하기 힘들지요. 그래서 참으로 남다른 용기를 가지고 노력해야만 합니다.

그것이 내 힘으로 안 되면 부처님의 경과 율과 과거 여러 도인들의 업적을 살피고 참조하는 것이 필요하지요. 그러면 문득문득 용기가 나게 됩니다. 그러면서 부처님 앞에 가서 기도도 하고 절도 하고 눈물을 뿌려가며 몸부림치는 것입니다.

어쨌든 그렇게 자꾸 노력해야 합니다. 저절로는 안 됩니다. 사람에 따라 어렵지 않게 수행하는 사람도 더러 있지만, 오랜 세월 익혀서 되는 것이지 하루아침에 되는 게 아니거든요.

정진을 잘할수록 다부지게 열심히 노력함으로써 큰 것을 얻게 됩니다. 모든 것은 인과의 원리대로 내가 한 것만큼 얻어지니까요. 무상을 뼈저리게 느끼고 자꾸 노력하는 그 길밖에 다른 길은 없습니다.

拔苦與樂

太白山老 西庵

평상심에 대해 궁금합니다

조사들께서 평상심이 도라는 말씀을 하셨습니다. 평상심이 도라 하니 애써 깨달음을 구할 것도 도를 얻을 것도 없지 않겠습니까? 이 평상심에 대해서 말씀해주십시오.

평상심이란 목마르면 물 마시고 배고프면 밥 먹고 졸리면 자고 앉고 싶으면 앉고 서고 싶으면 서는 일상생활 속에서 우리가 내는 마음입니다. 도라 하면 뭔가 별스런 것을 떠올리지만 사실 특별한 게 아닙니다. 불법은 세간에 있는 것이니 세간을 떠난 깨달음이란 있을 수 없어요.

사람들은 보통 기쁜 일이 있으면 웃음이 저절로 터지고 슬픈 일이 있으면 우울해지고 눈물이 쏟아져요. 그런데 만약 어떤 이가 기쁜 일이 있어도 웃지 않고 슬픈 일이 있어도 울지 않는다면 뭔가 부자연스럽고 변태적으로 보이겠지요. 기쁜 일이 있으면 웃는 게 당연하고 슬픈 일이 있으면 우는 게 당연하지, 시침 뚝 떼고 웃지 않고 울지 않는다면 그 사람은 도에 어긋난 생활을 하는 것입니다.

밥을 만나면 밥을 먹고 차를 만나면 차를 마시는 자재한 생활을 할 때 삶이 즐겁고 안온합니다. 그러나 요즘 사람들은 표리부동한 생활을 하고 있습니다. 겉과 속이 다른 생활을 하고 있지요.

평상심을 잃어버리고 자기 욕심대로 사는 데서 모든 고통이 생기지요. 아무 거리낌 없는 마음으로 행동한다면 그게 바로 도입니다.

그러니 어른보다는 어린아이의 순수한 마음이 도심에 더 가깝다고 할 수 있어요. 아이들은 제 맘에 안 맞으면 발버둥 치며 울기도 하고 제 맘에 맞으면 금방 웃고 하는데 어른들은 때가 묻어 자꾸 겉치장을 하려 하지요. 슬퍼도 안 슬픈 척, 좋아도 안 좋은 척, 서로 마음이 안 맞아도 맞는 척, 원수지간이라도 겉으로는 친한 척하고 전부 꾸밉니다. 이렇게 꾸밀 때 벌써 도에 어긋나지요.

그런데 꾸밈과 허식 없는 마음내기가 쉬울 것 같지만 참으로 어렵습니다. 사람들은 전부 자기를 색으로 칠하고 자기 안경을 덮어쓰는 등 자신을 가리고 삽니다. 가리고 산다는 것은 괴로움이 됩니다. 세상 살아가는 순리에 따라서 솔직하게 드러내고 사는 것이 도입니다. 살이 가시에 찔리면 아픈 법입니다. 그런데 아픈데도 불구하고 아프지 않은 척 행동한다면 그 사람의 행동은 벌써 허물이 됩니다. 그런데도 우리는 무량겁래로 익혀온 버릇 때문에 평상심을 바로 못 쓰고 예의와 가식을 덮어쓰고 삽니다.

사람들은 앞에서는 상대와 친한 척하지만 뒤로는 원수처럼 헐뜯고 욕하고 처처에 시비가 끊이지 않잖아요. 도인은 아무 꾸밈없고 순진무구한 어린애 같고 과장된 가식이 없습니다. 어떠한 꾸밈도 가식도 없는 곳, 자기 그대로를 발로發露하며 사는 곳, 그곳에 바로 평화로움이 깃듭니다.

그렇다면 평상심은 공부하지 않는 사람에게도 있지 않습니까?

여기서 평상심이란 깨친 사람이 갖는 마음입니다. 깨치지 못한 사람의 마음은 괴로울 때 쩔쩔매고 고통스러울 때도 있고 방황할 때도 있는데 그렇게 변덕이 죽 끓듯 하는 마음인데 어디 도가 될 수 있겠어요. 도를 이룬 사람은 앉으나 서나 웃으나 울 때나 언제나 그 도를 알고 있기에 헤매지 않습니다. 그러니 공부하지 않는 사람이 갖는 평상심과는 근본적으로 다른 것이지요.

우리가 평상심을 내지 못하게 하는 장애는 무엇입니까?

몸이 아프면 아플 뿐인데 그 아픔을 가지고 이리저리 따지고 분별하면 평상심이 못 됩니다. 마음에 뒷그림자가 없어야 합니다. 아픔이 다가오면 아파하고 슬픔이 다가오면 슬퍼하되 더 이상 마음에 두지 말고 깨끗이 보내야 합니다.

밝은 거울은 검은 것이 오면 검게, 흰 것이 오면 희게 비춰줍니다. 물체를 있는 그대로 비출 뿐이며 그 물체가 지나가면 아무런 자취도 남기지 않지요. 마찬가지로 우리가 일상생활을 거울 같은 평상심으로 살면 다른 조건이 붙을 수 없습니다.

사람들은 제 뜻에 맞지 않으면 어떻게든 조건을 붙여서 갖은 모략을 하고 싸움질을 합니다. 그러나 도인은 뒷그림자가 붙지 않는 생활을 합니다. 괴로운 경계가 닥치면 맞아들이고 그 경계가 사라지면 마음속 괴로움도 사라지니 아무 상처도 받지 않습니다. 마음 가운데 일물一物도 잔류하지 않으니 무심 도인이지요. 무심이기에 일체의 분별 망상이 끊어져 모든 중생을 내 몸으로 생각합니다. 피아상彼我相이 끊어진 이 자리에는 원수 갚을 곳도 없고 은혜 갚을 곳도 없습니다.

부처님 당시 유마 거사란 분이 병에 걸려 누워 있으니 문수보살이 병문안을 와서 묻습니다.

"언제 병이 낫겠습니까?"

"일체중생의 병이 끝나면 내 병도 낫습니다."

'일체중생 어느 한 사람이라도 병을 앓는다 하면 어떻게 내 마음이 편할 수 있겠습니까?' 하는 이 마음이 바로 보살의 동체대비심 아니겠습니까. 그래서 지장보살도 지금까지 지옥문 앞에 서서 눈물을 거두지 못하고 있는 거지요. 지옥이 엄연히 있고 중생이 분명히 고통을 받고 있는데 어떻게 나 혼자 편할 수 있겠느냐 말입니다.

평상심에 대한 이해는 짐작으로 생각해서는 어렵습니다. 완전하게 내 마음을 습득할 때 이해가 되지, 깨닫지 못한 세계에서는 아무리 깨달은 세계를 이해하려 해도 깨닫지 못한 세계 밖에서 얼쩡거리는 것밖에는 안 되지요.

꿈속에서 아무리 논리적으로 밝게 따져보았자 그것은 결국 꿈 안의 세계입니다. 꿈 안의 세계밖에 따지지 못합니다. 꿈을 깨야 비로소 꿈 밖의 세계를 논할 수 있듯이 미迷한 상태에서는 아무리 따져봐야 미한 세계의 테두리를 벗어날 수 없습니다. 내가 미한 상태에서 벗어나 깨닫기 전에는 절대 오자悟者의 세계를 이해할 수 없습니다.

팔만사천 경전을 통독하고 달달 외워도 내가 꿈을 깨기 전에는 아무 소용이 없어요. 그러나 한번 깨닫고 난 뒤에는 경전을 다 읽지 않아도 됩니다. 눈 한 번 껌뻑거리는 순간에도 도가 전해져 느끼게 되지요.

그래서 선가에서는 부처님이 세 곳에서 가섭 존자에게 마음을 전하셨다고 합니다. 삼처전심三處傳心이라고 하지요.

첫째는 부처님이 영산회상에서 설법하시는데 하늘에서 꽃비가 내렸지요. 부처님이 그중 한 송이를 들어보이자 모두들 무슨 뜻인지 몰라 의아해하는데 가섭 존자만이 빙그레 웃었다 하지요.

둘째는 부처님이 다자탑 앞에서 설법하실 때 가섭 존자가 누더기를 걸치고 뒤늦게 참석하자 부처님이 자리의 반을 내어주셨습니다.

셋째는 사라쌍수 아래에서 부처님이 관 속으로부터 두 발을 내보이신 일입니다. 먼 곳에 갔다가 부처님이 열반하신 것을 알고 늦게 도착한 가섭 존자가 부처님 관을 세 번 도니 관 밖으로 두 발을 내보이셨다 합니다.

이것이 모두 격 밖의 도리입니다. 이렇듯 도를 깨친 사람은 마음으로 통합니다. 도를 깨친 사람이 웃는 것은 도를 깨치지 못한 사람이 웃는 것과는 다르지요. 도를 깨친 사람이 먹는 음식 맛과 도를 깨치지 못한 사람이 먹는 음식 맛은 다릅니다.

내가 지금 느끼고 있는 것은 내가 아는 세계일 뿐이지요. 중생의 안경을 쓰고 물체를 보기 때문에 중생의 안경이란 빛이 더해져서 물체 모양을 정확하게 보지 못하는 한계가 있습니다. 오자는 투철하게 보지만 미한 사람은 미한 안경을 하나 덧붙여서 보는 겁니다. 이렇듯 정확하고 철저하게 깨달아 알 때 죽음 앞에서도 당황하지 않아요. 아무리 머릿속으로는 '몸뚱이야 어차피 백 년 안에 쓰러질 허망한 것이니 죽음을 당해서도 초연하리라'고 되뇌어도 자신이 실제로 생사 없는 도리를 보지 못하면, 막상 죽음에 닥쳐서는 두려워집니다. 또 배가 고픈 경우에도 일체유심조니 배가 고프지 않다고 마음먹으면 배부를 것이다 해봐야 이론만 가지고는 허기증이 없어지지 않아요. 손가락이 칼에 베어도 아프지 않다고 자꾸 말해봐야 실제로 아프지 않은 게 아니거든요.

참으로 도를 안다면 먹을 것이 없어 배고픔을 느껴도 다만 그것에 구애받지 않고, 손가락이 아파도 다만 구애받지 않을 뿐입니다. 일체의 번뇌에도 장애를 느끼지 않고 직관하는 것이 참 평상심입니다.

경전을 읽고 법문을 들을 때는 너무나 합리적이고 옳게 느껴져서 환희심까지 일어납니다. 그러나 실제로 생활하면서 어떤 상황에 부딪히면 금방 분별심이 나고 진심嗔心이 생깁니다. 저의 업장이 두터워서 그러는 것인지요. 이유를 알고 싶습니다.

좋은 생각이 나서 환희심이 났다가도 어떤 때는 완전히 망각해서 어지러운 생각이 불같이 일어난다, 왜 그러겠습니까? 보통 사람은 부처님 가르침을 만나기가 어렵습니다. 중생이 사생육도를 윤회하면서 정신없이 헤매는 게 습관이 되어 불법 만나기가 어려운 거지요. 그래서 인신난득人身難得, 사람 몸 받는 것이 어렵고, 불법난봉佛法難逢, 부처님 법 만나기가 어렵다지요. 그래서 좋은 법을 들을 때는 순간 감명을 받아도 어느새 잊어버리고 또다시 그전에 익힌 습관이 일어나지요. 그렇지만 용기 있는 사람은 이게 아니다 하면 대번에 끊어버립니다. 용기가 부족하니 아닌 줄 알면서도 자꾸 하게 되는 것이지요.

그러나 염념 발심으로 깨우치면 시간이 좀 걸려서 그렇지 끊어집니다. 술 안 마시겠다는 사람도 실수로 한 번 마셨다가 이거 내가 또 실수했구나 하고 자꾸 깨우치면 얼마 안 가서 완전히 끊을 수 있습니다.

그러니까 순전히 내가 만든 세계입니다. 누가 만들어주는 게 아닙니다. 다생에 걸쳐 스스로 익힌 습관의 세계입니다. 그 습관을 부처님 법문을 듣고 또 들으면서 일도양단一刀兩斷해야 합니다. 한 번 듣는 거 다르고 두 번 듣는 거 다릅니다. 그렇게 해서 완전히 몸에 배면, 여간 진심이 나더라도 아하, 내가 또 속는구나 하고 퍼뜩 깨우쳐집니다.

그래서 생각 생각마다 발심하라는 것입니다. 안개 낀 날 걸어갈 때 잠깐은 옷이 안 젖지만 한참 가면 축축하게 젖어들 듯 자기도 모르게 정신이 축축하게 배어들어 나중에는 여법한 생활을 하게 됩니다. 이렇게 아는 것도 또 알고 배운 것도 또 배우고 부지런히 노력하는 것이 정진입니다. 단박에 다 성취하면 좋겠지만 그런 사람은 드뭅니다.

우리는 불교에 대해서는 생소하지만 세상 법에는 다 익었습니다. 부처님 법은 만난 지 오래 안 됐기에 알려고 해도 잘 안 됩니다. 부처님이 말씀하시길 익은 것은 설게 하고 선 것은 익게 하라고 하셨어요. 익은 건 중생심, 즉 나쁜 생각으로 꽉 익었습니다. 이걸 자꾸 설게 만들라 하셨지요. 그럼 선 것은 무엇입니까? 부처님 법 만난 지가 얼마 안 돼서 아직 좀 설어도 자꾸 익히라는 말입니다. 그런 방법밖에 없어요.

아닌 줄 알면 다시는 범하지 않는 그런 수승한 기틀은 몇만 명 가운데서도 드물지요. 내 허물을 항상 반성하고 부처님 법문을 참고해서 자꾸 노력하면 필경 벗어 던질 수 있습니다. 나중에는 세속적인 생각을 일으키려 해도 안 일어나요. 익은 것이 설고 선 것이 익은 것입니다. 중생 고쳐 부처된 것이지요.

우리는 아직 부처가 아니므로 중생 살림살이를 하고 있습니다. 세속의 그물을 벗어버리고 부처의 세계로 가는 길이 간단하면 좋겠지만 이상하게도 그리 간단하지가 않습니다. 따라서 노력하는 길밖에 없습니다.

나와 맞지 않는 사람들과 함께 하려면

보살행을 하면서 살려고 하지만, 함께 일하다 보면 안 맞는 사람이 있습니다. 나와 맞지 않는 사람과 함께 하는 법을 알고 싶습니다.

보통 사람들은 살면서 다 그렇지요. 상대가 나와 안 맞으면 내 주장을 더 강하게 하게 되고, 그래도 안 되면 싸워서라도 내 뜻대로 하려고 합니다. 그래서 그쪽에서 욕이라도 나오면 같이 욕을 하게 되는데 이거 결국 나에게도 좋지 않아요. 그걸 알면 저쪽에서 욕을 해와도 감정적으로 받아들이지 말고 상대를 어린애 다루듯이 소화시킬 수 있는 아량을 가져야겠지요.

사람이 서로가 안 맞는 것으로 보면 전부 안 맞지요. 안 맞으니 여야가 싸우고 노사가 싸우고 좋다고 만난 부부도 살다 보면 안 맞으니 온갖 다툼이 있고 갈등이 있습니다. 해결하려고 별짓 다해도 서로 안 맞다 생각하니 해결이 안 돼요. 맞지 않는 것마다 그렇게 대응하면 맨날 싸우다 볼일 다 볼 겁니다. 그렇게 살아서야 되겠어요?

안 싸우도록 마음 쓰는 법을 연구하면 해답이 나와요. 그리 어려운 것도 아니에요. 세상 살면서 안 맞는 게 많은 것은 자기 욕심만 차리기 때문입니다. 상대를 생각하면 그렇게 안 됩니다. 불교에서 말하는 동체대비니 보살행이니 하는 것도 상대가 왜 나와 다른 마음을 일으키는가를 헤아릴 수 있는 아량을 가지라는 것입니다.

저쪽에서 무리하게 나오니까 나도 무리하게 한다면 투쟁밖에 안 됩니다. 영리한 사람은 저 사람이 어째서 저런 무리한 생각을 내는가 하고 조금만 생각하면 알게 돼요. 그것을 알고 나면 어떻게 하는 게 나도 좋고 상대도 좋은지 알 수 있습니다.

자동차를 운전할 때도 저쪽에서 무리하게 운전한다고 나도 무리해서 가면 맞부딪혀 사고가 나는 것 아닙니까? 그러면 피차가 손해지요. 잠깐은 내가 좀 손해 보는 듯해도 내가 먼저 피할 때 도움이 된다 이 말이지요. 똑같이 너 한 주먹, 나 한 주먹 해서는 아무 이익이 없어요.

또 내가 이익을 보고 저 사람이 손해를 본다 하면 어떨까요? 내가 이익을 보면 기분이 좋지요. 내가 손해를 보면 기분이 나쁘고. 그런데 상대도 그래요. 자기가 손해 보면서까지 이쪽에 이익이 되게 하고 싶지는 않거든요. 누구든지 이익을 보고 싶지 손해를 보고 싶지는 않을 테니까요.

그런데 보살행이란 내가 저 사람을 도와주는 마음을 쓰는 겁니다. 늘 손해 보는 것이지요. 그게 쉬운 일은 아닙니다. 얼른 보아도 내가 이익이라면 누구나 보살행을 할 텐데 말이에요. 서로 갈등이 생기고 다투게 될 때 한번 더 상대를 생각해봐요. 저 사람 나름대로 욕심이 있을 것이니 그 사람이 원하는 바를 이룰 수 있도록 내가 도와주어야지 하는 마음의 여유를 가지고 사는 것이 보살행입니다. 쉽지는 않아요.

저희 정토회에서는 함께 일하는 사람들이 공동체를 이루어 살고 있습니다. 나름대로 불가의 전통을 살려 아침마다 예불을 모시는 것뿐 아니라 발우 공양도 하고 대중 공사를 통해 수행 생활이나 공동체 운영의 중요 사항을 결정합니다. 그렇게 함께 정한 규칙이 있기는 하지만 생활하다 보면 문제도 생기게 됩니다. 예를 들어서 어떤 사람이 주로 밤에 일을 많이 하기 때문에 아침마다 늦게 일어납니다. 그럴 때 그 사람의 상황이 이해는 되면서도 다른 사람들에게 불편을 주고 공동체 분위기를 흐리는 면이 있거든요. 그래서 그런 것을 바로잡기 위해 문제 제기를 하기도 하는데 어디까지가 분별이고 어디까지가 함께 수행에 도움이 되는 문제 제기인지 살피기가 어렵습니다.

생각처럼 될 수 없지요. 내 마음도 변덕이 죽 끓듯 하는데 모든 사람 마음이 어떻게 한결같을 수 있겠습니까. 그때그때 양보하고 이해하고 살아야지, 아무리 좋은 것이라도 자기주장만 옳다고 주장하면 그로 인해 또 마찰이 생기기 마련이에요. 옳은 것만 관철하려 해도 화합을 깨뜨리게 되고 자기 편의만 고집해도 화합을 깨뜨리게 되니 대중이 화합하게 조화롭게 이끄는 그것이 지혜예요.

비록 내가 옳다 해도 대중을 살피지 않고 옳은 것만 내세워서 옳은 데 구애받고 옳은 데 집착하게 되면, 그때는 옳은 것도 옳은 게 아니에요. 그러니까 그때그때 서로 양보하고 의견을 모아 분위기를 화합시켜야지요. 서로 내 진리만 주장하면 갈등이 안 생길 수가 없어요.

무유정법이 명아뇩다라삼먁삼보리名阿耨多羅三藐三菩提라는 소리가 그 소리에요. 딱 정해놓고 이것만 옳다 하면 병든 것이에요. 옳은 것이 없다 그 말이에요. 부처님은 늘 화합을 강조하셨습니다. 서로 이익을 같이 하고 마음을 편안히 하는 육화법六和法도 설하셨잖아요. 모든 법은 그때그때 잘못되어 있는 것을 화합하려고 생긴 것이지 법을 위해 법이 생긴 게 아닙니다.

물도 가둬놓으면 상하는 법입니다. 물은 철철 흘러갈 때 살아있는 것이지 아무리 좋은 물이라도 가둬놓고 꼼짝 못 하게 하면 썩어버리지요. 법도 그와 같습니다. 내 법이 옳다고 정해놓으면 그것은 벌써 병든 법입니다. 법은 흘러가는 것입니다. 그러니 모든 중생 마음을 풀어나가는 게 법이지 마음을 맺히게 해놓고 옳은 법만 내세우면 그것은 죽은 법입니다.

그러나 화합시키는 것도 아무 근거 없이 화합시키려 하면 그것도 안 되지요. 서로 뜻이 같은 공업중생이라야 서로 화합이 되지요. 애초에 생각이 다르고 방향이 다른 사람은 아무리 노력해도 화합이 안 됩니다.

진리도 그래요. 완전한 진리를 그대로 이해하는 사람이 백 퍼센트 없으므로 서로 마찰이 없을 수가 없어요. 그러니 옛날부터 승단에서도 싸우고 그랬잖아요. 나는 내가 옳지만 상대방은 또 달라요. 음식도 단 것을 좋아하는 사람, 쓴 것을 좋아하는 사람, 매운 것을 좋아하는 사람이 있지요. 그런데 자기가 매운 걸 좋아한다고 음식을 전부 맵게 해놓으면 대중이 잘 못 먹거든요. 그렇듯이 모든 법도 내가 하는 게 옳다고 주장하면 마찰이 오는 법이에요.

중생이기 때문에 어려운 겁니다. 중생이란 항상 자기 주견이 가미가 되어 장애를 일으키지요. 똑같은 책을 보고도 눈이 열리는 사람이 있고 안 열리는 사람도 있고 도리어 방해가 되는 사람도 있어요. 그러니까 중생에 따라 자꾸 길을 만들어내잖아요. 그래서 천경만론千經萬論이 생겼잖아요. 바다의 고기를 낚는데도 그물코 하나 가지고 됩니까? 수천 개의 그물코를 엮어 그물을 던져야 고기가 하나 걸려드는 것처럼 부처님 법도 다 그렇습니다.

중생이 자기 업을 벗어나기는 참 어렵습니다. 번연히 알면서도 어려워요. 나쁜 줄 알면서도 거기에 걸려 귀한 시간을 소모하고 고통을 받아요. 자기가 정한 대로 정확하지도 못해요. 그런데 자기도 비틀거리면서 자기주장을 하게 되니 거기서 벗어나기 어렵지요. 업력이라는 것이 그렇게 무거워서 그 사람을 자꾸 흩뜨리는 거예요. 그래서 죽을 때까지 그렇게 노력하고 애쓰는 것이지요.

함께 살다 보면 저렇게 하면 그에게도 안 좋겠다고 생각되어 말해 주려 해도 그가 불편해할까 봐 말을 못 하는 경우도 있어요. 그럴 때 말 안 하는 것이 옳은 것인지요.

매사에 옳고 그른 것은 자기가 알아요. 물을 마셔본 사람이 그 물이 차고 더운지를 알듯이 그 사람이 빠져 사는 게 좋은지 어떤지 다른 사람은 잘 몰라요. 설사 굶어도 자기 인생 편하게 살 길을 선택한 건지 누가 알겠어요. 저 좋은 대로 하는 거지 누가 말릴 수 없어요. 술 먹고 아편질 하는 사람도 그게 좋아서 하는 거지요. 그러니 하지 마라 한다고 안 하겠어요? 그러니 옳으냐 그르냐 말할 수 없지요.

함께 사는 데 있어서 화합이 가장 중요하니 나만 옳다고 주장해서는 안 되겠군요.

그런데 그게 그리 쉬운가요? 교화하는 것도 그래요. 나쁜 짓 하는 사람한테 그렇게 해봐야 너한테 이익이 안 된다고 아무리 깨우쳐줘도 안 되지요. 그것을 깨달은 사람은 좋은 세계로 오는 것이고 그 욕구를 못 이기든지 도리어 그것이 좋은 것이라고 주장하면 계속 그 길을 가는 것이지, 어찌 모두 다 한길로 가겠습니까. 그러니 지옥이 따로 있고 천당이 따로 있는 것이지요. 이 세상 살아가도 골골하고 헤매는 중생이 있고 쾌활하게 사는 사람도 있습니다.

그러니 지장보살이 참으로 위대한 분입니다. 지옥을 다 없애기 전에는 내가 성불하지 않겠다고 하셨잖아요. 그런데 항상 지옥 문 앞에서 눈물을 뿌려도 안 되는 것은 안 되는 것입니다. 아귀, 귀신 그런 것들은 무한히 고통 속에 헤매도 벗어나지 못하지요. 그러니 악도 중생은 부처님 이름도 못 듣는다잖아요. 부처님 세계를 몰라요. 부처님 있는 것도 모르고 영원히 그렇게 사는 박복한 중생은 어느 때나 있는 법입니다.

海豁山聳

庚辰元旦
太白山 無爲精舍
西庵 書

스님, 출가하고 싶어요

월간 《정토》를 보고 큰스님을 찾아왔습니다. 어떻게 공부해야 할까 싶어서요. 출가할 생각도 있는데 아들이 하나 있어 지금 출가는 못 하고 있습니다. 스님은 아무래도 일반 사람하고는 기운이 좀 다르지 않겠습니까? 큰스님 생활하시는 것도 보고 배울까 해서요.

일반 사람하고 다른 거 하나 없어요. 다 똑같은데 누구나 자기 태도에 따라 생활이 달라지는 거지요. 한마디로 자기가 마음먹기에 따라서 자기 인생관이 달라지는 거예요.

출가도 어려서부터 해야지 나이 많은 사람은 그동안 익히고 맺힌 것이 있어서 공부하기가 좀 힘들어요. 한번 기술을 배워 익혀 놓으면 평생에 그 기술을 버리고 살기 어렵듯이 출가를 한다고 해도 하루아침에 달라지는 게 아니거든요. 그러니 억지로 출가하려 하지 말고 마을에 살아도 그런 정신으로 살면 돼요.

무엇이든 일찍부터 마음먹고 계획적으로 해야지, 살다가 중간에 대강 좋아 보이니 출가한다고들 하는데 그거 쉬운 일 아니에요. 물론 꼭 그렇다는 것은 아니지만 대개 그래요. 마을에 살면서 불교 공부를 잘하면 되지, 그렇다고 공부가 안 되는 게 아니거든요. 그래 월간《정토》에 무슨 이야기를 보고 찾아왔어요?

자기 마음을 잘 관조하라는 말씀을 보았습니다.

자기 마음 농사를 잘 지어야지요. 밭에 곡식을 심어놓고 물도 주고 때맞추어 비료도 주고 풀도 매야 곡식이 잘되잖아요. 그렇듯이 마음 농사를 지어야 한단 말입니다. 마음의 풀을 매서 온갖 잡된 생각이 일어나면 그것을 다 뽑아버려야지요. 항상 편안하고 든든하게 삶을 이어갈 수 있도록 마음을 북돋우고 가꿔야 합니다.

그러니까 마을에 살면서도 항상 마음에 잡초가 안 생기도록 쓸데없는 생각을 다 뽑아내어 항상 건전하게 살 수 있는 공부를 남보다 더 노력해서 해야지요. 그렇게 하면 굳이 출가해서 절에 가 살지 않아도 돼요. 그야말로 어느 곳에 있더라도 자기 마음을 잘 가꾸고 기르면 되는 것입니다.

그게 잘 안 됩니다.

중생은 뭐든 좋은 것은 잘 안 되지요. 도박을 하든지 술을 먹든지 온갖 나쁜 일은 마음 안 먹어도 하기 쉬운데, 뭔가 인생에 도움이 되는 일은 하려고 하면 잘 안 되고 힘들지요. 만사가 다 그래요. 밭에도 곡식은 잘 안 크고 잡초는 뽑아도 자꾸 더 잘 크고 그러잖아요.

그러니까 항상 부단한 노력이 필요한 거지요. 잠시도 마음 뺏기지 않고 그 마음 챙김을 잘하는 그게 공부입니다. 그 공부가 절에 간다고 저절로 되는 건 아니에요. 직장 생활하면서도 충실히 살고 남보다 더 노력해서 마음공부를 하다 보면 내 인생에 도움이 되는지 해가 되는지 스스로 알아요. 내 인생에 도움이 되는 일은 자꾸 더 노력해서 하고 해가 될 일은 뽑아버리면 됩니다.

제 개인 삶에 도움이 되고 안 되고는 구분할 수 있는데 보통 사회에 도움이 되는 것은 마음으로 잘 응해지지 않습니다. 사회적으로 볼 때 옳은 일이고 착한 일이란 것도 조금 더 깊이 들어가 보면 그게 의미가 없다는 생각도 하게 됩니다.

아니, 똑같이 대해야지요. 나한테 도움이 되는 건 다른 사람한테도 도움이 됩니다. 그것을 알아 모든 사람한테 도움이 되게끔 행동하면 되지요. 그런 것이 다 내 정신세계를 이롭게 하는 거예요. 여러 성인의 말씀도 잘 기억해서 그렇게 되도록 노력해야 하지요. 나에게 이로운 건 스스로 생각하면 다 알아요.

공부를 하려고 하면 오히려 잡생각이 더 잘 일어나는 것 같아요.

그러니까 그게 안 되도록 노력을 해야지 저절로 되는 게 아니잖아요. 불을 켜 밝게 하면 온갖 날벌레들이 날아 들어온단 말이에요. 그래서 문을 막아버리잖아요.

그런 사념을 없애는 방법으로 화두를 들라고 하신 스님 말씀을 본 것 같습니다.

그걸 한마디로 다 말할 수는 없어요. 자기가 사는 태도에 따라 일어나는 생각도 가지각색이지요. 사람의 식성도 가지각색이듯 말이에요. 술 좋아하는 사람 있고 떡 좋아하는 사람 있고 국수 좋아하는 사람 있듯이 평소 자기가 다 익힌 습관들이에요. 나쁜 방향으로 많이 행동한 사람은 나쁜 방향으로 업이 되어 나쁜 생각이 자꾸 일어나지요. 항상 좋은 방향으로 노력하면 좋은 생각이 일어나요. 자기가 노력하는 비중에 따라서 자기 인생관이 달라집니다.

그러니까 그걸 일일이 말할 수 없지요. 자기가 봐서 해가 되겠다 싶으면 풀 뽑듯이 뽑아 없애려고 노력해야지 저절로 우연히 되는 건 아니지요.

그 노력을 어떻게 해야 되는지요.

노력을 어떻게 하기는요. 그거야 물을 문제도 아니지요. 내가 생각해서 좋으면 하고 나쁘면 안 하면 되는 거지 어떻게 하라는 법이 어디 있어요. 좋지 않은 것은 안 해야 되고 그래서 나쁜 습관은 없애고 나한테 이익이 되면 하기 힘들어도 자꾸 하면 되지요.

대개 좋은 것은 하기 힘들고 나쁜 것은 하기 쉬워요. 그게 왜 그런가 하면 나쁜 것은 많이 익혔으니까 무게가 그리로 쏠립니다. 그러니까 나쁜 사람은 항상 나쁜 짓을 하게 마련이고, 착한 일을 하는 사람은 항상 착한 일 한다는 소리를 들어요. 그게 무슨 비결이 있는 게 아니에요.

겉으로 하는 행동은 어느 정도 절제할 수 있는데, 마음에 떠오르는 사념들은 어떻게 없애야 되는지요.

마음도 내가 익혀서 우러나는 것이지 누가 만들어준 게 아닙니다. 담배도 처음부터 피우는 사람은 없어요. 연기를 마시면서 캑캑 하고 찬물을 떠 마셔 가면서 친구들하고 어울려 배우거든요. 도둑질하는 사람도 그 사람이 본시부터 도둑질을 했겠어요? 모든 것이 다 이치가 그래요.

그러니까 뭐든지 내가 노력하는 거지 딴 법이 없어요. 자꾸 노력해서 좋은 방향으로 가다 보면 나중에는 쉽게 되지요. 처음에는 힘들지만 그 힘든 것을 한 번 견디면 쉬워져요. 별 거 없어요.

다만 방편이란 것이 있기는 있지요. 참선을 한다든지 기도를 한다든지 그런 방법을 빌려서 하는 거예요. 혼자 힘으로 안 되면 지도자를 만나 하든지 좋은 친구를 만난다든지 그렇게 할 수도 있어요. 자기 힘으로 안 될 때에는 그렇게라도 하다 보면 힘이 생겨요. 힘이 생기면 이제 되는 거지요. 한 시간 덜 자고 참선을 하든지 주력을 하든지 독경을 하든지 뭔가 한 가지를 택해서 노력하면 자꾸 할수록 힘이 생겨요. 내가 하는 것이지 누가 해주는 게 아닙니다. 다른 종교는 신을 믿고 신한테 해달라고 하지만 불교는 자기가 하는 거예요. 부처님한테 매달린다는 것도 부처님의 가르침에 매달리는 것이지 부처님이 나를 어떻게 해주는 게 아니에요.

부처님께서 가르치신 방법을 내가 배워서 하는 거지요.

그냥은 못할 것도 서원을 세워 자꾸 하면 쉽게 되는 법이 있어요. 그러니까 어떤 직업을 갖고 어떤 생활을 하든지 이 나쁜 방향에서 발을 빼내고 좋은 방향으로 이루겠다는 원력을 세우고 자꾸 하면 날이 갈수록 힘이 생겨서 그렇게 되는 것이지요. 자기 노력 없이는 안돼요.

근처에 절이 있으면 가고 가끔 지도자에게 배우고 그렇게 하세요. 배우는 것이 힘이 되지요. 기술도 잘하는 사람에게 조력을 받으면 쉽잖아요. 자동차 운전도 잘하는 사람한테 배워 하면 자기 혼자 하는 것보다 아무래도 쉬울 거 아니겠어요? 공부 잘하는 사람한테 가서 배워요. 듣고, 방법도 자꾸 익히고. 뭐든 잠깐 동안에 되는 게 아니에요.

나이가 마흔 가깝게 된 듯한데, 젊을 때 만사를 익혀야 하는데 벌써 시간이 늦었어요. 늦게 시작하니까 노력을 더 해야지요. 하루하루 배우면 하루하루 힘이 생기고 나아져요. 대번에 무슨 요행수로 되는 게 아니에요.

가까운 절에 나가서 법사나 아는 사람한테 마음공부하는 법을 자꾸 배워요. 배우고 또 배우면 요령이 생겨 이렇게 하면 되겠구나 하는 자신이 붙어요. 그러면 물을 것 없이 자기가 하면 되는 겁니다.

제3장

수행의 길잡이

재가 불자의 수행법을 알려주세요

수행법에는 여러 가지가 있다고 들었습니다. 재가 불자로서 어떤 수행을 하면 좋을까요? 재가 불자도 열심히 수행하면 성불할 수 있는지요? 또 여러 수행법을 이것저것 같이 해도 되는지요?

불교에는 견성 성불하는 여러 방법이 있습니다. 염불을 한다든지 참선을 한다든지 주력을 한다든지 많이 있지요. 이들 중 어떤 수행법을 해도 다 통합니다. 그러니까 무문無門이지요.

그리고 불법을 공부하는 데에는 단계가 없습니다. 그래서 초발심시변성정각初發心是便成正覺, 처음 마음 발하면 곧 깨달음을 이루니 1학년 2학년 3학년 무슨 단계를 밟아 깨치는 게 아니에요. 말 한마디에 깨쳐버립니다.

꿈을 깰 때도 잠깐 한순간에 깨지 몇 시간 걸려서 깨지 않듯이 백 년 인생의 꿈도 지금 이 장소에서 이 찰나에 깰 수 있습니다. 그래서 참선이나 염불, 주력 같은 수행법은 목표가 모두 꿈을 깨자는 것이니, 참선하다 잘 안 되면 염불을 할 수도 있고 염불하다가 또 잘 안 되면 기도를 할 수도 있습니다.

하지만 원리가 이러해도 어느 한 방법을 택하여 거기에 전념해야지 자꾸 이것저것 해서 마음이 흐트러지면 더 힘들어질 수 있어요. 산에 토끼도 뛰어다니고 노루도 뛰어다니고 꿩도 뛰어다니는데 이들을 한꺼번에 다 잡으려고 이리저리 쫓으면 다 놓치기 십상이지요. 하나만 쫓아야 잡히듯이 수행을 할 때에도 딱 하나를 정해서 집중하는 게 필요해요. 또 하다가 안 되면 지도자에게 물어서 잘못된 것은 고쳐야지 함부로 하지 말아야 해요.

불교의 근본 목표는 해탈이에요. 이 목표는 하나지만 해탈로 들어가는 방편은 그 사람의 정도, 자기 바탕, 불교적으로 말해 자기의 업력에 따라서 천차만별이에요. 장안에 들어가는데 내가 있는 위치에 따라 동문으로 들어가든 서문으로 들어가든 목적지에 도달하는 데는 상관이 없습니다. 방향이 다르다 하여 손색이 있는 게 아니지요.

사람 중에는 마음에 산란심이 많고 공상을 많이 하는 사람이 있는가 하면, 마음이 단조로워서 산란심이 적은 사람도 있습니다. 둔탁해서 감각이 무딘 사람도 있고 예민해서 감각이 빠른 사람도 있으며, 지식의 정돈이 바로 된 사람도 있고 아직 세상 처리나 세상의 쉬운 경위 판단도 우왕좌왕하는 사람도 있습니다.

그러나 위대한 학자건 평범한 노동자건 고통의 굴레에서 벗어나지 못해 괴로워하는 데에는 차이가 없어요. 인간이 천차만별로 다양하지만 고통 속에서 헤매는 모양은 다 같고 또 모두 고통에서 벗어나려고 하지요.

우리가 공부하고 수행하는 것은 오직 인생을 고통 없이 살자고 하는 것 아니겠습니까? 이렇게 수행의 목표는 고통의 그물을 벗어버리려고 하는 것이지만, 사람의 정도나 환경 차이에 따라서 공부하는 방법은 달라집니다. 산란심이 많은 사람은 산란심을 제거하는 방편을 쓰고, 둔탁한 사람은 생각을 일으키는 방편을 써야 하는 것이지요.

참선 수행법

참선은 어떤 사람에게 맞는 수행법입니까?

참선은 이 세상의 모든 것을 버릴 수 있는 사람이 하는 것입니다. 이미 말과 상념을 통해서 하는 것은 모두 정돈되어 더 이상 할 필요가 없기 때문이지요.

그래서 사교입선捨教入禪이라 합니다. 가르칠 수 있고 더듬을 수 있고 상념할 수 있는 것을 교教라고 하는데 이러한 이론과 상념을 초월함으로써 선禪에 들어간다는 것이지요.

박학한 학자나 박사는 말하기 싫어합니다. 백날 따지고 얘기해야 다람쥐 쳇바퀴 도는 식이지요. 이론밖에 안 되니 말해서 무엇 하냐는 식인데 이런 이들이 참선에 쉽게 들어가지요. 그러나 참선이라는 방편이 모든 게 정돈된 사람이 한다는 것이 원칙이지만 생각이 어지러운 사람도 할 수 있는 수행법입니다.

절 수행과 참선 수행의 차이점은 무엇입니까?

절을 자꾸 하다 보면 일념이 됩니다. 처음에는 육체가 힘들지만 자꾸 하다 보면 몸과 마음이 일체가 되어 삼매에 들게 되지요. 참선은 그런 것 없이 바로 들어가는 것이고요. 그러나 이런 모든 방법이 마음 깨고 꿈 깨서 부처 되는 방법입니다.

참선을 할 때 보통 눈을 반개半開하라고 하는데, 눈을 감으면 망상이 더 많은지요.

그것이 다 초학자들의 한계지요. 눈을 감으면 아무것도 안 보이니까 망상이 일어나지 않아 좋을 것 같지만 잘못하면 혼혼해 잠을 청하기 쉽습니다. 그렇다고 눈을 똑바로 뜨면 열이 생기지요. 눈에 열이 생기면 또 공부가 안 되지요. 그러니까 반개하라는 것입니다. 열도 안 나고 혼침도 안 되게.

그러나 참으로 선에 자리가 잡히면 행역선行亦禪 좌역선座亦禪이라, 다닐 때도 선이고 앉아도 선이지요. 어묵동정語默動靜이라, 말할 때나 가만히 있을 때나 묵묵할 때나 전부가 선 아닌 것이 없어요.

그렇지만 초학자는 호흡도 고르게 하고 단정히 앉도록 가르치는 법이지요. 그것은 사람의 근기에 따라 차별이 많아서 몸도 바로잡아주고 정신도 바로잡아주지 않으면 상기가 되어 병이 나거든요. 바로 하면 잔소리도 필요 없지요. 잘못하니까 자꾸 잔소리가 생기는 거예요.

중생은 어디 기대거나 누우면 게으름이 일어나고 바로 앉으면 정신이 나고 그렇잖아요. 그러니까 가부좌를 하고 단정히 앉으라 그거지요. 가부좌를 틀고 앉으면 정신이 흐려지지 않는다는 말입니다. 보통 초학자들을 가르칠 때에는 혀는 입천장에 대고 손은 어떻게 하고 하는 법이 모두 있어요. 이렇게 해도 잘 안 되는 사람은 숨을 하나둘 세는 수식관數息觀도 있고 여러 가지 법이 있지요.

수식관을 한다는 것은 호흡을 관한다는 것인가요.

수식관은 호흡을 관한다는 게 아니라 수를 센다는 겁니다. 정확하게 앉아서 자기가 평소에 쉬는 호흡 그대로 억지로 쉬는 게 아니라, 누구든지 평소에 다 숨을 쉬잖아요? 그런 호흡을 하나둘 해서 열까지 세는 거예요. 열까지 세면 다음에는 새로 또 열까지 세면서 마음을 조정하는 거지요.

無念無想

西庵

그런데 마음이 방일해지면 그만 열하나 열둘 하고 습관적으로 이어서 하게 되는데 그건 정신을 집중하지 못한다는 것이지요. 숨을 세면 생각이 집중되고 마음이 고르게 가라앉아요. 그래서 산란심이 있는 사람은 처음에 수식관을 자꾸 시키지요.

그런데 외도들은 호흡관이라 해서 8초니 10초니 그렇게 숨을 쭉 들이마셔 아랫배 단전에 힘을 두고 또 내뿜는 것도 한 8초 동안 천천히 해요. 이것을 반복하면 단전에 기운이 생기고 거기에 기가 모여서 신통이 일어난다고 하는데 그게 뭐 신선들이 하는 호흡법이지요. 이런 호흡법에도 단전호흡이니 복식호흡이니 여러 가지가 있습니다.

참선을 하려면 먼저 호흡법을 익혀야 된다는 말도 있습니다.

요즘 사람들이 근기가 약해서 그렇지 꼭 무슨 참선하면 호흡법을 해야 한다는 건 안 맞는 소리지요. 사람 정도에 따라 방법이 다를 뿐이에요.

보통 공부에 힘도 없고 유약한 사람은 처음에 수식관을 시키면 숨을 세느라 생각이 집중되지요 그걸 몇 달 하다 보면 마음이 안정되고 뭔가 조정이 되거든요. 그렇게 힘이 생기면 차츰차츰 공부해 나아가면 되지요. 공부가 안 된 사람에게 단번에 화두를 하라고 하면 망상만 하니까 그런 사람들에게 마음을 조정하도록 지도하는 방법이지요.

그것이 사람마다 다 달라요. 열 사람이면 열 사람 다 다르지요. 자기 업력에 따라서 마음이 쉽게 가라앉는 사람이 있고, 며칠을 해도 안 되는 사람도 있고, 무엇을 들어도 곡해를 하고 못 알아듣는 사람도 있거든요. 그렇게 사람이 천차만별이라, 그래서 법이 많이 나오지요.

단전호흡이 되어야 참선이 되는 것으로 아는 경우가 많습니다. 화두를 단전에 두라는 말도 하는데요, 그건 어떤 의미가 있습니까?

단전호흡을 하면 안 하는 것보다 낫지요. 아랫배에 기운이 생겨 든든하고. 단전에 힘이 생기면 추운 데 나가도 추운 줄도 모르지요. 몸에 건강은 얻지만 그것이 공부는 아니에요. 어지러운 마음을 제거하고 약한 몸을 보호하니까 잘만 하면 공부에 이익은 되겠지만요. 그렇다고 해도 그건 일종의 건강법이지 참선법은 아니에요.

화두를 단전에 두라는 것도 공부가 안 되는 사람에게 하는 소리예요. 화두가 뭐 모양이 있어야 두든지 걸어놓든지 하지요. 호흡을 잘 조정하면 건강 조정이 된다는 것뿐이에요. 그런 것이 직접 공부하고는 사실 상관이 없습니다.

염불 수행과 화두 수행의 차이

염불하는 것과 화두 드는 것의 공통점과 차이점은 무엇입니까?

화두를 제대로 든다는 게 쉬운 일이 아니에요. 참말로 망상에 사로잡히지 않고 화두를 할 수 있으려면 며칠을 채찍질을 하고 온갖 방법을 써도 될까 말까지요. 그래서 선방에서 조실 스님이 법문하고 죽비를 들고 두드려 패며 하는데 사실 힘이 들어요. 물론 사람에 따라서는 꼭 힘이 든다고 할 수는 없지만요.

염불은 생각이 동서남북을 헤매더라도 쉬워요. 생각은 통일이 안 되더라도 관세음보살을 부르라 하면 부르거든요. 나무아미타불을 부르라 하면 입이 있으면 다 불러요. 그러면 처음에는 통일이 안 되지만 그게 참선보다는 쉬워요. 옛날에는 절에서 쿵쾅거리면서 나무아미타불 하는 데도 많았지요. 요즘엔 그런 절이 별로 없지만요. 어쨌든 한참 하다 보면 일념으로 들어가게 돼요. 좀 늦다는 그런 차이는 있어요.

염도염궁念到念窮 무념처無念處라. 생각이 이르고 이르면 무념처에 이른다. 무념처란 망상이 없는 자리를 말하지요. 처음에는 시간 정해놓고 망상해가며 하다 보면 망상은 없어지고 일념에 들어가는 것을 이야기하는 겁입니다.

참선은 대번에 삼매에 드는 것인데 생각 한번 딱 돌리면 천하가 있는지 없는지를 몰라요. 그래서 참선은 더 힘이 들고 그 대신 더 가깝지요.

주력 수행은 어떤 사람에게 도움이 되는지요.

주력은 산란심이 많은 사람이 하면 좋습니다. 주력은 모든 어지러운 생각을 한쪽으로 집중시키는 방법이에요. 관음 주력을 한다든지 능엄 주력을 한다든지 하는 것은 집중하는 힘으로써 산란한 마음을 제거하는 방편이지요.

각각의 염불이나 주력들은 어떤 차이점이 있습니까?

관세음보살이든 미륵보살이든 다 똑같습니다. 스님들도 이름은 모두 다르지만 공부하는 바탕은 똑같아요. 미륵 부처님 법이 다르고 석가모니 부처님 법이 다르고 관세음보살님 법이 다르고 지장보살님 법이 다른 게 아닙니다. 다만 보살 이름이 다를 뿐이지요.

관세음보살은 중생의 고통을 덜어주기 위해 원을 세우고 나오신 분이고, 지장보살은 지옥 중생이나 헤매는 영혼을 구제하시겠다는 원을 세운 분이기는 하지만 결국 똑같습니다. 어느 염불을 하든지 똑같아요. 다만 염불을 할 때 불보살의 이름에 따라가지 말고 염불하는 나를 의심해야 합니다.

물론 석가모니 부처님이나 관세음보살님, 지장보살님을 간절하게 부르는 것으로 성불하는 이치도 있습니다. 왜냐하면 모든 불보살은 그 이름을 부르는 것만으로도 필경 성불하고 모든 고통을 여읠 수 있도록 원력을 세운 분이니까요. 그런 원력을 세워서 일어났으므로 다른 종교에서 맹목적으로 믿는 것과는 근본적으로 다릅니다.

극락세계의 아미타불도 본시는 법장비구라는 스님이셨습니다. 그런데 마흔여덟 가지 원력을 세우셨지요. 수천만 겁을 드나들면서 원을 모두 성취하셨지요. 그래서 그분 이름을 부르면 극락세계로 가는 겁니다. 극락세계는 타락이 없는 세계입니다.

하늘 세계는 즐거움을 받다가 타락할 때도 있습니다. 마치 권력자나 부자가 영원하지 않은 것과 같지요. 부자도 하루아침에 가난

뱅이가 될 수 있잖아요. 하늘 세계에서도 복을 받다가 복이 다하면 도로 떨어집니다.

하지만 극락세계는 한 번 가면 절대로 떨어지는 법이 없습니다. 왜냐하면 법장비구는 영원하지 못한 하늘 세계는 필요 없다며 자신의 국토에 오기만 하면 시간의 장단은 있을지언정 필경 성불하는 국토를 만들겠다고 원을 세웠기 때문이지요. 그래서 마침내 원을 성취해 극락세계를 이루고 아미타불이 되었습니다. 그분이 극락세계의 주인이니 주인을 찾으면 영접해갑니다.

이렇듯 다른 종교의 신앙과 불교의 신앙은 차이가 있습니다. 불교에서 신앙하는 것은 체계가 있고 논리가 있으며 확실한 근거가 있는 신앙이며 맹목적으로 따라가는 신앙이 아니에요. 부처님한테 기도하는 것도 자기를 개척하는 것입니다. 자기가 부처이고 아미타불임을 자각하는 작업이고 자기 생명을 발굴하는 작업입니다.

절 수행은 어떤가요?

사찰을 왜 절이라고 합니까. 절을 하라는 뜻입니다. 절은 수행하는 데 가장 좋은 방법이에요. 나라는 상을 끊는 가장 좋은 방법이 절입니다. 오체투지는 완전히 굴복하는 자세입니다. 완전하게 굴복할 때 참나를 발견하게 됩니다.

그래서 절에 가면 백팔 배를 한다, 천 배를 한다, 무수히 절을 합니다. 절하는 것이 가장 좋은 방법입니다. 우리 납자도 업이 많아서 졸음이 오고 공부가 잘 안 되면 부처님 앞에 절을 합니다. 절을 하다가 깨우침을 얻기도 합니다.

그런데 염불 수행법에는 고성염불도 있고 저성염불도 있고 소리를 내지 않는 묵염불도 있는 것으로 알고 있습니다. 이런 수행법들은 어떤 경우에 행하는지 말씀해주십시오.

보통 용기가 약하거나 너무 잔잔하고 기력이 까라진 사람이 큰 소리를 내 염불하면 도움이 됩니다. 크게 소리 지르면 저절로 기운이 올라가고 힘도 얻게 되거든요. 요즘엔 별로 안 보이지만 예전에는 한 손으로는 징을 치고 한 손으로는 꽹과리 치면서 수행하는 스님들도 있었습니다. 산란심이 많은 이들이 마음을 조복받기 위해 썼던 한 방편으로, 실제로 쿵-꽤 쿵-꽤 하는 요란한 소리에 동화되어 정신 집중이 잘됩니다. 그리고 소리를 힘껏 지르니 정신이 차려지고 혼침에 쉽게 안 떨어집니다.

그렇지만 마음이 이미 안정되어 있으면 구태여 소리를 지를 필요가 없습니다. 그런 사람은 근기에 맞게 낮은 목소리를 내거나 소리를 내지 않고 염불하는 게 더 효과적일 거예요.

염불을 할 때 염주를 잡고 하는 것이 더 좋은가요?

염주를 돌리면서 염불을 하면 정신 집중하는 데 훨씬 도움이 되지요. 손가락으로 염주를 한 알 한 알 넘기면 집중이 잘될 뿐더러 다섯 손가락이 오장五臟과 연결되어 있으니 건강에도 도움이 됩니다. 옛 어른들은 호두알을 손 안에서 뒹굴뒹굴하는 것으로써 운동법을 삼지 않았습니까. 그러니 염주 돌리는 것만으로도 일석이조의 효과가 있지요. 우선 산란했던 마음이 안정되고 손가락이 움직여 혈액순환도 원활해지니 활력이 생깁니다.

참선 정진할 때 가부좌나 반가부좌를 틀고 하는데 이 자세도 건강에 좋습니다. 어떻게 보면 가부좌 틀고 하루 종일 앉아 있으니 운동 부족이 될 것 같지만, 며칠을 그 자세로 앉아 있어도 피가 오히려 핑핑 잘 돌아요. 불교에서는 몸과 정신을 둘로 보지 않아 몸을 단련시키는 것이 정신 단련으로도 통합니다.

가령 세상에서 아무리 높은 지위에 있던 고관대작이라도 출가하면 수행 지도를 제대로 시키는 절에서는 그에게 제일 험한 일을 시키지요. 변소 청소하고 똥통 지고 거름 주는 일을 시켜요. 이제껏 호화판으로 편히 지낸 사람이었으니 그 반대로 가장 밑바닥 생활을 훈련시키는 겁니다. 세속에서는 남에게 대접받을 줄만 알았으니 이제는 남을 대접하는 천박한 일을 해봄으로써 자기 인생을 반성하도록 하는 거지요.

太白洞天

樂嵩精舍 西庵

남한테 천박한 대접도 받아봐야 해요. 남한테 대접받을 줄만 알면 그건 반 쪼가리 인생밖에 안 됩니다. 남한테 천대도 받아봐야 비로소 인생의 전면을 보게 되지요. 그런 면에서는 승려야말로 백과사전식의 다양한 인생을 맛보지요. 여기저기 다니다 보면 대통령 이상 가는 융숭한 대접도 받아보고 아니면 인간 이하의 취급을 당해보기도 하니까요.

이렇게 인간 세상 전체를 맛볼 줄 알아야 해요. 그래서 대접받거나 천대받거나 크게 다르지 않음을 알아야 해요. 대접받을 때는 우쭐해 좋아하고 천대받으면 소침해져 기분 나빠하고 화가 난다면 그 사람은 풍파에 놀아나는 셈이니 수행이 모자라는 것이지요.

독경 수행에 대해서도 말씀해주십시오.

독경은 뭔가 따지기를 좋아하는 사람이 하면 좋습니다. 경을 자꾸 읽으면서 따져나가다 보면 그 경계를 떠나서 따지지 않는 세계가 오게 되지요. 가령 《금강경》을 독송하면서 그 안의 모든 문답을 하다 보면 자기 상념이 정돈됩니다. 이렇게 독경을 하면 삼매에 들게 되어 궁극에는 목표에 도달할 수 있습니다.

도무지 산란심이 많고 몸도 개운하지 않으면 절을 해보세요. 천 배고 만 배고 자꾸 하다 보면 자연히 절하는 데 집중합니다. 어지러운 생각을 잊게 되고 몸과 마음이 여일하게 움직이게 되지요. 이렇게 각자 자기에게 맞는 방향을 택해서 경을 보거나 참선을 하거나 주력을 하면 됩니다.

사통팔달 어디로도 통하면 되지 일정하게 정해진 길만 있는 게 아니에요. 염불문이 따로 있고 참선문이 따로 있고 주력문이 따로 있다는 말이 아니지요. 자기가 설정해서 편리한 대로 하면 됩니다. 이 세상 모든 법을 규정지으면 안 맞는 것입니다.

무유정법, 아뇩다라삼먁삼보리라 법을 일정하게 못 박아놓으면 벌써 어긋나버립니다. 정함 없는 법이 아뇩다라삼먁삼보리입니다. 무상정등정각無上正等正覺이라 번역하기도 하지만 똑바른 길이라는 의미도 있어 바른 이치, 진리에 들어가는 길이거든요. 불교는 마치 흘러가는 물과 같이 살아 흐르는 것이지 이렇다 저렇다 고정해놓으면 벌써 불법에 어긋나는 것이지요.

이치를 관하는 관법

여러 수행법 중에서 사물 또는 이치를 관해 들어가는 관법觀法 수행이 있는 걸로 압니다. 그중 연기관緣起觀에 대해 알고 싶습니다.

연기관은 우주 실상에 대해서 올바로 사유해 현실을 있는 그대로 투시하고 엄격히 관찰하는 수행법입니다. 있는 그대로 본다는 것은 세상 만물이 연기의 이치로 일어나고 사라지는 현상을 관찰한다는 것이지요.

연기는 이것이 일어남으로 해서 저것이 일어나고 이것이 없어짐으로 해서 저것도 없어진다는 의미로, 우주간의 삼라만상이 상의상관相依相關으로 일어나고 사라진다는 법칙입니다. 어느 조물주나 절대적 존재인 제삼자가 있어 세계를 만든 게 아니라 내가 생각 일으킨 대로 세계가 건립된다는 것이지요.

따라서 우리의 몸 또한 흙·물·불·바람에 의지해 서로 엉켜서 물거품같이 돌아가는 연기적 존재라는 거지요. 그러니 우리 역시 한바탕 뜬구름 같고 안개 같은 것 아니겠습니까?

그런데 우리는 항상 근본을 보지 못하고 지엽에 매달리는 상견常見 중생입니다. 껍데기에 허무하게 정신이 팔려 매달리니 거기에 매달려 봤자 얼마나 가겠습니까. 현실이 과연 어떻게 이루어졌는지 그 실상을 바로 볼 때 그제야 비로소 허무한 그림자에 매달려 허송세월을 보내지 않고 방황하지 않으며 정확한 생활을 할 수 있게 되지요.

우주의 실상을 밝힌 이치가 곧 연기입니다. 부처님의 가르침은 어느 하나도 저절로 일어난 것이 없다는 참으로 철두철미한 이론이지요.

우리는 본시 때가 끼지 않은 생명체입니다. 그런데 잠시 자신을 망각한 채, 자기의 한 생각으로 세계를 파악하려 하니 올바른 인식이 되지 않을 뿐더러 그에 따라 여러 가지 미혹된 행위들이 벌어지지요. 잔잔한 물에 뭔가 하나 집어던지니 파도가 치지 아무것도 던지지 않았는데 파도가 칠 리는 만무하지요.

마치 밝음이 없는 데서 그림자가 일어나는 듯이 무명은 밝지 못한 생각으로 중생의 괴로움이나 번뇌의 근본이 되어 행위를 일으킵니다. 즉, 뭔가 진리에 대해 착각하고 미혹한 마음을 내니 잔잔한 호수에 파도가 치는 것입니다. 또 행위가 일어나면 알음알이가 따라서 일어납니다. 이 알음알이가 일어남으로 해서 정신적이며 육체적인 현상인 명색이 일어나고(識緣名色), 명색에 의하여 여섯 가지 감관이 일어나고(名色緣六入), 감각기관에 의해 감촉을 느끼고(六入緣觸), 감촉에 의해 바깥 경계를 자각하여 감수하게 됩니다(觸緣受). 그리고 받아들임에 의해서 좋은 것은 자꾸 하여 만족을 얻고자 하는 애착이 생기고(受緣愛), 애착이 일어나니까 자꾸 모아들이려 하고(愛緣取), 취하니까 존재가 형성되고(取緣有), 존재에 의해 태어나고(有緣生), 태어남에 의해 죽고 병드는 고통이 생기는 것(生緣老死) 아니겠습니까. 그러나 다만 한 생각 즉, 무명이 멸하면 행이 멸하게 되고, 행이 멸하면 식이 멸하고, 그렇게 해서 결국 생이 멸하면 노사가 멸하게 됩니다.

이 십이연기설에서 알 수 있듯이 고통은 무명에 의해서 일어나지 본래부터 존재하는 게 아니지요. 그러므로 무명을 깨쳐버리면 모든 고통이 소멸됩니다. 우리의 이 한 생각이 무상을 느끼게 되면 그까짓 몸쯤이야 잘라가도 상관이 없어요. 무상을 느끼지 못하고 무명의 껍데기를 벗지 못해서 고통을 받는 거지, 한 생각 돌이키면 그 자리에서 바로 해탈입니다.

한 생각 꿈 깨는 것이 견성이지요. 견성하고 보면 본시 허무한 것임을 알게 됩니다. 허무한 것임을 알 때 모든 것이 한없이 기멸해도 현실에 구애받지 않고 현실을 부정하지 않게 되지요. 불교는 이 생각 하나만 바로 보라는 가르침입니다.

가령 허공에 비행기가 날고 새도 날고 구름도 뜨고 번개가 쳐도 그 허공이 조금이라도 상처를 입습니까? 이처럼 본시 상처받을 수 없는 자리가 우리의 본체 이 마음자리인 것을 모르고, 제 스스로 착각을 일으켜 상처를 만들고 있는 것입니다. 한 생각 무명만 거두어버리면 우리 마음은 형단이 없으니 상처받을 곳이 없어요. 형단이 없는 이 마음을 누가 구속하고 괴롭힐 수 있겠습니까.

옛날 어느 도인이 감을 먹고 체하자 제자가 물었습니다.

"스님, 삼천대천세계를 다 들이마셔도 아무 상관이 없다고 늘 법문을 하셨으면서 어찌 작은 감에 체해서 고생하십니까?"

그러자 스승이 대답했습니다.

"감이 더 크냐? 삼천대천세계가 더 크냐? 어디 한번 일러보아라."

참으로 스승의 지혜가 놀랍지요.

그래서 불교에서는 일념즉시무량겁一念卽是無量劫, 한 생각이 한없는 시간이고 무량원겁즉일념無量遠劫卽一念, 한없는 시간이 한 생각이다. 일미진중함시방一微塵中含十方, 한 티끌 속에 시방세계가 다 들어 있다고 했습니다.

물을 관하는 수관은 어떤 수행법이고 어떠한 사람이 하면 좋습니까?

호숫가의 물은 어떻습니까? 물은 그 맑고 투명함으로 산천초목의 그림자를 소소영영하게 거울같이 나타내줍니다. 어지러운 이가 이 고요한 물을 관찰하다 보면 마음이 흐트러지지 않고 한가해집니다.

고요한 물이 일체를 있는 그대로 비추어내듯 마음의 파도를 잠재우면 우리의 마음 모양도 그대로 드러나게 됩니다. 오욕락에 파묻혀 정신없이 헤매고 언제 죽을지도 모르는 이 몸뚱이를 장구한 것으로 착각해 사는 모습을 발견하게 되지요.

《비유경》에 보면 재미있는 이야기가 나옵니다.

한 사나이가 넓은 들판을 걸어가는데 갑자기 사나운 코끼리가 나타나 덤벼들었습니다. 사나이는 기겁해서 정신없이 달아나다가 빈 우물을 발견했어요. 마침 우물 속으로 칡넝쿨이 드리워져 있어서 그것을 붙잡고 내려갔지요. 코끼리는 우물까지 쫓아와서 사나이가 올라오길 기다렸지요.

그런데 우물 바닥에는 독룡毒龍이 도사리고 있고 우물 둘레에는 독사 네 마리가 혀를 날름거리며 노려보고 있었어요. 결국 사나이는 내려갈 수도 없고 위로 올라갈 수도 없는 진퇴양난에 처하게 되었지요. 그때 위에서 무슨 소리가 나서 보니까 검은 쥐 한 마리와 흰 쥐 한 마리가 번갈아가면서 칡을 갉아먹는 거예요. 죽기 아니면 살기로 오로지 칡넝쿨에 의지해 있는데 그 칡을 갉아먹으니 참으로 암담하게 되었지요.

그때 벌집에서 다섯 방울의 꿀이 입에 떨어져 달콤한 맛을 보았습니다. 그는 그만 자기 처지도 잊은 채 그 맛이 탐이 나서 꿀을 받아먹으려고 칡을 흔들어대니 벌이 흩어져 내려와서는 쏘아대는 거예요. 그때 마침 들판에서 불이 일어나 그 칡에 불이 붙어 시시각각으로 위험이 다가왔지요.

이 이야기에서 넓은 들판은 무명의 긴 밤을 의미하고, 사나이는 중생을 의미합니다. 코끼리는 무상에 비유한 것이고 우물은 생사에 비유한 거지요. 칡넝쿨은 백 년 안짝에 사라질 목숨이고 검은 쥐와 흰 쥐는 밤과 낮, 칡넝쿨을 갉아먹는다는 건 생명이 찰나찰나로 줄어든다는 것을 비유한 거예요. 네 마리의 독사는 지·수·화·풍 네 가지 요소, 벌꿀은 다섯 가지 쾌락, 벌은 그릇된 생각, 불은 늙음과 병, 독룡은 죽음에 비유한 것입니다.

이 비유에서 볼 수 있듯이 인간은 세상을 투철하게 보는 안목이 없어 그저 이 몸뚱이 하나 기본으로 삼고 살아갑니다. 언제 죽을지 모르는 한계의 생명을 가지고도 오욕락에 팔려 혀를 날름거리며 꿀을 받아먹는 형용이지요. 당장 눈앞의 이익에 어두워 명예와 감투와 재물을 위해 의리도 저버리고 금수 같은 생활을 하는 이들이 많지요.

그렇다면 진정한 삶의 길은 무엇인가. 이는 석가모니의 출가에 그 원리가 들어 있습니다. 석가모니는 갖은 오욕락을 누릴 수 있는 최고의 지위인 왕의 자리를 버리셨지요. 현실은 허망한 것인데 어찌 여기에 매달려 허무하게 인생을 마칠 수 있겠는가, 현실을 버릴 줄 알 때 해탈을 얻을 수 있다, 영원한 자기 생명을 찾으라고는 가르친 분이 석가모니 부처님입니다.

물 위에 일어나는 파도가 본래 실체가 없듯이 마음의 바다에 일어나는 모든 상념의 파도가 실체가 없음을 알게 되면 출렁이는 파도에 매달리지 않게 됩니다. 이렇게 되면 불던 바람이 멈추고 치던 파도가 고요해져 그 마음이 명경지수와 같이 맑고 투명해지니 평화가 절로 드러납니다.

백골관은 탐심이 많은 사람이 하면 좋은가요?

육체에 애착이 많은 사람이 이 수행법을 하면 좋습니다. 사람들은 전부 형상에 팔려 생활하지요. 아름다운 이를 보면 마음이 혹한다거나 좋은 것을 보면 취하려는 욕심이 일어납니다. 백골관은 이 형상을 부수어버리는 수행법입니다.

인간이 아무리 아름다워도 깊이 관찰해보면, 아홉 구멍에서는 항상 더러운 것이 흘러나오고, 백천 가지 부스럼을 한 조각 엷은 가죽으로 싸놓았으며, 이 가죽 주머니에 항상 똥오줌을 가득 담고 있으며, 피고름 뭉치와 온갖 균이 바글거리니 하나도 탐하고 아낄 것이 없음을 알게 됩니다.

그런데도 피상적인 아름다움에 팔려 속고 사니 중생살이가 얼마나 어리석습니까? 인간은 모두 얼마 안 가서 무너질 백골의 존재인데 무엇을 근거로 아름답다, 갖고 싶다는 마음을 내느냐는 말입니다.

남자들은 공부하다 마음이 해이해지고 도심이 여려지면 일부러 화장터에 갑니다. 그곳에서는 매일 상주들이 울고불고 하고 있고 시체를 불에 태워 뼈 빻는 것을 보게 되니 세상의 한가한 낙에 빠질 틈이 없습니다. 바로 이 몸이 허망한 줄 알게 되니 애욕이 사라져 미인이 옆에 와도 본체만체 마음이 집중되어 공부를 열심히 할 수 있습니다.

태양관은 어떤 사람이 하면 도움이 되겠습니까?

태양은 동쪽에서 환하게 떠오르지요. 환한 태양을 자꾸 생각하고 거기에 집중하면 사람이 밝아져요. 흐리멍덩하던 생각도 환해집니다.

그래서 광극통달光極通達, 빛이 극하면 통달한다 했습니다. 구름이 조금만 끼어도 태양빛이 약해지듯 생각이 조금만 착란하여도 마음에 그림자가 나타납니다. 마음에 일어나는 일체의 상념을 태양빛과 같은 광명의 빛으로 밝히면 마음에 그림자가 없게 되지요. 이와 같이 태양관법으로 마음을 전부 밝혀 극치에 이르면 통달하게 되지요. 화경을 이용해서 초점을 맞추면 불씨가 일어나듯 우리 마음의 초점만 맞추면 곧 깨칩니다. 우리가 한 생각 집중하는 데서 세계가 달라지듯이 광명을 생각하면 밝은 세계는 절로 열리게 마련입니다.

마음이 독한 경우에는 어떤 수행법을 하면 도움이 되겠습니까?

독한 사람의 종류도 여러 가지예요. 목적을 달성하기 위해 남의 생명을 해치는 독한 사람도 있고 원수를 갚기 위해 독해진 사람도 있으며 자신의 업력에 이끌려서 독해지기도 하는 등 천차만별이지요. 그러니까 먼저 그 사람이 독해진 원인을 찾아 해결해야 해요. 만약 원수를 갚기 위해 독해졌다면 원수 갚는 게 정당한 일이 아니라는 설명부터 해주어야 합니다. 설령 부모나 자식을 죽인 원수라도 원수를 원수로 갚는 건 진정한 갚음이 아니라 오히려 원수를 영원한 자기 원수로 만들 뿐이라는 걸 일러줘야 해요. 원수 갚는 게 제일 좋은 법인 줄 알았는데 그렇지 않구나, 이렇게 느끼게 해서 차츰차츰 그 사람의 얼어붙은 독한 세계를 녹여주어야 합니다.

그런 뒤에 공부를 해야 제대로 진전이 됩니다. 그런 연후에 모든 생명이 한 몸인 줄 알고 자기를 사랑하듯 일체를 사랑하는 자비관慈悲觀을 하면 좋습니다.

마음이 급한 경우에는 어떻습니까?

급한 경우도 여러 가지지요. 자기 세계가 꽉 차 있으면 남의 말을 받아줄 틈이 없으니 먼저 절을 하거나 기도를 해서 이성부터 찾아야 합니다.

마음이 급한 경우를 보면 자기 생각이 부풀어 올라 있어서 그래요. 목적이 있으니까 급히 좇게 되지 목적이 없으면 급할 일이 없잖아요. 그러니 급하게 일을 성취하려는 사람일수록 마음을 쉬게 하는 게 일을 성취하는 첩경입니다.

만사를 제쳐놓고 해야 되는 급한 일이 생겼다면 일념으로 염불하는 것도 좋은 방법이에요. 그 일을 급히 성취하고자 한다면 그 일에 매달릴 게 아니라 지극한 마음으로 관세음보살을 부르면 오히려 그 일을 빨리 성취할 수 있는 길이 열립니다. 이렇게 염불하다 보면 마음이 안정되고 차분해져서 실제로 일이 빨리 성취되지요.

장좌불와와 오후불식

큰스님들이 장좌불와長坐不臥를 몇 년 했다 하는 말을 많이 듣는데 이것이 수행에 어떤 도움이 되는지요.

우리는 다생에 편안한 것만 좋아해왔지요. 누구나 다 편한 것만 좋아해요. 그런데 편안한 걸 좋아하면 편안한 것이 항상 좋냐 하면 그것이 그렇지 않아요.

우리는 툭하면 눕고 쿨쿨 자는데 장좌불와는 눕지 않고 가만히 앉아 정진한다는 소리예요. 장좌는 눕지 않고 늘 앉아 있다는 말이지요. 불와도 똑같은 소리로 눕지 않는다는 소리지요.

그러면 눕지 않고 무엇을 하느냐 하면 내 마음을 다스리고 정진을 해요. 마음을 풀어놓지 않고 시시각각 정진해서 마음에 녹이 슬지 않게 평화롭게 한다 이 말이에요.

혼탁한 속에서 쿨쿨 잠이나 자고 생각이 흐트러지면 사람이 흐리멍덩해져서 모든 일이 안개 낀 것처럼 맑은 정신이 못 돼요. 그런데 장자불와하면 정신이 바짝 나서 남을 해칠 생각이 없고 마음에 빛이 생기지요. 장좌불와를 해서 잠을 자지 않으면 정신이 맑아져 모든 걸 잘 판단하게 되지요. 그거 별로 어려운 것도 아니에요.

오후불식午後不食도 마찬가지인가요?

우리가 왜 자꾸 혼탁해지느냐 하면 재, 색, 식, 수, 명이 오욕락인데, 음식을 많이 먹으면 피가 혼탁해지고 정신이 음식 맛을 따라가서 흐려집니다. 오후불식하면 오후라도 밥을 안 먹으니 그만큼 정신이 맑아지지요. 마음이 맑아야 모든 것을 바로 할 수 있는 거지요. 한 끼를 덜 먹으면 우선 위장이 휴식을 취하겠지요. 사람들도 계속 노동만 시키면 불만이 생기듯이 위장도 맨날 일만 시키면 피로하지요. 그러니 오후불식을 해서 좀 쉬어주면 위장에 활력이 생겨요. 사람이 많이 먹는 게 욕심이지, 적게 먹는 건 건강에 좋거든요. 잔뜩 먹으면 오래 살 것 같지만 많이 먹는 사람이 장수를 못 해요. 그러니 먹는 것을 절제하자, 그게 오후불식이지요.

부처님은 일종식이라 하루 한 끼밖에 안 드셨어요. 보통 사람은 세 끼 먹고도 부족해서 간식까지 먹다가 탈이 나잖아요. 그러니까 안 먹는 게 큰 수양이 되는 거지요. 한 끼만 안 먹어도 피가 맑아지고 위장도 쉬고 건강도 좋아지고 그런 뜻이 있어요.

참선에 대해 궁금합니다

참선의 뜻을 말씀해주십시오.

참선은 산스크리트어로 디야나입니다. 그 뜻은 정혜쌍수定慧雙修입니다. 정과 혜를 쌍으로 닦는다는 뜻이고 부연하면 계정혜戒定慧 삼학三學이지요.

불교 전체를 한마디로 요약하면 선禪입니다. 참선, 좌선, 행선 등 온갖 선을 말하지만 한마디로 표현하면 선이지요. 그 뜻은 정과 혜입니다.

마음이 산란하면 생각이 어지러워져서 정확한 판단을 못 내립니다. 마음이 안정되면 명경지수와 같이 파도가 일지 않습니다. 하지만 일단 마음이 안정되더라도 그 안정만 가지고는 안 됩니다. 혜가 생겨나야 됩니다.

마음의 안정만 있고 혜가 없으면 조용하고 편안하기는 하지만 뚫고 나가는 힘이 없습니다. 안정 속에서 화두에 역력히 들면 혜가 생기지요. 그런데 안정은 계가 없이는 생기지 않아요. 계를 안 지키고 오욕락을 행사하면 마음이 흐트러져 마음의 안정이 없어 집니다. 그러면 정이 안 생깁니다. 그래서 계행을 지키라는 겁니다. 이렇게 계정혜 삼학을 묶어놓은 것이 참선이지요.

일반인은 삶에서 선 수행이 중요하다는 것을 알아도 선을 하기가 어렵습니다. 일상생활을 하면서도 빠르게 직접 선으로 들어가는 다양한 수행법을 알려주십시오.

일상생활 속에서 선이 안 되는 이유는 마음의 파도 때문입니다. 그래서 선 수행의 요체는 계정혜 삼학에 있습니다.

물론 선으로 들어가는 길은 사람에 따라 여러 가지 방법이 있습니다. 1700 공안을 사용해 화두를 하는 간화선, 생각을 고요히 맑히는 묵조선, 이외에도 여러 가지 방법이 있지만 그것을 통해 이르고자 하는 원리는 다 같습니다.

우리는 이 몸뚱이를 가지고 일체를 판단하려 하는데, 참선은 일체의 이론을 초월하는 데 있습니다. 이론을 여의고 선에 들어가야 합니다. 우리의 상념이나 지식 보따리는 다 집어던지고 들어서야 하지요.

지식 보따리란 잠꼬대 같은 이론일 뿐, 아무리 밝게 안다고 해봐야 내 인생 자체를 모릅니다. 내가 어디서 왔는지 또 어디로 가는지도 아득하게 모르는 그런 지식 척도를 가지고 세상을 달고 재고 합니다. 마치 저울대로 태산을 달려는 것과 같아서 옳게 알 수가 없지요. 이런 지식은 집어던지고 은산철벽銀山鐵壁이 되어 딱 막히는 것이 선입니다. 부모한테 받은 몸 집어던지고 본래면목을 한번 살펴보세요.

지금 우리는 부모한테 받은 몸 가지고 자신을 돌이켜봅니다. 그것도 태 안에 들어 있을 적 일은 까맣게 모릅니다. 열 달 동안 태 안에 있었다는 것도 남의 소리를 들어서 알지 그동안 답답했는지 시원했는지 전연 모르지 않습니까? 태 안에 들어 있을 때만 모르는 게 아니라 태어나서 한두 살 될 때까지의 일도 모두 잊고 삽니다.

태 안에 있을 때 만약 어머니가 약을 잘못 먹었다면 태어나기도 전에 장애를 가질 수도 있겠지요. 그것을 그때 기억이 없으니 나와는 상관이 없다고 할 일이 아니잖아요? 어쨌든 나의 계속이고 나의 연장이니까요. 또 한두 살 때 잘못하여 손가락이나 발가락이 끊기는 일이 일어나기도 하는데 어린 나이라서 기억이 없다 해도 내가 아닌 게 아닙니다. 그때 다친 이후로 지금까지 불구자로 사는데 어찌 내가 아니겠습니까?

그런데 부모한테 받은 몸 가지고 따져봐야 한낱 백 년 동안의 꿈속 세계밖에 모르는 거예요. 그 꿈을 깨고 생사의 파도를 거슬러 올라 고통의 그물을 벗어버려야 합니다. 꿈을 깨지 않으면 자꾸 생사의 파도에 떠내려갑니다.

인생을 진지하게 사는 사람이라면 자기 사는 문제에 관심을 안 가질 수 없습니다. 왜 이 몸을 받았으며 무엇 때문에 사는지. 금수같이 살지만 않는다면 조금이라도 이 문제로 고민 안 해본 이가 없을 거예요. 이론만으로는 해결할 수 없는 이 고민을 붙들고 심사숙고 관찰해보면, 내가 어째서 태어났는지 이것만 막히는 게 아니라 어떤 것이든 다 막힙니다. 그야말로 이 세상 한 가지도 아는 게 없지요.

염주를 갖다놓고 이것을 염주라고 안다면 그것은 이름만 안 것입니다. 조금 더 깊이 생각하면 이것은 이름이 염주이고 나무로 만들었다는 것을 알게 되지요. 좀 더 영리한 사람이라면 여기서 만족하지 않고 나무는 어디서 생기는가? 지구 덩어리에서 나온다. 그럼 지구 덩어리는 어디서 생기는가? 이런 식으로 계속 의문을 던져 올라가다 보면 결국 막힙니다. 그것도 미련한 사람이 단계적으로 막히지 영리한 사람은 한 가지에 전체가 딱 막히지요. 그렇게 하나도 아는 게 없이 막히게 되면, 바로 몰랐던 그 하나를 알게 되었을 때 그대로 우주 전체를 알게 되지요.

세상 사람들은 하나도 모르면서 천하를 아는 체하니 항상 매昧

한 상태에 있지요. 꽉 막히는 문제, 이것이 화두를 하는 태도예요.

그래서 모를 때 알게 되는 거예요. 안다고 하면 잘못 알기도 하고 아는 것에 한계도 있어요. 이렇게 알고 저렇게 알지만 그 아는 정도를 넘어가면 결국 모든 것이 다 막힙니다.

그러나 모를 때 오히려 병폐가 없어요. 바늘 하나 꽂을 여지도 없이 깜깜하게 모르는데 어디에 병폐가 붙겠어요? 내 인생도 모르고 우주도 모르고 송두리째 모르는 거예요. 영리한 사람은 그렇게 막힙니다. 완벽하게 전체를 모를 때 그 답답함을 밀고나가 깨치면 참으로 다 알게 됩니다.

예를 들어 주먹을 쥐고 "이 안에 뭐가 들었나?" 하고 막혀서 답답해 몇 시간 알아본들 주먹 안의 것밖에 몰라요. 한계를 정해놓으면 그 한계밖에 더는 못 터뜨려요. 그러나 나도 모르고 우주도 모르고 참으로 하나도 모르기 때문에 알면 전체를 알게 되지요. 이것이 불교에서 말하는 깨달음의 세계입니다.

보리수 아래에서 하나도 모른다는 그 꽉 막힌 것을 붙들고 명상에 잠겼던 부처님도 하나를 깨쳤을 때 바로 우주 전체를 송두리째 알아버립니다. 세속의 일상생활이든 출가자의 수행이든 이것이 참선하는 바른 태도입니다. 더 빠르게 선에 들어가는 길은 따로 없습니다.

재가불자로서 선을 행하여야 한다고 하셨는데, 꼭 선사님의 지도를 받아야 합니까?

어떤 기술을 배울 때 그 방면의 전문가한테 지도를 받으면 쉽겠지요. 하지만 전문가라는 사람이 본시 따로 정해져 있겠어요? 다 자기가 노력해서 터득한 것이지요.

진지하게 자기 인생을 살아간다면 아무 때 아무 장소에서도 깨우칠 수 있는 것이지, 불교가 어디 따로 묶여져 있는 게 아니에요. 누구한테 특별하게 지도를 받아서만이 아니라 불교의 진리를 바로 알아서 봉행하며 스스로 도를 닦으면 깨칠 수 있지요.

그래서 불교에서는 다만 진리를 따라갈지언정 사람을 따라가지 말라고 했어요. 사람을 따라가다 보면 실패가 있지요. 훌륭한 사람이라고 해서 믿었더라도 사람은 변할 수 있으니 무조건 따라갈 것이 아니라 그 사람이 진리를 행하느냐에 초점을 맞추어 따라가야 합니다.

본래 마음자리는 일체 차별이 없고 평등한 자리이므로 어느 장소, 어느 직장이나 남녀노소 존비귀천을 막론하고 참선을 하든지 염불을 하든지 다 할 수 있습니다. 참말로 나는 아주 무한한 것이에요. 우리 마음은 형단이나 한계가 없어요. 어떠한 공간이든 내가 없는 공간이 없고, 과거 현재 미래를 통하는 무한한 시간 속에도 내가 없는 시간은 없습니다.

가만히 살펴보세요. 내가 없는 공간이 어디 있고 내가 없는 시간이 어디 있습니까. 이런 위대한 나를 터득하는 데 무슨 규격이 있겠어요. 문도 없지요. 사통팔달 길 아닌 곳이 없습니다. 나 스스로를 가벼이 여겨 물러서지 말고, 진지하게 자기 인생을 반성하고 정진하면 다 깨치지요.

염불하고 절하는 기도를 같이 해야 하는지, 아니면 참선만 해도 되는지요.

참선을 지극히 하면 그 속에 팔만사천 기도의 이치가 다 들어 있습니다. 그래서 참선이 잘 안 될 때 절도 하고 염불도 하고 경도 보는 것이지 다른 게 아닙니다.

행주좌와 어묵동정이라, 걸어다니고 머물고 앉고 눕고 움직이고 멈추는 모든 것이 다 참선이 되어야 합니다. 한마디로 24시간 생활이 참선이 되어야 하지요. 24시간 가운데 찰나라도 참선을 여읠 때 고통이 습격합니다. 그게 잘 안 되면 부처님께 원을 세우고 향을 꽂고 열심히 절을 해야지요.

그러니까 참선을 잘하기 위해 기도도 할 수 있고 경도 볼 수 있고 온갖 것을 다 할 수 있습니다. 24시간 참선이 잘되면 구태여 다른 방법을 할 게 없지요. 참선이 안 되니 공부도 하고 경도 읽지, 화두를 열심히 해버리면 내 인생을 살피는 힘이 생깁니다.

참선을 혼자서도 할 수 있습니까?

밥을 내가 스스로 먹는 것처럼 참선도 내가 혼자 하는 것입니다. 여럿이 하면 내가 깜빡 놓쳤을 때 옆 사람이 하는 것을 보고 놓쳐버리지 않을 수도 있지만 기본적으로 참선은 혼자서 합니다.

선방에 가면 주위에 전부 참선하는 사람들이므로 힘이 안 들어요. 공부도 독학하면 힘들지만 학교에 가면 전부 공부하는 분위기니 힘이 덜 들지요. 그러나 힘들게 독학하면 실력이 더 있듯이 혼자서 참선하면 마음공부가 아주 잘됩니다.

참선 수행법 중 묵조선과 간화선에 대하여 설명을 듣고 싶습니다.

호수가 잠잠하다는 것은 파도가 치지 않는 상태이고 파도가 치지 않으니 물에는 그림자가 비칠 수 있어요. 묵조선이 이와 같은 이치입니다. 모든 번뇌 망상을 가라앉혀 마음이 묵묵해지면 광명이 그대로 비치게 되지요.

우리에게는 온갖 탐진치 삼독의 파도가 치기 때문에 묵默이 안 되고 따라서 조照가 안 됩니다. 그러니 광명이 비치지 않습니다. 삼독심을 가라앉히는 것이 묵이고, 묵이 되면 저절로 조가 됩니다. 이것이 묵조선입니다.

간화선은 화두의 방편을 의지하는 참선법입니다. 묵조선과는 백팔십도로 다르다 할 수 있는데, 예를 들어 설명하자면 밤에 어둠을 몰아내기는 어렵습니다. 그러나 불만 켜면 바로 어둠이 물러나는 것처럼 간화선은 그 식입니다. 거두절미하고 그저 한마디 이르는 것이지요.

육조 혜능 대사가 자신을 찾아와 참배하는 회양 선사에게 느닷없이 물었어요.

"어떤 물건이 이렇게 왔는고?" 회양은 말문이 꽉 막혔어요. 분명히 오긴 왔는데 답을 하자니 무슨 말을 해야 할지 꽉 막힌 거예요. 손 한 번 내젓고 발 한 번 내딛고 눈도 반짝거리며 돌부리에 넘어지지도 않고 용하게 오기는 왔지요. 분명 어떤 물건이 오기는 왔는데 막상 대답하려니 말문이 막혀버린 거예요.

또 운문 대사는 "어떤 것이 부처입니까?" 하는 물음에 "마른 똥 막대기이니라." 하고 답하셨어요. 조주 스님은 "조사가 서쪽에서 오신 뜻은 무엇입니까?"라는 질문에 "뜰 앞의 잣나무다."라고 가르치셨지요. 바로 이러한 가풍을 쓴 것이 간화선입니다.

조사 스님들의 이러한 답은 결코 동문서답이 아닌 깨달음으로 이끄는 행위입니다. 그러니 여기에는 어떠한 의혹도 차단해야 하며 일체의 이론이 붙지 않고 분별을 향한 마음의 움직임을 끊어야 합니다. 그래서 납자가 뭘 물으려고 입만 벙긋 해도 방망이질을 하는 것입니다.

임제 스님은 경을 연구하다가 황벽 스님한테 가서 삼 년 동안 있었어요. 그러다가 "어떤 것이 조사서래의祖師西來意입니까?" 하고 물었더니 황벽 스님이 다짜고짜로 몽둥이로 한바탕 때려주었지요. 다음 날도 그다음 날도 물었지만 똑같이 실컷 얻어맞았습니다.

임제는 모처럼 불법에 대하여 물었는데 스승이 자상하게 일러주기는커녕 미친 사람마냥 두들겨 패니 혼비백산하여 떠날 생각을 합니다. 도를 얻으려고 내 부모도 못 섬기고 삼 년이나 그렇게 열심히 받들었는데 까닭도 모르고 혹부리 나게 얻어맞았으니 억울하기도 하고 정도 떨어질 일이지요.

그래서 임제가 떠나려는데 황벽 스님이 "함부로 가지 말고 대우 스님한테 가서 공부하라."고 했지요. 그래서 대우 스님이 계신 곳으로 갔습니다. 임제가 대우 스님께 가서 인사를 하니, 대우 스님이 "어디서 온 사람인가?" 하고 물었습니다.

"황벽 스님 밑에서 공부하다 왔습니다."

"얼마 동안 뭘 배웠는가?"

"삼 년 동안 시봉했는데 제가 한마디 물었더니 세 번이나 때리더이다. 도대체 저에게 무슨 허물이 있어서 맞아야 하는지 모르겠습니다."

그러자 대우 스님이 "허! 황벽이 그렇게 자비하게 일러줬거늘 스승의 허물을 찾고 있단 말이냐?" 하고 벽력같이 고함을 질렀지요. 그 소리에 임제는 그 자리에서 크게 깨쳤습니다. 그 뒤로 황벽 스님에게 되돌아가 법통을 잇고 간화선으로 크게 교화를 했지요.

특별한 화두 없이 호흡만 가다듬는 호흡법을 따라 좌선을 하는 사람이 많습니다. 이렇게 호흡법만 해도 되는 것인지 모르겠습니다.

참선하는 자세도 중요합니다. 자세가 나쁘면 집중이 잘 안 되니까요. 사실 언제 어디서나 누구나 행할 수 있는 것이 참선이지만, 자세라든지 구체적인 방법에 있어서는 각자의 체격이나 주위 환경, 마음 상태 등 여러 가지 면을 고려해 선지식의 상담을 거쳐 정하는 것이 좋겠지요. 그렇다고 뭐 까다로운 절차나 방법이 필요한 건 아닙니다.

원래 참선을 할 때 화두가 순일하게 되면 호흡은 저절로 끊겨버립니다만, 참선을 한다고 누구나 다 호흡이 끊기지는 않습니다. 호흡을 한다고 일부러 들이쉬고 내쉬고 하면 관심이 거기에 팔려버립니다. 오히려 호흡에 신경 쓰지 않고 화두만 순일하게 이어지면 내 몸도 잊어버리고 우주도 잊어버리게 됩니다. 그렇게 의단疑團 하나에 딱 걸려 있으면 호흡이 끊어지지요.

그런데 이렇게 호흡이 끊어졌다고 해서 사람의 명이 다하는 게 아닙니다. 우리 몸 전체의 팔만사천 모공이 다 호흡하고 있고, 참선이 깊이 들어가면 그 호흡이 더 잘 이루어져 숨을 쉬고 안 쉬는 것이 전혀 신경에 거슬리지 않게 됩니다. 이렇게 정定에 들어가야 합니다. 오히려 호흡에 신경 쓰느라 아랫배에 관심이 팔리면 화두가 순일하게 되지 않지요.

물론 수식관數息觀이라 하여 나고 드는 숨을 세어서 마음을 가라앉히는 관법이 있기는 합니다만, 이는 망상 분별이 많고 헐떡거리는 사람에게 평상시에 하는 호흡의 숫자를 헤아리는 법으로 하라는 것이지 호흡법과는 다릅니다. 보통 숨 쉬듯 하여 하나에서 열까지 세고 다시 또 하나에서 열까지 세는 것을 반복하면 정신집중이 됩니다. 수식이란 숨을 센다는 뜻이지 특별한 호흡법은 아닙니다. 수식관은 집중을 위한 방편일 뿐 선방에서는 호흡에 집중하는 것은 안 합니다.

운동선수들이 참선을 하면 경기에서 좋은 결과가 나온다고 합니다. 어떤 일이든 선禪이 보탬이 되고 중요하다는 말이겠지요?

참선을 하면 마음이 집중되어 산란심이 없어집니다. 활을 쏠 때에도 과녁에 일념을 모으면 여지없이 명중됩니다. 운동 경기뿐 아니라 모든 면에서 산란심을 없애고 일념 매진하면 위대한 힘을 발휘하게 됩니다. 운동 경기에서 참선을 한 선수들이 좋은 결과를 내는 것은 기적이 아닙니다. 완력이나 기술이 좋아도 정신 집중이 없으면 위대한 힘이 나오지 않습니다.

만약 어떤 우주 창조자가 있어서 거기에 의지한다면 근본인 내가 흔들려 그런 결과가 안 나올 것입니다. 내가 있고 우주가 있는 것입니다. 참선은 자기 집중력이므로 대상과 하나가 됩니다. 이러한 경지는 모든 면에 적용되므로 참선은 바로 우리의 생활입니다. 참선 따로 있고 생활 따로 있는 게 아닙니다.

다만 우리는 세상의 오욕락에는 익어 있는데 이 공부하는 길에는 아직 설어 있습니다. 그러니 설은 것을 자꾸 익혀야 됩니다. 안 되는 과정을 빼고서는 되는 것이 없습니다. 안 된다는 말이 곧 된다는 말입니다. 안 하면 안 되는 것도 없습니다.

한 번 '이 뭣고'를 해서 안 터진다고 조바심을 내서는 안 됩니다. 자꾸 해야 합니다. 오늘 내일 모레 계속 밤잠 안 자고 하다 보면 언젠가는 툭 터집니다. 금생에 못 터지면 내생에라도 터집니다. 이 길이 바로 우리가 갈 길입니다. 이것을 깨치지 않으면 항상 윤회하고 헤맵니다.

내가 고통에서 벗어나기 위해 하는 것이지 참선 자체를 위해 하는 게 아닙니다. 내가 답답하고, 이 길이 아니면 내 모든 고통의 굴레를 벗어버릴 수 없으므로 하는 것입니다. 안 되는 과정은 있

雲在青天水在瓶

歲在己卯
太白山 無爲精舍
西庵

게 마련입니다. 안 된다고 포기하면 안 됩니다. 안 되는 것이 자꾸 쌓여서 결국 되는 것입니다.

기도는 꼭 절에 가서 해야 합니까?

집이든 절이든 어디서든 해도 됩니다. 다만 절은 스님들이 원을 세우고 공부하는 도량이므로 분위기가 맑고 옛 성현이 비치는 원력이 강합니다.

탁한 물에는 태양이나 달빛이 밝게 비치지 못하지만 물이 맑으면 태양 빛이 잘 비치듯이, 절은 정업을 닦는 도량이라 절에 오면 흐트러진 마음이 가다듬어집니다. 그러나 세상은 탁한 물이라 마음을 가다듬기 힘들고 맑은 물로 만들기 힘들 뿐이지 태양이 비치지 않는 곳이 없듯이 부처님이 계시지 않는 곳은 어디에도 없습니다. 그러니 어느 곳에서 정진해도 됩니다.

화두를 잡는다는 게 무슨 뜻입니까

보통 화두를 잡는다 하는데, 화두를 잡는다는 그 말이 무슨 뜻인지 모르겠습니다.

뭐 물건이 있어야 잡는데 자꾸 잡으라 하니 무슨 말인지 모르겠다는 소리지요? 말을 하자니 잡는다는 거지요. 화두라는 것은 본시 말씀 화話, 머리 두頭입니다. 아무리 짤막한 말도 말뜻이 다 있습니다. 뜻 없는 말은 없지요. 그런데 화두는 뜻이 붙지 않습니다. 일체 사량 분별이 붙지 않는다, 그 소리가 화두입니다. 말을 하면 벌써 뜻이 붙는데 이미 말 생기기 저쪽 머리다 그 말입니다. 그러니 화두, 말 머리지요.

우리가 날 때부터 보고 듣고 배우고 죽을 때까지 그 장난 하다 마칩니다. 유치원 가서 배우고, 대학 가서 배우고, 박사 되어 배우고 그렇게 세상사를 알아가는데 그것은 모두 의식 세계예요. 의식이 사라지면 몽롱해져서 다 잊어버립니다. 매昧해져 버리는 것이지요. 그건 왜 그러한가 하니, 그 의식이라는 건 시시각각 흐르는 지혜이기 때문이에요. 이 세상 지식은 다 흐르는 지혜입니다.

가령 여러분이 기쁜 생각을 냈으면 기쁜 생각이 하루 종일 가는 게 아닙니다. 어떤 사람이 나한테 화를 내면 금방 따라서 나도 화를 내지요. 또 그렇게 화를 내도 종일 내는 게 아닙니다. 누가 웃기면 또 픽 웃지요. 그러니까 물이 흐르듯 생각이 자꾸 흘러가는데 하루 24시간은 고사하고 단 10분, 5분도 가질 않습니다. 금방 이 생각 하다 저 생각 하다 꼬리에 꼬리를 물지요.

마른 나무 막대기를 태워가지고 깜깜한 그믐밤에 천천히 돌리면 불꼬리 돌아가는 게 보이지요. 그런데 빨리 돌리면 불꼬리가 안 보이고 그냥 벌겋게만 보입니다. 그건 눈이 모자라서 그래요. 불꼬리가 돌아가는 걸 낱낱이 봐야 정확한 거지, 어떻게 불꼬리는 안 보이고 둥그런 원밖에 안 보입니까?

마찬가지로 생각이 토막토막 있지만 둔해서 그냥 한 생각으로 사는 걸로 잘못 아는 겁니다. 염기염멸念起念滅이 즉생사卽生死라는 말이 있듯이 토막토막이 죽고 있는 겁니다. 이 생각 했다 저 생각 했다 그게 벌써 한 번 죽는 거지요.

화두를 한다는 건 어떤 사량 분별을 새겨가지고는 들어가지지를 않습니다. 사량 분별은 생사윤회에 떠내려가는 세계니까요. 떠내려가는 세계를 중지하고 본래에 있는 자기 생명을 보라는 말이 화두예요.

부모한테 받은 몸을 가지고 백 년 삶을 구사해봐야 한계에 부닥칩니다. 아무리 많은 것을 알아봐야 죽을 때는 정신이 몽롱해져 아무것도 모릅니다. 그게 어떻게 자기 인생을 살았다 할 수 있겠어요.

오리무중으로 몸을 받아서 오리무중으로 불려가고, 사는 것도 자기 근본을 잃어버리고 오리무중이다 그겁니다. 누가 웃기면 웃고 화내면 같이 화내고 자기가 사는 게 아닙니다. 주위 경계에 흔들리는 거지요. 마치 깃발이 바람에 날리듯 그렇게 사는 게 중생계입니다. 그렇게 살아야 되겠습니까?

우리가 어려서부터 어른이 되기까지 배우는 온갖 지식은 한계에 부닥치게 되어 있습니다. 어려서 금방 났을 때의 기억을 커서는 못 합니다. 더군다나 열 달 어머니 배 안에 있을 때 생각은 더욱 못 합니다. 자기 생명체를 제대로 모르는 것이지요.

기억이나 의식을 가지고 내가 안다고 그러는데, 기억이 생기기 이전부터 내가 실제로 있었지만 의식으로는 알지를 못합니다. 모태에 들기 이전에도 내가 있었느냐 하고 물으면 더 모르지 않습니까? 그때 분명 내가 없었다는 것은 아니지요.

그러한 근본 자기를 알자는 겁니다. 우리가 부모한테 받은 몸 가지고 백 년 사는 건 생사를 면하지 못하는 의식 세계일 뿐입니다. 그러니 의식 세계를 집어던져 버리고 부모한테 받은 몸이 살든지 죽든지 상관없는 자기를 알아내야 된다 그 말입니다. 그것이 화두입니다.

여하시불如何是佛 정전백수자庭前栢樹子라. 부처가 무엇인고? 뜰 앞의 잣나무다! 동문서답도 유만부득이지요. 그러나 이론으로 연구해 들어가는 게 아니지요. 꽉 막힙니다. 왜 막히느냐? 그 스님의 말이 진리이기 때문입니다. 그 사람은 거짓말할 사람이 아닙니다. 무슨 수단을 부릴 사람도 아닙니다. 아주 진실한 말이지요. 그런 이가 뜰 앞의 잣나무를 부처라 했으니 틀림없이 부처인데 모르겠다 이 말이지요.

그러니 진실을 믿지 않으면 "그거 미친 소리지. 뜰 앞의 잣나무가 무슨 부처여?" 이러고 믿지 않겠지마는 그러나 도인의 한마디 말은 법이에요. 천하를 움직이는 그런 법인데 내가 꿈을 깨자고 부처를 물었는데 뜰 앞의 잣나무라니 이게 어쩐 일인가 하고 꽉 막힌다 이 말이지요. 그런 게 화두예요.

여하시불如何是佛 간시궐幹屎橛이라. 위대한 부처를 물었는데, 마른 똥 막대기라니 깜짝 놀랐지요. 그런데 농담할 리는 더욱 없는 노릇입니다.

또 "개에게도 불성이 있습니까?" 이렇게 물으니 "없다." 그래 버렸지요. 부처님이 일체 유정무정有情無情이 개유불성皆有佛性이요, 즉 꿈틀거리는 유정물이나 기왓장 돌멩이 같은 무정물도 다 성불한다고 그랬는데 조주 스님은 어쩐 일인지 개에게는 불성이 없다고 그랬단 말입니다. 이것도 청천벽력이지요.

부처님하고 조주 스님하고는 다른 분이 아닙니다. 조주 스님도 부처님 같은 분인데 그렇게 농담하고 쓸데없는 소리를 할 리가 없다 그 말이지요. 세상 사람들이 남을 낚아먹고 속이려고 거짓말하지만 천하를 다 가져도 상관이 없는 사람들이 뭣 때문에 거짓말하겠느냐 그 말입니다.

그러니 참으로 말은 진리의 말인데 이건 도대체 부처님 말씀하고 정반대거든요. 부처님은 일체의 유정무정이 불성이 있다고 했는데 조주 스님은 어째서 무無라고 했는지 꽉 막히는 거지요. 거기에는 어떤 이론이 붙질 않습니다. 따지는 것도 아닙니다. 그냥 믿기 때문에 그렇게 들어가는 게 화두의 태도입니다.

그런데 조금만 생각해보면 화두 아닌 게 하나도 없습니다. 왜 그러냐 하면 우리가 아는 게 사실 하나도 없어요. 아는 거 있거든 하나 얘기해보세요. 이건 연필인데 이름이 연필이지 이게 어떤 나무로 만들어졌는지 또 그 나무는 무엇으로 이루어졌는지 알아요?

실제 우리는 먼지 하나도 제대로 알지를 못해요. 그러나 사실 먼지 하나의 존재만 알아도 우주 전체를 알아버립니다. 요새도 원자니 전자니 소립자니 연구해 들어가는데 그것만 알아도 우주 전체를 아는 거 아닙니까? 이 세상을 이루는 물질은 하나인데 그 하나도 제대로 모른다 이 말입니다. 그러니 꽉 막힐 수밖에요.

참선이란 말을 몰라도 인간이 진지하게 살려고만 하면 다 화두가 되게 마련입니다. 풀 한 포기를 봐도 저런 풀에 파란 물이 묻어 올라오고, 빨간 물이 올라오고 하는 것을 생각해보면 신기하지요. 누가 염색 공장을 만들어놓은 것도 아닌데.

우주에는 전부 신기한 것, 모르는 것뿐입니다. 모르는 것뿐이라는 것은 결국 내가 멍텅구리다 이 소리인데, 정신 바짝 차려야지 그냥 멍텅구리로 지낼 수는 없잖아요. 그래서 정신 바짝 차린다는 게 화두예요.

금수처럼 그저 먹고 입고 정신없이 사는 사람은 말할 게 없지만, 불교라는 두 자를 못 들었어도 인생을 진지하게 사는 사람은 어떻게 내가 이 몸을 받아가지고 살아야 하는지, 사는 게 뭔지, 이 문제에 부닥치지 않을 수 없는 겁니다. 백 년 인생에 만족하고 살려면 정신없지만, 우리 인생이 뭔지 심각하게 묻는다면 저절로 화두가 따르는 법입니다. 뉴턴이 사과나무에서 사과 떨어지는 것을 보고 만유인력을 발견했듯이 모든 이치가 설법 아닌 것이 없습니다.

다부지게 하면 망상이 붙을 틈이 없습니다. 내가 오늘을 살지 내일을 살지 내 인생이 어떻게 될지 누가 알겠습니까? 바람 앞에 촛불같이 언제 꺼질지 모르는 인생인데 백 년 산다고 누가 보장하겠어요? 설사 백 년을 산다 해도 이렇게 살아가지고 이 문제가 해결이 되겠느냐 말이지요.

화두는 누가 하라고 해서 하는 게 아니라 진실하게 살려면 안 하고는 배기지 못하는 겁니다. 석가모니가 누구한테 화두를 배운 게 아닙니다. 생사 문제를 해결하지 않고는 배기지 못하겠어서 밤중에 집을 나와 탁 한판 해보려니까 시원하게 자기를 가르쳐줄 스승이 없었어요. 그러니 물을 필요가 없지요. 아는 사람이 없으니 내가 해결해야겠다 그거지요. 누구한테 화두를 배운 게 아닙니다. 그러니 우리가 이 세상을 진지하게 살면 저절로 화두가 되는 겁니다. 그렇지 않겠어요?

무엇보다도 급한 게 내 인생을 찾는 일입니다. 머리에 불붙은 것을 끄듯이 발등에 떨어진 불을 끄듯이 하는 것이 화두라, 깊이 참구해 들어가 자신의 모습을 찾는 겁니다.

큰스님 법문을 듣다 보니 '이 뭣고' 화두를 든다는 게 무슨 의미인지 좀 알 것 같습니다.

그런데 이 뭣고를 안다고 하면 이 뭣고를 모르는 거예요. 이 뭣고가 모른다는 소린데. 이 모른다는 소리가 화두거든. 도무지 몰라. 아는 게 없어. 아는 게 몇 푼어치 안 되거든요. 그러니 아는 걸 이야기하라 하면 전부 쩔쩔매지요. 아는 게 어디 있어요? 하나도 아는 게 없어요. 그러니 저절로 이 뭣고지.

아무것도 모르니까 편안하지 알면 괴로워요. 아무것도 모르면 편안할 것 아니에요. 그렇게 아무것도 모르면 이 뭣고 그 자리가 바로 성불하는 자리예요.

이 뭣고 해서 뭘 얻는 게 아니에요. 모른다는 소리예요. 아무것도 모르는 사람이 걸리는 게 뭐 있겠어요. 아는 데 문제가 있지 모르는 데 문제가 없어요. 이래 알고 저래 아니 서로 싸우고 찌그럭거리지요.

아무것도 모르는 것이 본색이에요. 참말로 아무것도 모르면 그 사람은 해탈이에요. 아무 고통이 없지요. 모른다 해도 그 모르는 줄 알고 있으면 벌써 모르는 게 아니에요. 아무것도 모르면 고통이 어디 있겠어요? 근본은 모르는 거예요. 알기 때문에 괴로운 거지 모르면 괴로운 것도 없지요. 백 퍼센트 모르면 그 사람이 해탈이에요. 화두가 따로 없어요. 모른다 그거예요.

그럼 여러분은 몰라져요? 모르면 어떻게 내 묻는 말에 고개를 끄덕거려요? 아니까 끄덕거리지. 그러니 고통을 못 놓지. 아무것도 모르고 다 쉬어버리면 고통도 없어요. 다 쉬는 것, 그것이 참말로 아는 거예요. 우리가 안다는 것은 아는 데 걸려가지고, 옳게 아는 게 아니에요. 벌써 그 아는 데 걸리면 해탈 자재가 아니지요. 부자유지.

부처가 되려는 것도 벌써 부처에 걸리니 고통이지요. 뭘 하려고 하는 게 고통이에요. 뭘 안 하기가 쉬울 것 같아도 이게 참, 그 제일 쉬운 게 제일 어렵지요.

참선은 자꾸 물어 들어가는 거예요. 그래서 그렇게 모르게 되어야 해요. 첫 번에 모른다 해도 그것은 모르고 아는 게 있는 것이거든요. 모른다는 걸 알고 있는 거예요. 모르겠다 하는 것이 벌써 모르는 줄 아는 거거든. 알면 안 되거든요. 정말로 모르게 딱 막혀서 그렇게 들어가면 거기가 밝단 말이에요.

그러니까 무심히 자꾸 이 뭣고 하다 보면 밤중에 등불 없이도 환하게 밝아져요. 화두 하나만 일념으로 들어가면 생각이 집중되고 환한 빛이 난단 말이에요.

이 몸뚱이는 오욕락에 많이 빠질수록 더 탁하고 그 행이 맑을수록 정신도 맑아요. 흐트러지고 먼지가 많이 들어가면 탁한 몸이 되지만 그 먼지가 가라앉아 명경지수처럼 맑아지면 환하니 비치지요. 생각도 온갖 생각이 겹치고 겹쳐 이 세상의 때가 껴 탁한 중생이 되는 거예요.

그래서 무無라, 아무 생각을 안 하면 본래 마음, 이 몸 받기 전에 있는 본래 마음을 알게 되지요. 그 본래 마음은, 그 자리는 나고 죽는 것도 없고 어디서 생긴 것도 아니고 어디로 가는 것도 아닌, 무시무종으로 본시 있는 거예요. 모든 게 끊어진 자리, 본시 그 자체는 밝아서 그렇게 꿈을 깨면 환한 우주 전체가 바로 자기예요. 우주 전체가.

그런데 중생은 본시 있는 그 자리를 모르고 자기가 지은 업에 끌려 멋대로 보고 살지요. 자기 몸 자기가 가두듯, 자기가 생각하는 자기 세계를 자꾸 가둬놓는단 말이에요. 그것을 탁 터버리면 이까짓 육체와는 상관없는, 자기가 본래 없는 그 자리지요.

견성 오도하면 우주 전체가 자기라, 우주 전체가 자기 아닌 것 없으니 뭐라 할 상대가 없지요. 내 광명이나 저 사람 광명이나 광명은 방해가 안 돼요. 어둠은 방해가 되지만 환한 빛은 천 개 만 개 보탠다 해도 방해가 안 되고 누가 빼앗아갈 수도 없지요. 그것이 마음의 광명이에요. 하지만 그걸 부득이 마음이라 말하는 거지, 마음이라 해도 그것은 벌써 마음이 아니지요. 일체의 언어도단, 일체 인간의 사량이 닿지 않는 곳. 그것을 자기가 꿈을 깨듯 스스로 알 일이지요.

그렇게 이 뭣고는 모른다는 소리예요. 참말로 아무것도 모를 때 자기 세계가 비치는 것이지요. 참선은 이렇게 아는 세계에 걸리지 말고 몰라야 해요. 모른다 소리가 참말로 남이 아는 소리보다 나은 거예요.

이렇게 철저히 모르는데 자기가 어디 있냐 말이에요. 자기가 있을 수 없지요. 부증생부증멸不曾生不曾滅이라. 본시 그 근본 자리, 거기서 몸뚱이를 받아 나가지고 백 년 동안 요것을 나인 줄 아는 거지요.

누에가 고치를 뚫고 나오듯 자기란 것을 뚫고 나오라는 것이 참선하라는 소리고, 그게 이 뭣고예요. 뭘 알아서 하는 것은 하나도 없어요. 내가 아는 것 가지고는 안 돼요. 그냥 몰라서, 자꾸 모른다고 들어가서 아무것도 모르게 되면 자기가 알던 것도 모르고 생각도 모르면서도 의문이 일어나지요. 그렇게 공부하는 것이 참선입니다.

화두에 큰 의심을 내야 한다고 하는데 의심을 낸다는 것은 무슨 뜻인가요?

대신심大信心과 대의단大疑團과 대분심大忿心이라. 의심을 한다는 것은 모른다는 것이고, 모른다는 것은 답답하다는 것입니다. 자꾸 간절히 의심하면 툭 터집니다. 수학 문제 하나를 풀어도 자꾸 골똘히 생각하다 보면 잠을 자도 꿈속에서 그 문제에 집중하게 되지요. 그렇듯이 어떤 한 가지에 집중하면 그것이 해결되는 도리가 있습니다.

신심이란 확고한 신념을 말합니다. 그저 남이 하니까 나도 따라 한다는 식은 안 됩니다. 내가 왜 이 화두를 해야 하는지 필요성을 절실히 느껴야 해요. 심심해서 장기나 바둑 두듯이 오락하듯이 하는 게 아니에요. 그야말로 흐트러져 끌려가는 내 인생을 한번 찾아보자고 들어선 길입니다. 그러니 확고한 신념, 신심이 있어야 해요. 이 신심은 내 인생을 해결하고야 말겠다는 확고한 신념입니다. 그럴 때 그 문제를 해결할 용기가 생깁니다.

분한 생각은 누가 감정을 돋워 서로 붉으락푸르락하는 다툼을 말하는 게 아닙니다. 지금 내 인생이 끌려가고 있다는 거예요. 내 마음대로 온 게 아니고 내 마음대로 가는 것도 아니고 내 마음대로 사는 것도 아니에요. 나는 웃고 싶은데 울 일이 생기고 기뻐하고 싶은데 슬퍼할 일이 생기지요.

무엇인가 내 마음대로 사는 게 아니지요. 이게 중생의 생활이에요. 소가 고삐에 매달려 푸줏간에 끌려가듯 항상 끌려오고 끌려가고 그렇게 살아가니 분통 터질 일이 아닌가요? 그런 분심에서 큰 용기를 일으키고 내 인생 이렇게 살아서는 안 되겠다는 확고한 신념이 설 때 그 의심이 여물어집니다.

그저 뭐 남이 하니까 나도 한번 해볼까 해서 하다가 안 되면 그만두는데, 그래 가지고는 안 돼요. 내가 이 문제를 해결하고야 말겠다는 그런 정신 자세가 확립이 되어야 해요. 그럴 때 비로소 제대로 의심이 되지요.

화두공안 중에는 체體를 나투는 공안, 상相을 나투는 공안, 용用을 나투는 공안이 있다고 하는데 특별한 의미가 있는 건가요?

체를 통달하면 상과 용이 다 통하는 법이지요. 하나가 통하면 다 걸리는 법이에요. 체·상·용이라는 게 갈라놓으니 체·상·용이지, 그 당체가 예를 들어 향이라 하면 그 향 덩어리가 체다 그거예요. 그러면 향이 나무 덩어리로 된 것도 있고 가루로 된 것도 있고 한데 그게 상이에요, 모양이다 그거지요. 그 향을 불을 붙여 향내가 나면 용을 쓰는 것이지요. 이렇게 향은 체·상·용이 한 덩어리예요.

향은 만들어서 태우는 데 가치가 있듯이 체·상·용이 다 좋은 것은 그 체·상·용이 다 좋고, 나쁜 것은 체·상·용이 다 나쁘지요. 체는 당체라는 말이고, 상은 모양이라는 말이고, 용은 활용이라는 말이니, 도를 얻은 사람은 당체도 훌륭하고 활용도 훌륭하고 다 훌륭할 것 아니겠어요.

'만법은 하나로 돌아간다고 하는데 그 하나는 어디로 갑니까?' 하는 화두를 푸는 실마리라도 일러주시면 도움이 되겠습니다.

참선하는 데 가장 꺼리는 게 알음알이예요. 그래서 절문 앞에 입차문내 막존지해入此門內 莫存知解, 이 문 안에 들어오려면 알음알이 보따리를 집어던지라고 크게 써 붙여놓지요.

선방에서는 참선자가 입만 벙긋해도 할을 하고 방망이질을 해

내쫓고 활을 쏘려 하는 가풍을 쓰지요. 화두를 참구하는 자세는 오직 화두만 잡되 이치 길도, 말길도 없애고 오로지 모를 뿐이어야 합니다. 다만 의심할 뿐이에요.

부처님이 보리수 아래 계실 때 누구한테 화두를 배워서 했겠습니까? 당시 육사외도六師外道가 있어서 부처님이 그들과 담화하던 중에 미진한 점을 발견하지요. 그들은 자기 인생의 뿌리는 모르는 채 바깥에서 신을 찾고 생각 속에서만 더듬으니 자기 문제를 해결하지 못했어요. 그래서 더 이상 대화할 상대가 없자 '내 스스로 문제를 풀어야지 누구도 이 문제를 해결해주지 못하는구나.' 하고 생각합니다. '이 세상 사람들은 모두 자기를 모르고 자기 밖에서 헤매니 이 자기라는 것을 분명히 알아야겠다.' 하고 명상에 잠기는데, 이것이 화두 잡는 태도지요.

옛날 어느 스님은 대지혜를 갖추어 하나를 들으면 천 가지 만 가지를 깨쳤으나 마음만은 깨치지 못했습니다. 그러나 사형은 학식이나 지혜가 스님만 못하지만 마음을 깨쳐서 환희를 얻으니, 이 스님이 참으로 답답했지요.

그래서 얼른 도를 깨치고 싶은 마음에 사형에게 매달려 법을 일러달라고 부탁했어요. 그런데 아무리 눈물을 뿌리고 간청을 해도 사형은 "일러줄 수 없다. 혹 일러줄 수 있다 해도 그대를 위해 일러주지 않겠다." 하고 거절해버립니다.

그러자 스님은 그것이 무슨 좋은 법이라고 혼자만 써먹으려고 일러주지 않는가 하고 그만 감정이 생겨서 결심하지요. '금생에 불법을 배우지 못할 바에는 차라리 납자들 신발이나 닦아주고 누더기라도 지어주어 복되는 일이나 해야겠다.' 하고는 남양 혜충 선사의 옛 토굴 터로 갔습니다.

그러던 어느 날 스님은 땅을 파다가 나온 기와 조각을 대나무밭에 던졌는데, 그 기와 조각이 대나무에 부딪치는 소리를 듣고 활연 대오했습니다. 스님은 목욕하고 향을 피우며 사형에게 절을 했지요. "사형의 대비하신 은혜는 부모의 은혜보다 높습니다. 만일 그때 저에게 설명을 해주었다면 어찌 오늘의 통쾌함이 있겠습니까?" 스스로 깨치고 보니 사형이 일러주지 않은 은혜가 참으로 백골난망이었던 것이지요.

화두의 생명은 설명하지 않는 데 있습니다. 내 스스로 눈을 떠 실제로 보게 해줄 따름이지요. 그러니 화두 해석 자체에 뜻이 있는 게 아닌 줄 알아야 해요. 깨침은 문자나 언어로 이해하려 해서는 절대로 얻어지지 않습니다. 다만 '모든 법이 하나로 돌아가는데, 이 하나는 어디로 돌아가느냐?' 의심하는 데서 그쳐야 해요. 그칠 때 오히려 그 뜻을 분명히 알 수 있게 되지요.

공안 화두법은 자력으로 보아야 합니까, 타력으로 보아야 합니까?

화두는 자력으로 보면 자력이고 타력으로 보면 타력입니다. 왜 그러냐. 내가 주체가 되어 하니 그건 자기 힘이지요. 다른 것을 믿고 하는 것도 사실은 자기 힘이거든요. 누구를 믿든 안 믿든 그건 다 자기 힘이에요. 그렇게 볼 때에는 다 자력입니다.

하지만 그건 그렇고, 자력인가 타력인가 하고 말하기 시작하면 그건 벌써 이론이에요. 화두란 이론을 초월한 것이거든요. 자력으로 하든 타력으로 하든 열심히 들어가면 결국 모든 시비장단이 떨어지는 곳에서 생각이 똘똘 뭉쳐 의단독로疑團獨露라, 의심 하나로 화두를 하거든요.

사실 억지로 말하면 자력이라 하겠지만 엄격히 말하면 자력도 아니고 타력도 아니고 그것을 초극하는 것이 화두입니다. 화두는 일체 이론이 없어요. 질문하면 동문서답으로 답하고 아무 이론이 닿지 않은 곳에 꽉 막혀버리는 거지요. 자기도 잊고 우주 법계도 잊고 모든 것을 망각한 채 오직 의심 덩어리 하나만 나타난다는 말입니다. 그 외엔 아무것도 있을 수 없어요. 이렇게 내가 주체인지 객체인지도 모르니 자력이니, 타력이니 말이 붙을 만한 틈도 없지요.

화두는 그렇게 들어가는 겁니다. 무얼 따지는 게 아니에요. 어떤 것도 모른다는 입장이에요. 그러니 잘 알고 모르고가 없지요. 모나게 알고 둥글게 알고 길게 알고 짧게 알고 검게 알고 붉게 알고 온갖 아는 것은 분별이 천차만별이지만 모르는 데에는 아무

조건이 없어요. 그게 화두를 하는 근본 자세입니다.

그런데 보통 말하기를 참선에도 묵조선이니 간화선이니 조사선祖師禪이니 여래선如來禪이니 활구선活句禪이니 사구선死句禪이니 온갖 소리가 나오지요. 이는 부득이 해서 경계 따라 말하는 것인데 다들 말해놓고도 통쾌하지가 못하고 뭔가 미적지근한 의문부호가 붙는 것입니다.

그러니 간화선을 한다는 것은 말에 대해 중생심이 어지러워하니까 한데 집중하게 하는 방법이지요. 화두란 것은 검다든지 둥글다든지 뭐 하나에 집중하면 첫 번은 망상이지만, 그 집중을 통해 결국 망상 없이 어떤 이론도 끊어진 모르는 데로 들어가는데 그 방법이 간화선이에요.

예를 들면 "무엇이 부처님입니까?" 하자 "뜰 앞의 잣나무니라." 그랬단 말이에요. 뜰 앞의 잣나무, 그건 분별 망상입니다. 그런데 스승에게 인생 문제를 해결하는 중대한 일을 묻는데 뜰 앞의 잣나무라 그랬으니, 그것은 농담이 아니고 거짓도 아니고 진실한 말이거든요.

"에잇, 말도 안 돼."라고 탓하고 말면 공부가 안 되지만 스승의 말을 철통같이 믿으니 '뜰 앞의 잣나무가 부처다?' 하고 의심이 된다 이 말이에요. 이렇게 자기가 모르는 세계에 꽉 부닥치는 거지요. 그런데 아까도 말했지만 그것은 망상이지요. 그게 망상이지만 조사의 말을 지극히 믿으니 망상 속에서나마 일념으로 해서 망상이 없는 세계로 들어가는 관문이 된다는 소리입니다. 그러니까 그건 방편이지요.

사실 뜰 앞의 잣나무가 부처지, 부처가 아닌 건 아니에요. 그러나 중생 세계에서 보면 말이 안 닿는 거지요. 부처라면 신통력도 있고 모든 것을 초월한 그런 존재인데 뜰 앞의 잣나무는 톱으로 베면 넘어가는데 그게 어디 부처냐고 중생은 따지겠지만 조사의 철저한 마음을 믿으면 뜰 앞의 잣나무에 도력이 있는 겁니다. 그래서 첫째가 믿어야 해요. 믿는 만큼 의심을 하거든요. 그렇게 의심을 하다 보면 뜰 앞의 잣나무, 거기에서 부처가 설법하는 도리가 나타나지요.

조사선은 막 때려 부수는 거지요. 어떤 게 부처냐고 물으면 할을 하고 멱살 잡고 내동댕이친다든지 발로 찬다든지 서른 방을 두드린다든지 하는 거지요. 그건 참으로 언하에 진리를 깨칠 수 있는 상근기라야 돼요.

요즘 사람들은 물었다고 두들겨 패면 단번에 관청에 쫓아가서 고발하고 그럴 거예요. 옛날에는 조사에게 생명을 내놓고 가서 부처 되는 법을 물으니 고함을 냅다 지르고 몽둥이로 막 두드려 패고 그랬는데, 그건 보통 사량 분별로는 안 되는 거예요. 그걸 조사선이라 하는 거지요. 조사들 가풍은 사활자재死活自在라. 죽이고 살리고 하는 상상 대근기에게 하는 겁니다.

하지만 그 대근기가 정해져 있는 건 아니에요. 용기를 내면 상상 대근기고 그렇지 않으면 아무것도 아닌 거지요. 그런데 이렇게 말하면 그게 또 어떤 능력이나 되는 것처럼 알고 또 말에 걸려요.

그래서 자력으로 한다는 말도 되고 타력으로 한다는 말도 되고 다 되는 겁니다. 그런데 굳이 나눠본다면 참선은 자력으로 하는 거라고 할 수 있어요. 무엇을 의지하는 게 아니라 내가 끌어내니까.

인간은 항상 내 힘으로 산다는 주체의식이 약해요. 철없는 애가 엄마를 의지하듯이 뭐에든 의지하거든요. 이게 타력이에요. 부처님의 대자대비한 힘에 의지하겠다, 내 힘으로는 안 되니까 관세음보살의 힘이라도 의지해야겠다, 이렇게 뭔가 의지하고 싶어 하는 유약한 사람은 타력을 이용합니다.

말하자면 내가 헤엄을 칠 수 있으면 내 힘으로 강을 건너가지만 헤엄 기술이 부족하면 배 타고 건너가야 된다는 말이지요. 아니면 누구 헤엄 잘 치는 사람에게 매달려서 가든지. 이렇게 내 힘이 부족할 때 부처님을 생각하고 관세음보살을 생각하고 지장보살을 생각하지요. 이게 누군가에게 업혀서 살겠다는 소리고 그게 타력 기도지요.

하지만 관세음보살이 내 마음속에 있다. 석가모니불이 내 마음속에 있다고 자기 마음에 집중을 하면 자력인 겁니다. 그러니 어느 것이 낫고 못하다는 말은 할 수 없어요. 타력이든 자력이든 성취하기만 하면 되니까요.

예를 들어 지방에 있는 사람이 서울을 가려는데 비행기를 타고 가면 쉽고 빠르게 가지요. 그런데 비행기를 탈 형편이 못 되는 사람이 비행기 타는 게 빠르다고 내내 비행기만 타려고 기다린다면 결국 서울에 못 가지요. 비행기를 못 탈 사람은 기차라도 타고 가야 된다 이 말이에요. 그러면 그게 더 빨리 서울에 갈 수 있는 방법이지요.

그러니 비행기가 더 빨리 간다고 말할 수는 없어요. 기차가 더 디더라도 그 사람이 기차 타는 것이 더 편리하면 그 사람에게는 그게 더 빨리 가는 거지요. 기차도 못 타게 되면 버스라도 타고 가는 것이고 그것도 못 하면 걸어가야 하지요. 그러니 어느 것이 꼭 빨리 간다고 말할 수는 없는 거예요.

그러니 무유정법이에요. 반드시 어느 게 옳다고 단정할 수 없지요. 그 단계가 된 사람에게는 그게 옳지만 그 힘이 없는 사람에게는 다른 방법이 더 좋은 것이지요. 그래서 타력은 나쁘고 자력이 좋다고 말할 수는 없는 거예요. 모든 법이 다 필요하지요. 그러니 부처님의 팔만사천법문이 벌어진 것이지 어느 하나만 좋으면 뭣하러 그렇게 했겠어요.

화두를 하면 마음이 편안할 때도 있지만 괴로울 때도 있는데 이것은 화두를 바르게 참구하지 않았기 때문인가요?

화두를 하면 편안하다는 말도 맞지 않는 말이에요. 편안하려고 화두를 하는 것이 아니에요. 편안하고 안 하고를 떠나서 화두를 하는 뜻은 꿈 깨려고 하는 거예요. 그러니 꿈을 깨지 못할 때에는 편안할 수 없지 어떻게 편안하겠어요. 살에 가시가 박혔는데 편안할 수 없잖아요.

그러니 화두를 하는데 편안하다 해도 화두가 잘못된다는 소리고 괴롭다는 것도 잘못됐다는 거지요. 화두는 편안하고 괴로운 것을 떠나 있는 거예요. 내 문제를 해결하지 못했는데 편안할 수가 없지요. 깨치기 전에는 편안할 수가 없어요. 항상 조바심이 나서 해결해야겠다는 그것만이 간절하지 어떻게 편안할 수 있겠어요.

지금 질문자의 편안하다는 말은 어지럽게 헤매지 않고 편안하다는 말 같은데, 마음이 편안하다 하면 이미 편안하다는 데 집착해 화두가 성취 안 됩니다. 화두를 해결하기 전에는 뭔가 항상 의심이 있고 노력을 해야 되니 편안하다는 말이 맞지 않는다는 말이지요. 그러나 그렇다고 괴롭다 해도 맞는 말은 아니에요.

다만 편안할 때도 있다는 말이 아무 장애 없이 공부가 될 때도 있다는 말은 되겠지요. 화두를 할 때에는 아무 잡념 없이 순수하게 의심이 될 때도 있지만 의심이 안 되고 잡념이 계속될 때도 있거든요. 그럴 때는 화두가 안 되니까 화가 치밀어서 괴로울 때도 있지요.

우리의 모든 문제가 무얼 하든 그것이 해결되기 전에는 안심이 안 되어 편안할 수가 없어요. 땅을 파서 물을 찾을 때에도 물이 나타나기 전까진 항상 편안할 수가 없지요. 물이 나와야 그때에야 편안하다 할 수 있지요.

그렇게 화두를 해결하기 전에는 어떤 때는 순수하게 화두가 되는 것 같기도 하고 어떤 때는 화두도 놓쳐버리고 괴롭고 짜증이 나기만 할 때도 있습니다. 으레 그런 게 오기 마련이라, 의심이 잘 될 때에는 머리가 덜 터져나가고 잘 안 될 때에는 짜증나고 괴롭지요. 참선하는 과정에는 반드시 그런 과정이 오기 마련입니다. 그걸 피할 수는 없어요.

또 잘된다고 할 때에도 보면 자기 감으로 잘되는 것 같을 때가 많아요. 안 된다고 할 때에도 보면 그럴 때 더 기를 쓰니까 더 안 되지요. 그래서 되는 거나 안 되는 거나 그 과정이 꼭 같아요. 안 되고 짜증난다고 그게 모두가 잘못된 게 아닙니다. 깨치기 전은 다 잘못이지요. 깨치기 전에는 다 헤매는 거고. 다이아몬드가 있다는 것만 알고 찾기 전에는 다 그 모양입니다.

그러니까 부득이 답하자면 잘될 때도, 잘 안 될 때도 올 수 있다. 마음을 착 가라앉혀서 조용히 화두를 하면 자기 마음이 편안한 것 같지만 깊이 따지면 편안한 게 아니지. 해결 못 했으니까. 그와 반대로 그게 안 되서 뭔가 번뇌 망상이 많고 열이 나고 몸부림 치고 병이 나면 그것도 잘못된 것이지요. 바르게 참구하지 못했다는 말이 되니까요. 그러니 "바르게 참구하지 못하면 몸에 지장이 올 수도 있다. 바르게 꾸준히 노력하면 편안하다." 그렇게 말할 수도 있겠지만, 그러나 이는 물음도 대답도 다 어린애 같은 것이에요.

화두는 누구에게서 어떻게 받는 것인지요.

화두는 물건 주듯이 주고받는 게 아니라 도리를 깨우쳐주는 겁니다. 그것을 주고받는다고 말하는 것이지요. 어떻게 하면 참선해서 화두를 깨쳐 공부하겠느냐고 물으니 그 화두의 도리를 일러주는 걸 주고받는다고 했지 본디 간화선이 없었어요. 없었다기보다는 행세를 안 했지요.

옛날에는 선지식 앞에 가서 떡 물으면 언하에 대오라! 말하면 알아차리고 다 그랬지요. 그러다가 중국에 오종가풍五宗家風이 벌어져서 참선법이 초조 달마初祖達磨, 이조 혜가二祖慧可, 삼조 승찬三祖僧瓚, 사조 도신四祖道信, 오조 홍인五祖弘忍까지 내려왔어요. 그러다가 육조 혜능에 이르러 크게 발달하면서 간화선이 가장 공부하기 좋은 방법이라 해서 일어난 거지요.

화두를 들고 수행하는데 일주일 해서 못 깨치면 영원히 못 깨친다는 말을 합니다.

그거야 정해진 게 아니니 일률적으로 말할 수 없지요. 사람이 전생에 지은 복이 모자라 못 하는 경우도 있고, 노력 부족으로 못 하는 경우도 있고, 또 지도자를 잘못 만나서 못 하는 경우도 있지요. 그러니 부처님 경전도 읽고 선지식을 찾아가 법문도 들으며 늘 점검을 해야 합니다. 그렇지만 빨리 깨닫지 못한다고 해서 안 되고 하는 것은 없어요.

그런데 어느 정도 해보다가 안 되면 쉽게 물러나게 됩니다.

사람들이 몰라서 그렇지요. 내가 노력한 만큼 얻어지는 것인데 안 된다고 포기하는 건 어리석은 행동이에요. 노력이 부족해서 안 되는 것이니 그럴수록 더 용기를 내 깨치도록 해야지요. 내 인생 잘살기 위해 하는 건데 잘 안 된다고 포기하면 내 인생을 포기하는 것과 같은 거라 이 말입니다. 그러니 안 된다고 포기한다는 건 우스운 소리지요. 될 때까지 노력하고 또 노력해서 결국은 자기 꿈을 깨야 할 것 아니겠어요.

공부란 것이 얼마 동안 기한부로 하는 그런 게 아니에요. 안 되다가도 삽시간에 깰 수도 있고 여러 해가 걸릴 수도 있는 거예요. 그게 뭐 학교에서 1학년, 2학년 단계 올라가듯이 정해진 게 아닙니다. 그러니 안 된다 포기해서는 안 됩니다. 자꾸 되도록 노력해야지요.

예전 선지식은 화두를 주실 때 근기에 맞게 주신 것 같은데 요즘 스님은 그런 고려 없이 천편일률로 주시는 것 같습니다. 마치 기계화되어 공장에서 대량생산하는 것 같은 느낌이 듭니다. 그래서 의심도 크게 일지 않을 뿐 아니라 각자에게 맞지 않는 화두도 많이 있을 것 같습니다. 여기에 대해서는 어떻게 생각하시는지요?

이것도 두 가지로 볼 수 있어요. 백 근 들 사람한테 백 근을 들라고 해야지 오십 근밖에 들지 못할 사람에게 백 근을 들라 하면 탈이 나겠지요. 그 사람이 알아듣게끔 근기에 맞춰야 하지요.

옛날에도 화두를 배우러 오면 한 사람 한 사람 불러다 앉혀놓고 화두를 가르쳤어요. 한 사람에게 이야기해주면 옆 사람이 듣고 의심을 하는 거예요. 근기가 다르다는 말이지요. 떡 좋아하는 사람, 술 좋아하는 사람 다 다른데 아무한테나 술 먹으라 하면 좋아하겠어요? 술 좋아하는 사람은 술 줘야 하고 떡 좋아하는 사람은 떡 줘야겠지요. 그 사람 근기 따라 해야 하는 거예요.

화두를 줄 때에는 그 사람과 장시간 이야기해서 어느 정도인지 알고 해야 돼요. 무조건 화두를 준다는 건 말도 안 되지요. 상근기의 사람이라면 무조건 해도 되지만요.

어디 가서 강의를 들어도 자기 그릇에 따라 다 다르게 들어요. 공평하게 물을 부어도 모난 그릇에 담으면 모나게 담기고 둥근 그릇에 담으면 둥글게 담기지요. 똑같은 물이지만 그릇 따라서 천차만별이라 이 말이에요. 세상 사람 근기는 천차만별이라 같은 소리를 해도 다 같이 알아듣지 않고 자기 깜냥대로 알아들어요. 그런데 배급하듯이 주는 식으로 하면 화두가 되겠어요? 그러니 삼십 년 화두를 합네 해도 화두가 뭔지 모르는 이들이 많지요.

그런데 그렇긴 해도 또 일부러 그럴 수도 있어요. 화두가 좋다는 소리를 듣고 모두 몰려왔는데 그 낱낱이 이해하려면 머리도 아프고 골치도 아파 되지도 않겠다 싶어 도매금으로 모두에게 이 화두를 하나씩 배급 타 가거라 하는 거예요. 그래도 그것이 안 하는 것보다 나은 것이, 이 화두를 하면 좋다 하는 신념이 있어요. 그래서 자기 신념대로 가져가게 되는 겁니다. 그러니 그렇게 주는 화두도 그냥 무의미한 것만은 아니에요.

그래서 성철 스님 같은 분은 사람 만나기 귀찮아 철망 쳐놓고 말도 안 했던 거예요. 귀찮지요. 맨날 말해봐야 소용도 없는 것. 그러니 삼천 배 절하고 오면 대화하겠다 그랬거든요. 그러니 사람들이 삼천 배 하다가 다리 아프고 힘드니 다 도망가버리고 한두 명이 남아 오지요. 그렇게라도 남아서 오는 사람과는 대화를 해 주는 거예요.

그러니까 그만큼 믿고 하면 이게 뭐고 하고 조금이라도 집중을 하니 전혀 무의미한 건 아니에요. 그러나 원칙적으로는 그게 말이 안 되지요. 그렇게 한다는 건 잘못된 거다 이 말입니다.

화두를 들려면 상근기라야 된다는 말이 있습니다.

상근기다 하근기다 하는 건 사람들이 이름 붙여서 하는 소리지 따로 정해진 건 아니에요. 용기를 내면 상근기고 용기가 안 나면 하근기지, 상근기나 하근기 종자가 따로 있는 게 아니지요. 다시 말해서 크게 용기를 내는 사람을 이름 붙여 상근기라 하고, 힘없이 미지근한 사람을 하근기라 하는 겁니다. 내가 용기를 일으키느냐 아니면 용기 없이 주저앉아버리느냐에 따라서 상근기와 하근기로 벌어지지요.

제 나름대로 화두를 정한 게 있습니다. 망상 번뇌가 어디에서 오는지를 찾는 것입니다. 길을 걸어가면서도 망상 번뇌가 어디에서 와서 머리를 스쳐 가는가를 화두로 삼고 있습니다. 이런 화두도 괜찮습니까?

그렇게 애써서 하면 들어갈 수도 있겠지만 애쓴 데 비해 공이 적어요. 지도자한테 가서 분명히 화두를 감정해야 해요. 화두는 이론으로 배우는 게 아닙니다.

은산철벽으로 요지부동 생각이 움직이지 않고 공부를 해가야 합니다. 그런데 망상이 어디에서 일어나는지 알려고 하면 자꾸 망상이 일어나는 틈을 따라가게 되어 무슨 망상이 일어나는지를 탐구하게 되지요. 이건 화두가 아니라 일종의 이론이에요. 화두는 일체의 이론이 끊어지는 거예요. 망상이 일어나는 걸 따져서 어디로부터 망상이 일어나는지를 밝히는 것과 성질이 달라요.

우리가 평소에 듣고 받아들인 지식은 한바탕 꿈이에요. 여러분한테 여러분의 정체가 무엇이냐고 물으면 여러분은 대답을 못 할 거예요. 웃을 때가 여러분의 정체인가, 울 때가 여러분의 정체인가, 좋은 생각을 할 때가 여러분의 본색인가, 나쁜 생각을 할 때가 여러분의 본색인가. 이게 주마등처럼 자꾸 흘러가는 생각이에요.

그 흘러가는 생각을 따라가면 생사 윤회합니다. 흘러가는 생각을 따라가지 말고 모든 희로애락을 일으키는 근본 그 핵심을 회광반조, 즉 돌이켜보라는 거예요. 밖에서 일어나는 붉고 푸르고 희고 검고 울고 웃는 일체 경계에 흔들리지 말고 그게 일어나는 핵심, 뿌리, 일어나는 자기를 돌이켜 의심을 하라는 것입니다. 이것이 화두의 핵심이에요.

어느 스님이 심즉시불心卽是佛이라는 법문을 듣자마자 토굴에 가서 한 삼 년 동안 나오질 않았어요. 마음이 바로 부처라는 소리에 의심을 내어 산중에서 나오질 않았지요. 그 법문을 해주셨던 어른 스님이 한번은 이 스님이 과연 옳게 공부를 하는지 의심스러워 사람을 보냈습니다.

심부름하는 사람이 토굴에 가서 그 스님에게 무슨 공부를 하느냐고 물었지요. 그 스님은 "심즉시불이라는 말씀을 듣고 열심히 참구하여 이제 내가 마음이 열려 그 뿌리를 뽑고 있다."고 말했지요. 그러자 심부름하는 이가 "요즘 어른 스님의 법문이 달라졌습니다. 그전에는 심즉시불이라 하셨지만 요즘엔 비심비불非心非佛이라고 하십니다." 하고 전했어요. 비심비불, 마음도 아니고 부처도 아니라는 말이지요.

그러자 그 스님은 "그 스님이야 비심비불이라 하든 뭐라 하든 나는 심즉시불이야!"라고 말했어요. 아주 흔들림 없는 대답이었지요. 이렇게 천하가 뭐라 하든 자기가 확고하게 받아들이면 자기 물건이 되어버립니다. 처음에는 남한테 받아들이지만 그 뒤로는 이러한 확고한 신념이 서야 해요. 누가 뭐라고 한다고 귀가 기울어지면 참선 못 합니다. 이제 화두 하는 방법을 분명히 알았을 거예요. 이런 신념을 가지고 하면 믿는 것만큼 됩니다. 열심히 하면 마음이 안 열릴 이유가 하나도 없습니다.

사람들이 수행법으로 참선보다 기도를 더 많이 합니다. 기도 대상과 바른 기도 자세에 대한 말씀을 듣고 싶습니다.

기도란 글자 그대로 빈다는 뜻입니다. 빈다는 소리는 우리 중생에게 모두 허물이 있으니 비는 거지요. 그래서 기도는 내 힘으로 하는 자력 기도도 있지만 부처님의 원력에 의지해 힘을 얻는 것이 기도 합니다. 문수보살은 문수보살의 대원력, 지장보살은 일체중생을 제도하는 것, 관세음보살은 일체중생을 구원받게 하는 것처럼 불보살님의 법력을 빌리는 기도 방법은 그 근본은 같습니다.

기도는 항상 자력과 타력이 반반이에요. 내가 기도하니 자력은 자력이지만 열심히 기도하다 보면 나중에는 내가 없어지거든요. 물론 처음에는 무슨 원을 가지고 기도를 하든지 기도하는 생각으로 가득해야 기도가 됩니다. 그렇게 향을 피우고 촛불을 켜고 꿇어앉아 기도하다 보면 나중에는 그런 생각들을 다 잊고 무념이 됩니다.

염도염궁무념처念到念窮無念處에 육문상방자금광六門常放紫金光이라. 기도를 자꾸 하다 보면 자기 생각을 잊어버리고 자기 몸도 잊어버립니다. 육문은 안·이·비·설·신·의 여섯 가지 문을 뜻합니다. 그러니까 이 몸에서 부처님의 지혜 광명이 일어난다는 뜻이지요. 한 생각에 집중해 기도하면 광명이 일어납니다. 이게 기도하는 태도예요.

태양이 하늘에 환히 떠 있다 해도 불이 일어나지 않아요. 하지만 화경으로 초점만 맞추면 불이 일어납니다. 평소 우리 생각은 산만해서 일이 안 생기지만 한 생각으로 집중해 기도하거나 화두에 집중하면 이치가 터지고 일이 일어납니다.

세상일이 다 그렇지요. 사람이 조금 부아가 났을 때에는 그래도 웃어가면서 성을 냅니다. 그러다 몹시 부아가 나면 초점이 그 부아 난 데로 집중되어 앞뒤도 잊고 자기도 다 잊어버려요. 오직 부아 난 그 진심嗔心 하나로 부글부글 타게 되지요. 그렇게 진심에 집중되어 탈 때는 자기도 잊어버리고 이성도 잃어버려 칼부림이 나기도 하지요. 마찬가지로 착한 마음에 집중하면 착한 과보가 일어납니다.

흔히 연애 관계로 말하면 잘 이해하는데, 연애 관계에서도 어떤가요? 처음에는 자주 만나지 않아도 별 이상이 없지만 만나는 횟수가 많아질수록 나중에는 만나지 못하면 병이 날 만큼 진전이 되거든요. 그러면 처음 사랑하던 관계도 원수 같은 관계로 변하기도 하지요.

하여간에 뭐든지 집중하면 사건이 터져요. 나쁜 데 집중하면 나쁜 사건이 터지고, 좋은 데 집중하면 좋은 사건이 터집니다. 물에 물 탄 듯 미지근한 데에서는 아무것도 안 됩니다.

공부하는 것도 이렇게 집중력이 필요하지요. 기도도 참선도 일체가 모두 집중하는 데서 조화가 일어납니다. 태양의 초점만 맞추면 불이 일어나고 불이 일어나면 산하석벽을 다 태울 수도 있듯이 집중하는 데에서 무슨 일이든 이루어져요. 평범한 데서는 기도도 참선도 세상일도 안 됩니다. 노력 없이 이루어지는 일은 없어요.

세상이 모두 필연적이고 조리 정연한 이론 체계에서 성립하는 거지, 낮잠 자고 있는데 저절로 되는 건 하나도 없습니다. 남보다 부단히 노력해서 희로애락 세파에 흔들리지 않는 인생을 쟁취하는 것이지, 오다가다 물건 줍듯이 저절로 얻어지는 것은 하나도 없어요. 기도든 참선이든 바른 곳에 집중해서 열심히 하면 성취하는 바가 있어요. 그것이 이치입니다.

이렇게 세상 이치는 전부 필연적입니다. 우연과 기적이 있다면 진리는 무너져버리지요. 조리 정연한 이치로 세상이 전부 움직입니다. 이 원리만 제대로 알면 쓸데없는 싸움은 안 일어납니다. 불교를 알면 항상 양보하고 남을 받들어주게 되니까요. 이렇게 모두 불교 정신을 바로 알고 서로 받들어주고 협력해주고 충고해주고 이끌어주고 할 때 서로에게 진취가 있지요. 힘써 정진하는 사람만이 이런 희망찬 앞날을 개척할 힘을 얻게 됨을 명심합시다.

同祖同根南北統一

乙亥元旦 行脚沙门 西庵

깨달음과 닦음

깨달음에 이르는 수행으로서 돈오돈수와 돈오점수 논쟁이 있는데 스님께서는 어떻게 생각하십니까?

아기는 태어날 때 이미 이목구비가 다 생겼지요. 커가면서 눈이 하나 더 생기고 코가 더 생기는 게 아니잖아요. 태어날 때 이미 완전하게 사람 모습을 갖추었지요. 하지만 아기가 태어나면서부터 완전하게 사람 구실을 할 수 있느냐 하면 그렇지는 않지요. 누군가 보호해서 키우지 않으면 어디 가서 떨어져 죽거나 굶어 죽고 말겠지요. 부모가 정성과 사랑으로 따뜻하게 보호해 키워야만 비로소 한 사람의 성인이 됩니다.

비유하자면 돈오점수가 이와 같아요. 아기는 조금도 모자람 없이 완전한 사람이지만 그 상태로는 사람 구실을 못 하고 보호받고 자라야 어른이 되듯이, 깨달음을 얻고 난 뒤에도 일정한 수행 과정을 거쳐야만 완전한 깨달음에 이른다는 게 그 핵심 내용이지요. 공부하는 방향을 확실히 알아 닦아나가는 수행론이 돈오점수라 할 수 있습니다.

그런데 외도들은 이 진리의 방향을 모릅니다. 도란 본래 불생불멸하는 내 마음을 깨치면 되는데 외도들은 자신을 잊고 바깥에 의지합니다. 무슨 신이 나를 만들고 우주를 만들었다고 주장하는 거죠. 이러면 진리의 근본에서부터 어긋나버린 거예요.

어느 신이 나를 만들었다. 내가 우주의 핵심체다. 이 두 생각은 천양지차로 다릅니다. 앞의 생각은 돈오, 즉 깨달음이 될 수 없어요. 신이 모든 사물을 만들었다는 건 이치에도 안 맞고, 아무 근거도 없이 맹목적으로 추정하는 것이어서 과학적으로나 이론적, 철학적으로 성립이 될 수 없어요. 자신에 의하지 않은 깨달음은 출발부터 목표가 잘못 설정되었으므로 아무리 공부를 해봐야 성취되지 않습니다.

돈오란 깨침으로, 완전한 진리를 파악한 것입니다. 아이가 이미 완전한 사람이라는 거지요. 아이라고 사람으로서 모자라는 게 아니라 깨달음 바로 그 자체라는 것이지요.

그런데 점수는 자꾸 닦아서 완전하게 사람 노릇을 할 수 있게 하는 거예요. 즉 진리를 알았더라도 스스로 수행하지 않으면 제대로 받아쓰지 못함을 말하지요. 어린애가 이목구비가 다 갖추어져 있어도 사람 구실을 온전히 다하기란 어렵지요.

우리가 이 육신은 허무한 것이라고 알았다고 해도 여전히 몸에 대한 미련을 갖게 돼요. 몸이 참으로 허무한 것이라는 걸 알았으면 누가 내 몸을 베려 해도 선뜻 내놓을 수 있어야 하는데 그게 안 되지요. 늘 몸에 대한 애착으로 도사리게 되지요. 그건 아직 점수가 되지 않아서입니다.

우리가 불생불멸하다는 것을 알았으면 마음대로 몸을 집어던질 수 있어야 하는데 그게 그렇게 안 되잖아요. 그러니 공부를 해서 자꾸 행을 닦아야 하는데, 이 공부가 돈오점수예요. 돈오점수는 완전히 알아도 점점 닦아 들어가야 된다는 거예요.

한편 돈오돈수는 이렇게 비유할 수도 있어요. 맞은편 과녁을 겨냥해 힘차게 활을 잡아당기면 벌써 활이 맞는 자리는 결정되고 맙니다. 그 자리는 누가 새로이 활을 당겨 쏠 수 없는 완전히 닦은 자리를 상징하지요. 이것은 수행 과정에 있어서 깨치는 동시에 완전히 할 일을 다 해버린 경지지요. 이렇게 되면 대근기라 할 만합니다.

그래서 옛날 조사 어른들도 깨치면서 그대로 할喝을 했던 것입니다. 화살을 쏘고 나서 과녁판이 찌그러진 다음에는 이제 내가 더 이상 노력할 필요가 없게 되어버립니다. 활시위를 당긴 다음에는 내가 낮잠을 자서 그 부분이 거꾸로 서도 상관없어요. 다시 더 닦을 필요 없이 다 닦아버린 자리이기 때문입니다. 그래서 돈오돈수를 화살을 한 번 쏘아 과녁을 틀림없이 맞힌 것에 비유한 거예요.

이는 마치 한 타래실을 끊음에 만 가닥이 끊어짐과 같고, 한 타래실을 물들임에 만 가닥이 일시에 물드는 것과 같다고 비유하지요. 이처럼 돈오돈수는 돈오, 즉 깨달음을 기본으로 하는 수행론이에요. 옛 조사 어른들이 한 번 척 알면 대번에 그 말이 공안도公案道라서 누가 목을 자른다 해도 앉아서 움직이지 않았는데, 이것이 이치와 실제를 한꺼번에 닦는 돈오돈수라 할 수 있지요.

깨달음으로 가는 방법을 이렇게 비유로서 돈오돈수와 돈오점수를 살펴보았는데, 현재 돈오돈수설이 돈오점수설을 비판하는 입장에 있기도 하지요. 이 외에도 점오점수漸悟漸修가 있고, 점수돈오漸修頓悟 등 칠대 돈점이 있는데 그 설명이 각각 다르지요.

이 칠대 돈점 중에서 점오점수는 뭐와 같으냐 하면 큰 고목나무가 있는데 그 나무를 쓰러뜨리려 할 때, 도끼로 한 번 내리쳤다고 해서 넘어가지는 않지요. 한 번 친 만큼 나무가 패이고 두 번 치고 세 번 치고 해서 백 번, 천 번 치다 보면 마지막에는 넘어가 버립니다. 비유하자면 이때 깨달음과 행이 동시에 다 된 거예요. 고목나무가 한 번 쳐서 안 넘어갔어도 내리친 것만큼은 넘어갔고 그렇게 치다가 마지막 순간에 그 힘이 모여서 넘어간 것처럼 점점 닦아 깨달음을 이루는 수행이 점오점수예요.

또 점오돈수는 내가 점점 깨달음을 얻는 것이지요. 점점 깨닫는 건 완전히 깨닫는 게 아니거든요. 그래서 점점 깨닫는 것만큼 완전히 닦아 깨달음에 들어가는 수행이 점오돈수지요. 비유하자면, 밥을 한 숟가락 먹었으면 한 숟가락이라 해서 아무것도 안 먹은 것과 같을 수는 없다는 얘기지요. 밥을 한 숟가락 먹으면 한 숟가락 먹은 만큼 배가 부르고 또 한 숟가락 먹음으로써 더 배가 부르듯이 점점 수행을 닦아서 모아가면 마지막에 완전한 깨달음을 얻게 된다는 게 점오돈수입니다.

깨달음과 닦음에 대한 논쟁도 상당한데 그에 대한 견해는 어떻습니까?

논쟁이 나와봐야 알지, 그냥 무조건 어느 것이 옳다고 볼 수 없지요. 논쟁할 때 그 상황에 따라서 논쟁하는 것이지 막연하게 논쟁에 대한 견해를 말할 수는 없어요.

교계에서는 해인사 성철 스님께서 돈오돈수를 강력하게 주장하신 것으로 알고 있는데 이 점에 대해서는 어떻게 생각하시는지요?

보조국사의 돈오점수설을 비판한 걸 말하는군요. 송광사 쪽 불일 선사는 견성을 먼저 하고 닦는다 해서 돈오점수를 말씀하셨는데, 성철 스님은 조사 가풍에는 돈오돈수지 돈오점수란 있을 수 없다, 즉 한 번 깨치면 더 깨칠 것도 없고 닦을 것도 없다는 걸 주장하고 있지요. 이러한 의견은 주장하는 사람 역량에 따라 말하는 것이어서 어느 것이 옳다 그르다 말할 수 없어요.

아무튼 성철 스님은 돈오돈수를 주장하여 한 번 딱 깨치면 그대로 부처여서 더 이상 닦을 여지가 없다는 것입니다. 성철 스님은 그런 경지를 자기 스스로 체득한 것이지요. 그런 경지에 이른 사람한테는 돈오돈수가 맞으리라 봅니다.

그러나 돈오점수 쪽에서는 내가 분명히 부처 되는 이치를 깨달아 알았지만 당장 부처님처럼 될 힘이 없으니 차차 닦아 나아가야 한다고 주장하는 것이지요. 그걸 다시 돈오돈수 쪽에서는 그렇게 하면 잘못된 수행이다, 깨달았으면 다 된 거지 따로 닦을 이유가 어디 있느냐고 하는 겁니다. 그러니 둘이 서로 싸울 만한 수행 방법론이고 또 싸워봐야 시비가 가려지겠지요.

그럼 스님께서는 저마다 이유가 있다고 보시는 건가요?

아니지요. 그렇게 말해서는 안 되지요. 그것은 깨달은 사람의 말씀을 시비하는 겁니다.

요즘 학자들이 얘기하는 논쟁은 그저 회담밖에 안 되고 있어요. 한번 생각해보세요. 성철 스님 말씀이 옳은지 옳지 않은지는 성철 스님이 되어봐야만 알 수 있지요. 옆 사람이 시비를 가린다고 판정되는 게 아니에요.

성철 스님이 "한 번 깨쳐 꿈을 깼으면 되는 것이지 꿈을 깬 뒤에 꿈 아닌 것이 어디 있느냐, 깨어 있으면 됐지." "한 번 깨치면 부처가 됐지, 따로 부처가 될 까닭이 어디 있느냐." 하시는 말씀은 다 돈오돈수를 가리키는 것이지요. 그러니까 문제는 그런 경지에 이르렀는지 안 이르렀는지는 깨달은 사람이 나타나서 대결해봐야 아는 것인데 그렇게 싸울 만한 사람이 안 나타난 것입니다. 싸움이 본래 그렇잖아요.

내가 돈오해서 닦을 행위가 더 이상 없다는 것은 부처가 다 되었다는 소리입니다. 그러니까 실력 대항을 해봐서 그렇게 되었다면 성철 스님 말씀이 틀림없는 것이고, 자기가 돈오해서 그렇게 안 되었다면 그것은 자기와 안 맞는 말이겠지요.

돈오해서 생사에 아무런 구애를 받지 않고 자유자재하다면 그 말이 옳지만 만약 그렇게 안 됐다면 돈오했다는 것이 잘못된 것입니다. 돈오했다면 일체 법에 자신만만하게 대항하고 자재하는 입장인데, 돈오점수 쪽에서 견성을 하기는 했는데 신통도 안 되고 자기완성이 안 되었으니 좀 더 닦아야 함을 이야기하는 것입니다. 그러니 돈오를 하지 못한 상태에서 말하는 것은 땅 짚고 헤엄치는 소리지요.

육조 스님이 도를 깨친 후 십육 년간 사냥꾼과 함께 지낸 것을 돈오점수로 보아야 하나요?

돈오점수라면 깨달은 뒤 점점 닦는다는 말인데, 돈오점수라는 말이 사실 맞는 말도 아니고 안 맞는 말도 아니에요. 왜 그러냐 하면 꿈을 딱 깼단 말이에요. 꿈을 깨면 꿈 세계는 사라져버리고 없지. 꿈 깨기 전에는 꿈속에 휘말리지만 딱 깨쳤는데 다시 헤맬 게 뭐 있겠어요.

육조 스님께서 돈오점수해서 깨쳤다고는 보지 않아요. 십육 년 동안 생활은 그리하셨어도 점수 기간은 아닙니다. 돈오점수 법이 없는 건 아니지만 육조 스님은 거기에 해당하는 게 아니라는 소리지요. 육조 스님의 오도송을 봐도 그래요.

본래무일물本來無一物하니 하처何處에 야진의惹塵矣요. 본래 한 물건도 없는데 때 낄 곳이 어디 있느냐.

뭐 닦을 곳이 어디 있겠냐 말이에요. 꿈을 한 번 딱 깼으면 그만이지. 꿈 깬 뒤에도 꿈속에서 헤매는 것에 대해 닦을 게 뭐 있느냐, 꿈 깼으면 다 된 거지. 이치가 그렇지 않겠어요?

육조 스님 경계에는 돈오점수는 아니에요. 그렇게 생활하신 건 인연이 안 되어 그런 거지, 도가 모자라서 그렇게 하신 게 아닙니다.

도고마성道高魔盛이라, 도가 높아지면 마가 성하다고 하는데 실제로 그런가요?

도고일척道高一尺이면 마고십척魔高十尺이라, 도가 한 자 높아지면 마는 열 자가 더 높아진다는 말이지요. 이 세상에도 어떤 권리나 기술이 높으면 장애도 많이 생기지요. 시기 질투하는 사람이 많이 생기잖아요.

도라는 것도 다른 게 아니에요. 예를 들어서 도가 높을수록 명예욕이나 식욕이나 의욕 같은 그런 날카로운 자기 욕망이 또 작용을 하는 법이에요. 하지만 등 따시고 배부르고 마음 상할 것 없이 도라 할 것도 없는 사람은 고통도 없어요. 거기에 빠져 있는 동안은 말이에요.

그렇지만 내가 이걸 해탈해야겠다 하면 할수록 정신은 더 날카롭게 작용하지요. 그게 도가 한 자 높으면 마는 열 자 높다 이 말이에요. 그러니 점점 어렵지요. 그러니 큰 용기가 아니면 도를 성취하지 못한다, 마가 더 따라붙는다 그 말이에요.

가령 술을 좋아해서 술을 몇 해 먹다 보면 술맛이 있거든요. 그래서 자꾸 먹거든요. 곤드레만드레가 되어도 거기에 빠져가지고 술을 못 끊고 자꾸 먹지요. 그래서 이러면 안 되겠다 싶어 술을 끊어야겠다 결심하면 술의 세계가 더 매력이 있고 더 마시고 싶어지고 더 애착하게 되는 법이지요. 술을 늘 먹을 때에는 거기에 빠져 고통도 없고 턱 먹고 홍청망청 이러는데, 막상 끊으려 하면 더 그리 되지요. 이치가 그렇잖아요. 그러니 끊는 행이 있으니 그 마장이 더 크다 그런 말이지요.

'도고마성'은 도를 하기 그만큼 어렵다는 걸 비유한 것이에요. 도를 하려 하면 방해하는 내 업장이 그만큼 더 치성하다는 그런 뜻이지요. 그래서 부처님도 성불할 때까지 온갖 마장이, 그 팔만사천 마구니가 와서 들이덤볐잖아요. 자기의 전생, 다생 마업이 강하게 작용한다 이 말이에요. 그러니 어렵다는 거지요.

그러나 도를 자꾸 성취하면 도에 대한 정력이 있어서 무찌르는 힘이 있으니 결국 성불하지요. 하지만 도가 높아도 도를 안 하려고 하면 고가 따르지요. 그러니 정신 단단히 차리고 마에 빠지지 마라, 그런 경책의 소리지요.

어떻게 선지식을 알아볼까요

선지식을 뵙고 가르침을 받으면 공부가 더 잘된다 하는데 저희가 눈이 어두워서 선지식을 알아보기가 어렵습니다. 어떻게 선지식을 알아볼 수 있을까요?

내가 선지식도 아니고 어려운 질문이에요. 우리가 마음자리를 고요히 밝히면 자기의 선지식이 있어요. 남의 선지식보다 자기 선지식을 자기가 찾아내는 지혜가 있거든요. 우주 전체를 다 속여도 그 자기 선지식, 자기 마음은 못 속여요. 그것이 우주의 원리고 진리예요. 그것은 그대로 깨끗한 자리지요.

가만히 스스로를 돌아보면 내가 제일 잘 알거든요. 거짓이냐 진실이냐를 자기가 관조해보면 제일 잘 안다 말입니다. 사실 우리가 선지식을 바로 보려면 우리가 선지식이 되어야 해요. 내가 선지식이 되지 않으면 참말로 틀림없이 선지식을 볼 수 없지요.

그러니까 아직 내 눈이 안 열렸을 때는 그저 이름 있고 훌륭한 사람들이 모두 인정하는 선지식을 믿고 가서 법문을 듣고 그럴 수밖에 없지요. 그러다 자기 공부가 깊어지면 자기의 선지식이 발동하게 됩니다. 과거에 선지식이라고 믿고 따랐던 사람이 설사 잘못 가르쳤어도 자기의 선지식이 발동하면 그걸 시정할 수 있는 힘이 생깁니다.

그러니 선지식이 진짜냐 가짜냐 너무 걱정할 필요 없습니다. 무엇이든지 나보다 나으면 내 선지식이지요. 한 발 앞서면 한 발 앞선 선지식이고 두 발 앞서면 두 발 앞선 선지식으로 배우면 돼요.

유치원생을 가르칠 만한 선생이 있으면 유치원생은 그 선생님이 제일인 줄 알고 가서 배우지요. 그러다가 정도가 높아져서 중학생 정도가 되면 그전 선생은 이런 점이 좀 부족하구나 하는 걸 스스로 느낄 수 있지요. 그렇다고 해서 유치원생이 그 선생한테 배울 가치가 없다고는 말할 수 없지요. 어찌됐든 내가 유치원생일 때 선생이나 고등학생일 때 선생은 그 선생이 그때의 나보다 나아서 내가 가서 배웠지요. 하지만 내가 공부를 많이 해서 박사 학위를 받고 전문가가 되면 고등학교 때나 대학교 때 선생이 나보다 못할 수도 있다는 걸 알게 돼요. 그러나 그렇다고 해서 고등학교나 대학교에서 가르치는 교과가 허무한 건 아니라는 말입니다. 그때는 그 선생님의 가르침이 충분했던 것이에요.

모든 것은 우리가 자꾸 노력하면 저절로 열리는 이치가 있습니다. 물론 다행히 좋은 선지식을 만나면 더욱 좋겠지만 어느 선지식이라 해도 공부에 방해되게 거꾸로 가르칠 수는 없어요. 다만 미흡하고 그 차원에 올라가지 못했다는 그런 정도지, 공부에 방해되게 가르치는 선지식은 없어요.

그러니 너무 선지식이냐 아니냐에 신경 곤두세울 게 아니라, 나보다 나은 사람이라면 그에게 배우면서 자꾸 노력하면 내 스스로 선지식이 되는 거지요. 어디 선지식을 판 박아놓은 것도 아닌데 어떻게 꼭 내가 알고 따라가느냐 이 말이에요. 나보다 나으면 따라 배우고 자꾸 공부하는 것이지, 선지식이다 아니다 기준을 둬가지고 그럴 필요는 없어요.

또 어찌어찌해서 선지식을 바로 찾으면 좋겠지만 그럴 능력이 없는데 어떻게 하겠느냐 말입니다. 그렇다고 어디 가서 "당신이 선지식이 되었소? 안 되었소?" 하며 단도직입적으로 물어볼 수도 없지요. 설사 그 정도는 못 된다 하더라도 자기는 되었다는 소신을 가지고 선지식 노릇을 하는 것이니까 말이에요. 스스로가 내가 아직 선지식이 덜 되었다고 생각하는 사람이면 선지식 노릇도 하지 않을 것 아니냐 이 말이지요. 그러니 그것을 무엇이라 못 박아서 꼭 선지식을 찾아서 공부해야 된다, 그렇게 결정지을 게 없다 이 말입니다. 물론 선지식을 만나면 좋기는 하지만, 어떻게 그렇게 될 수 있겠느냐 이거지요.

《화엄경》에서 선재동자가 찾아간 선지식들은 나름대로 마음이 열린 분들인가요?

그렇지요. 백정도 있고 음탕한 사람도 있고 요릿집 하는 사람도 있고 별별 사람이 다 있었지만 모두 선지식이었지요. 그이들은 모두 자기 세계를 완전히 알아가지고 중생을 건지기 위해서 하는 거예요. 선지식은 다 그렇지요. 선지식은 자기 본위로 사는 게 아니라 중생을 제도하는 원력으로 사는 이거든요.

그러니까 선지식은 어떤 직업을 가지든 자기 인생을 살아가는 사람이에요. 선지식은 어떠한 행동을 하든 거기에 물들지 않고 자기 일을 자기 생활화할 수 있는 지혜가 있어요. 무슨 술장사를 한다고 해서 정신없이 살고 그러는 게 아니라, 무엇을 하든 남을 가르칠 수 있는 세계가 확립되어 있지요. 그런 이를 선지식이라 하지요.

수행하다가 의심이 나면 그때마다 스승을 찾아 질문하는 것이 옳은지요?

물론 하는 게 좋지요. 의심나면 질문하는 게 옳아요. 말하자면 모든 물체는 원자로 돌아온다는 것을 한 번에 딱 믿으면 의심할 게 없지요. 하지만 햇빛도 원자로 돌아가느냐? 그렇다. 저 나무도 원자로 돌아가느냐? 그렇다. 돌도 원자로 돌아가느냐? 그렇다. 이런 식으로 몇백 년을 이야기해서야 알아차리는 사람도 있어요. 옛날 소리나 몇 해 전 소리나 지금 소리나 똑같은 소리지만 이것을 듣는 사람이 어제 것 다르고 오늘 것 다르게 듣다가 어느 부분에 가서 딱 알아듣는 거예요.

예전에 어떤 사람이 자기가 삼십 년 동안 의심이 났는데 내가 신문에 쓴 맨날 같은 소리 한 그걸 보고 깨쳤다는 거예요. 그러니 매번 같은 소리지만 자기와 계합이 되어야 비로소 깨칠 수 있다 그거예요. 똑같이 한 선생님 밑에서 강의를 들어도 받아들이는 깊이가 다 다르기도 하고요. 참 묘한 이치지요. 그러니 의심이 나면 스승에게 가서 묻는 게 좋아요.

참선하는 사람들이 스님의 글을 좋아하는데 한 말씀 해주세요.

참선하는 사람들은 좋아하는 게 없어요. 좋고 싫은 게 다 떨어져야 참선이지, 참선하면서 뭘 좋아한다고 그러면 그건 참선 냄새도 못 맡은 거예요.

세상 사람들은 전부 온갖 껍데기 속에서 사니 피로를 느껴 결국은 참선으로 들어오지 않을 수가 없어요. 그래서 다들 참선이 좋다고 말하지요. 세상에서 아무리 뭘 해봐야 전부 괴로운 것뿐이거든요. 편안한 게 없어요. 그 편안한 자리가 참선이에요. 안전지대지. 좋고 싫고 깨끗하고 더럽고 옳고 그르고 온갖 시비 장단이 다 끊어진 세계거든요.

시비 장단 속에 사는 게 세상살이잖아요. 그러니 피로한 것이고, 피로하니까 조용한 것을 구하지요. 그래서 언젠가는 모두 참선의 세계에 가게 되어 있어요. 안 갈 수가 없는 거예요. 이 세상의 모든 것은 다 괴로움이에요. 그런데 참선을 하면 편안한 세계에 드는 것이지요. 다 쉬어버리니까. 애착이 하나만 붙어도 고예요. 그런데 다 쉬었으니 편안할 것 아니에요. 뭐든 가지려 하면 다 고예요. 다 쉬어야 해요. 다른 것 없어요. 취하면 고예요.

소승법에서 아라한과를 얻는 것이 깨달음이라 하고 아라한도에 이른 사람은 번뇌가 없이 자유롭다고 합니다. 그러면 선가에서 견성하여 깨닫는 상태와는 어떻게 다릅니까?

아라한과는 나고 죽는 것을 떠난 거예요. 나고 죽는 걸 떠났으니 번뇌 망상 세계는 벗어났어요. 그렇지만 조사 안목으로 활연개오한 세계는 아니에요. 아라한과는 생사에 걸리지 않는 경계는 되지만 참으로 생사가 없는 도리, 살불살조殺佛殺祖하는 근본 마음자리는 미치지 못한 거지요.

부처님께서 입멸하신 후 제자들에 의해 결집된 경전은 2,500년이 지난 오늘날까지 이어져오고 있습니다. 그런데 경전은 부처님이 살아계시던 그 당시 언어로 기술되었을 것이고 그것이 중국으로 넘어오면서 한문으로 번역되고 다시 우리나라로 오면서 한글로 번역되었는데 그 과정에서 부처님의 뜻과는 다르게 전해졌을 수도 있지 않을까요? 지금의 경전을 과연 부처님의 가르침 그대로라고 할 수 있을까요?

누구든지 마음의 눈만 뜨면 일체 만법, 진리를 알 수 있습니다. 그러므로 설령 언어가 통하지 않는다 하더라도 서로가 마음의 눈만 뜨면 얼마든지 진리를 전할 수 있지요. 오히려 육근문六根門을 통해 전하는 것은 극히 얼마 되지 않는 소소하고도 한정된 것이지요. 마음이 열리면 목접目接이 도전道傳이라, 눈만 마주쳐도 간단히 도가 통하는 아주 묘한 이치가 있습니다.

이것을 모르니 언어가 소통되지 않았는데 어떻게 가르침이 정확하게 전해졌겠느냐 하는 의문이 생기겠지만 부처님 당시에는 눈 밝은 제자들이 많이 계셨어요. 또 그 법이 대대로 전해져 달마대사라든지 현장 법사라든지 도가 열린 분들에 의해 중국으로 전해지고 우리나라에까지 분명히 전해져 온 것이에요.

바닷물을 한 번만 찍어 먹어보아도 바닷물 전체가 짜다는 걸 알 수 있듯이, 이분들은 모두 도를 깨친 분들이기에 경전을 한 번

보면 전체를 다 압니다. 동서남북으로 배 타고 다니며 세상 바닷물을 다 맛보아야만 그 물이 짜다는 걸 아는 게 아니잖아요.

진리는 다 똑같으므로 깨달은 사람은 말하기 전에 벌써 통합니다. 그래서 설사 부처님 말씀이 아니다, 경전에 없는 말이다 하더라도 누구든지 깨치면 부처고, 그 깨친 이가 한 말이면 부처님 말씀이 되는 거지요. 석가모니 부처님만이 진리를 전매특허한 게 아닙니다. 누구든지 깨치면 곧바로 진리의 세계에 들어가므로 깨친 사람끼리는 다 통하게 되지요.

우리나라의 도인들도 경전을 딱 한 마디만 보면 전체를 알고 잘못된 부분까지 바로잡을 수 있는 힘이 있습니다. 그런데 미련한 이들은 자기네 반딧불 같은 소견만 가지고 옳게 번역되었느니 잘못 번역되었느니 따지는데 이는 극히 어리석은 소리예요. 사실 글자에 의지해 법을 연구하는 건 헛된 일이라 하겠습니다. 진리는 협소한 것이 아니어서 하나가 툭 통하면 다 통하게 됩니다.

이렇듯 글 외에도 통하는 이치가 있으니 소소한 글자 그까짓게 큰 문제가 되는 건 아니에요. 마음만 통하면 천하의 지혜를 밝히는데 그까짓 언어나 문자에 집착해서 어찌 통하겠습니까. 아무 말 하지 않아도 진실한 음성은 시방에 가득 차 있으니 말 밖에서 찾을 일이지요. 그러하니 지적인 이해나 관념적인 것으로 따지고 살피는 협소하고 미迷한 세계에 빠져 살지 말고 안목을 넓히면 천하가 다 내 손바닥이지요.

업이 만들어지는 이치는 무엇입니까

업장 소멸이 된 사람과 안 된 사람의 차이는 무엇인가요.

업장은 글자 그대로 전생, 다생에 지은 습관이에요. 업에는 선업과 악업이 있어요. 선업은 우리 생활에 힘이 되고 도움이 되는 길이고, 악업은 그와 반대로 고통과 핍박이 따르지요. 이러한 선업과 악업을 다 녹인 사람이라면 내 뜻을 내 마음대로 흔들리지 않고 중심을 가지고 사는 사람이에요. 업에 꺼둘리면 습관에 꺼둘려서 자유롭게 살지 못하지요. 업장 소멸이 다 된 사람은 내 뜻대로 산다는 거지요.

업의 시작, 업이 처음 만들어지는 이치는 무엇인가요.

업은 다른 게 아니라 우리 생명체의 행동이지요. 살다 보면 행동이 자기 비위에 맞기도 하고 틀리기도 해요. 그런데 나쁜 업은 쉽지요. 다생에 지은 게 나쁜 업이니까. 예를 들면 좋은 것을 갖고 싶다 혹은 하고 싶은 게 있다 할 때 우리 중생은 그것이 자기 뜻대로 안 될 때는 짜증이 생기고 그래서 온갖 고통이 오지요. 자기가 짓는 행동, 그것이 업의 시작이지요.

우리가 선업을 하든지 악업을 하든지 무언가 행동이 있습니다. 그리고 행동은 결국 마음의 그림자이고 마음을 따라가는 거지요. 쉽게 말하면 불교에서 말하는 탐진치 삼독이에요. 무엇이든지 하고 싶어 하는 것이 탐이고, 자기 뜻대로 안 되면 부아가 나는 게 진이고, 바른 이치를 모르고 욕심에 사로잡혀 행동하는 것이 치예요. 그 삼독심이 작용하는 것은 다 악업이 되지요.

그런 삼독심을 철저히 알아야 해요. 우리가 욕망을 따라가다 보면 결국 목마를 때 소금물을 마시는 것과 같아서 그 업에서 자꾸 욕심이 생겨 업의 불을 끄지 못합니다. 그래서 자연히 나쁜 업을 짓게 되지요. 그것을 제대로 보고 '이것이 아니구나. 순수한 마음을 찾아야겠다.' 해서 윤리 도덕적인 행동을 하거나 다른 사람을 위해 살아가는 마음을 쓸 때 선업이 된다 그거지요.

요즘 사회에 갖은 나쁜 일이 일어나잖아요. 강도, 살인, 강간 등 온갖 악행이 일어나는 것은 결국 탐욕에서 비롯되는 거예요. 탐욕이 일어나면 끝이 없고 자꾸 악업만 짓게 된다 그거지요. 그러나 반대로 탐진치 삼업을 녹이는 방향으로, 욕심을 부리는 것이 남에게 피해를 주는 것이라는 걸 알고 남을 도와줄 때, 마음은 항상 기쁘고 여유가 있게 되지요.

이렇게 탐심과 진심과 치심을 돌려놓아야 해요. 선업이란 내가 남에게 베푸는 것이 목적이지 내가 욕심 차려서 내 본위로 하는 게 아니에요. 내가 땀 흘려서 노력해 남을 돕는 일을 해야 해요.

내 마음을 잘못 다스릴 때 성이 나서 남의 마음도 괴롭히고 거기서 온갖 일이 일어나거든요. '내가 이렇게 마음을 써서야 되겠나. 남의 부아 난 마음을 녹여주고 좋게 인도할 수 있는 그런 마음을 써야겠다. 넓게 살피는 마음이 있어야겠다.' 이렇게 남을 기쁘게 하고 안정을 찾게 하고 평화롭게 할 수 있는 마음을 쓰면 진瞋에서 도리어 희열이 생기게 되지요. 맨날 웃고, 부아 나는 일에도 웃고 그러면 진의 반대가 되는 것이지요.

또 세상 사람들은 자기 욕심대로 하려고 갖은 수단 방법을 써요. 그것이 결국 자기를 괴롭히게 되는데도 거꾸로 이익이 되는 줄 잘못 생각하고 취하기 때문에 어리석은 짓을 하게 되지요. 그것이 치癡예요. 그것은 이치에 안 맞는 일이에요. 어떻게 욕심을 부려 남을 괴롭히는데 내가 평화롭고 좋게 되겠어요. 그것을 이치대로 바로 알면 남을 해칠 어리석은 생각이 안 납니다. 그것이 바로 지혜지요. 인생을 바로 살아가는 것이에요. 그것이 수행하는 사람이 탐진치 삼독에 꺼둘리는 사람의 태도와 백팔십도로 다른 이유지요.

악업이든 선업이든 업은 다 업이에요. 좋은 짓해서 좋은 업을 지으면 내가 살아가는 데 평탄하고 살기 좋은 세계가 열리는 것이고, 내 욕심대로 하면 가는 길이 가시밭길이 되고 괴롭고 고통만 일어나서 나도 괴롭고 남도 괴롭고 세상이 자꾸 어지러워져요. 그래서 불교에서는 탐진치 삼독을 바꾸는 그런 노력을 수행이라고 하는 것입니다.

그럼 선업도 짓지 말고 악업도 짓지 말라는 의미는 무엇인지요?

선업을 지어 좋은 것을 받는 것도 사실은 괴로운 것이지요. 착한 일을 해서 답례를 많이 받아 돈과 권리가 생기든가 해도, 아무 일도 없기만은 못하잖아요. 좋은 일도 일 없기만은 못한 거예요. 그러니 선업도 짓지 마라. 좋은 과果를 받으려는 그것도 버리라는 뜻입니다.

고기를 먹거나 술을 먹더라도 무심 상태에서 하는 행동은 업이 안 된다는 말이 있는데요.

무심은 도를 깨쳤을 때의 마음 상태를 말하는 것이에요. 주의를 안 해서 무심하게 한다는 게 아니에요. 그런 무심은 실수를 말하는 것이지요.

진짜 무심으로 했으면 입에서 무심이란 소리도 안 나와요. 무심이란 '마음이 없다'는 소리거든요. 그러니 참말로 무심이 되어버리면 좋은 것도 없고 나쁜 것도 없어요. 사량 분별이 떨어진 상태인데 무심이니 아니니 하는 말도 할 수 없지 않겠어요?

무심에서는 어떠한 변화에도 판단이 없다는 말이에요. 무심 이야기를 한다는 건 이미 의심이 있다는 거지요. 남이 독약을 주든 나를 해치든 내가 무심이면 영향을 받지 않아요. 아무 생각이 없으니까. 다시 말하지만 보통 사람들이 정신없이 깜박한 상태에서 저지른 것을 무심하다고 하는데 무심은 그런 게 아닙니다. 그건 자기가 분명히 책임을 져야지요.

'생사가 둘이 아니다'는 말과 '생사가 없다'는 말은 서로 같은 뜻인가요?

말 그대로 하면 조금 다르기도 하고 같기도 하지요. '생사가 둘이 아니다'는 소리는 나고 죽는데 상관이 없다는 소리예요. 둘이 아니라는 말을 말 그대로 해석하면 사는 거나 죽는 거나 다르지 않다는 건데, 이는 본시 생사가 없다는 말이지요. 이 말은 결국은 같은 소리예요. 같은 소리지만 서로 강약이 좀 다르지요. 생사가 없다는 소리는 삶과 죽음을 뛰어넘었다는 소리예요.

가령 우리가 하나는 옳다, 하나는 그르다 하고 싸우는데 그게 시비거든요. 옳다 그르다 시비하면 결국은 시나 비나 그게 별 차이가 없어요. 예를 들어서 달갈이 먼저 생겼냐 닭이 먼저 생겼냐 둘이 싸울 때 달갈이 먼저 생겼다는 걸 들으면 그게 옳거든요. 달갈 속에서 닭이 나오니까. 하지만 달갈이 어디서 나오느냐 하면 닭이거든요. 이것도 옳은 것 같고 저것도 옳은 것같이 알쏭달쏭하잖아요. 그러니 시비예요. 옳으니 그르니.

시와 비가 다른 것 같지만 깊이 따지고 보면 시비는 같은 거예요. 옳다는 소리나 그르다는 소리는 글자만 다르지 같아요. 하지만 보통 사람에게는 그게 안 통하지요. 옳고 그른 것이 분명한데 왜 시와 비가 다르지 않다고 하느냐. 나쁜 짓하고 좋은 일하고 어떻게 같냐는 거지요.

종이를 놓고 둘이 안쪽이다 바깥쪽이다 하고 싸우거든요. 한 사람은 안쪽이다 하고 버티고 다른 사람은 아니다 바깥쪽이다 하고 버티고 있어요. 둘이 날마다 싸우지만 끝이 없어요. 그렇지만 안쪽이 바깥쪽이고 바깥쪽이 안쪽이에요. 이게 안팎이 둘이 아니라는 소리잖아요. 도저히 갈라놓을 수 없지요. 바깥쪽 없는 안쪽이 있을 수 없고 안쪽 없는 바깥쪽도 있을 수 없다 그거예요.

밝은 것과 어두운 것도 그래요. 밝은 것이 독립적으로 있을 수 없고 어두운 것도 독립적으로 있을 수 없어요. 밝다는 소리나 어둡다는 소리나 따지고 보면 같아요. 그렇지 않겠어요. 밝음이 없으면 어둠이 어떻게 성립할 수 있으며 어둠이 없으면 밝음이 어떻게 성립하겠어요. 이렇게 밝음 없이 어둠이 있을 수 없고 어둠 없이 밝음이 있을 수 없듯이, 삶이 없는 죽음 없고 죽음 없는 삶이라는 것도 있을 수 없어요.

원리를 보면 사실 그것이 한데 붙어 있어요. 살았다는 것도, 살았지만 어느 쪽이 살았느냐 그거예요. 십 년을 살았다는 소리나 십 년을 죽었다는 소리나 같은 소리예요. 내가 십 년을 살았다 해서 그동안 살았던 걸 뭉쳐놓은 게 없잖아요. 지나간 그림자지. 그건 완전히 썩은 거라 회수할 수가 없어요. 그러면 십 년간 죽었다는 소리가 되는 거지요. 돌아가버렸어요. 그 사람이 앞으로 또 십 년을 산다 해도 앞으로 십 년은 지금 아무 상관이 없어요. 미래의 일이니 지금 무슨 상관이 있겠어요. 그렇게 내가 산다면 살았다 해도 맞고 죽었다 해도 맞는 소리예요. 보통 사람들한테는 통하지 않는 소리지만.

하지만 조금만 정신 차리면 그게 말이 됩니다. 우리가 백 년을 산다 해도 그렇게 사는 건 영원하지 않아요. 결국 죽음이 온다는 말입니다. 그러니까 생과 사가 둘이 아니라는 거지요. 그것을 초월하면 생과 사를 여의고 생사가 상관없는 차원 높은 세계로 들어가는 거지요.

우리가 죽음에 딱 부닥치면 죽게 되는데 그다음은 모르거든요. 보통은 모릅니다. 그렇게 모르니까 몇십 년을 살아도 시간만 흘러갔지 결과는 없어요. 결국 죽었거든. 백 년을 사나 십 년을 사나 일 년을 사나 하루를 사나 똑같아요. 시간이 좀 기냐 짧으냐의 문제일 뿐 결국은 죽었다 그거예요. 죽으면 끝이거든요. 그다음은 모르니까. 깜깜하니까. 그다음 세계를 몰라요. 그게 중생 놀음이지요.

하지만 참말로 진리를 알면 그렇게 붙어가는 게 아니에요. 죽음과 상관없는 그 자리가 있어요. 그것을 불교에서는 육식 세계를 떠나 제칠식, 제팔식, 제구식이라 말해요. 그러니까 쉽게 말하면 마음 깨쳐서 생사를 초월하는 거예요. 그걸 열반이니 삼매니 부처니 보살이니 하는 거예요. 그 말 표현만 다르지 결국 생사가 상관없는 그런 근본 자리를 말하는 겁니다.

생사에 흔들리고 사는 것, 그것은 희미한 그림자에 지나지 않아요. 백 년을 살았다 한들 백 년간 흘러간 그림자예요. 불교에서는 그것을 똑똑히 바로 보라고 합니다. 생사가 없어요. 눈앞의 한 생각만 바로 보면 그게 영원한 거예요. 우리가 어리석어서 정해놓은 거지, 시간은 없어요. 백 년을 살았다 해도 그 시간을 세상에서는 인정하지만, 내가 죽으면 백 년이란 시간이 어디 있느냐 이 말이에요.

요즘 과학자들이 모든 것은 하나로 돌아간다고 그러는데, 그 하나가 모든 물체의 근본을 말합니다. 이 세상이 형형색색 다르지만 깊이 따져보면 모두 원자나 소립자로 돌아가는 거예요. 전자를 보면 아무것도 없어요. 기운, 에너지일 뿐이지. 거기에서 만유가 일어나요. 그것이 일어나고 멸하는 것은 있다가 없어지는 그림자예요. 그러니까 그놈이 온갖 작용을 하는 거지요.

물이 온갖 작용을 해서 얼음 됐다, 안개 됐다, 싸라기 됐다, 우박 됐다, 별 모습으로 다 바뀌어도 물이라는 건 변함없지요. 기온 따라 모양이 변했지 물 자체는 조금도 변하지 않고 부증불감이에요. 그렇듯 우리 마음이 희로애락 하는 건 변화하는 경계이지 그 근본 원리는 시간과 공간을 초월해요. 나고 죽는 걸 초월하는 영원한 자기가 있다는 것이지요.

죽음과 상관없는 자리, 그게 불생불멸인 본래의 자리예요. 그걸 다른 각도로 말하면 일념즉시무량원겁一念卽是無量遠劫이라, 한 생각이 한없는 시간이라는 말이에요. 우리가 지금 백 년을 산다 하지만 죽으면 백 년이라는 시간은 없어요. 착각하고서 백 년을 본 거지, 죽어보면 백 년이 어디 있느냐는 말이에요.

시간이란 게 본래 없어요. 눈을 딱 뜨고 바로 보면 항상 그 자리라. 몇억 년 간다고 그놈이 변한 것도 아니고. 우리 중생이 시간을 자기 업으로 정해 만들어놓은 거예요. 어제는 그 시간이 있었지만 오늘 딱 죽으면 시간을 어디 가서 찾을 거예요? 팔십 늙은이도 새로 태어나면 어린애가 되거든요. 그러니 우리는 다 동갑이에요.

인간이 사는 동안은 이렇습니다. 모두 껍데기로 따지는 거지,

희로애락의 감정으로 아무리 살아봐야 결국 남는 건 하나도 없어요. 원수진 사람이나 사랑했던 사람이나 백 년이라는 시간이 막을 내리면 어디에 있느냐 그 말이에요. 그렇잖아요. 전부 환상에 매달리고 울고불고 야단을 친 것이거든요. 그러나 울고불고하면 괴롭지요. 반면에 웃는 건 기뻐요. 그러니 기쁘려면 환상에서라도 남을 해치지 말고 도와주라는 거예요.

옛날에 제바달다가 지옥에 가 있어도 큰소리를 치니 아난다가 "언제 지옥에서 나오겠느냐?" 하고 물었어요. 그러니 제바달다가 "석가모니가 여기에 들어오면 나간다." 그랬어요. 그래서 아난다가 "부처님은 삼계의 대사이거늘 어찌 지옥에 들어갈 기회가 있겠느냐." 하니까 "그러면 나는 어찌 지옥에서 나갈 기회가 있겠느냐." 그랬어요. 그만큼의 배짱이 되어 지옥에서 큰소리칠 수 있으면 고락이 둘이 아닌 경지라 할 수 있겠지요.

그러나 중생에게 함부로 그런 이야기를 하면 그 깊이도 모르고 "선악이 둘이 아닌데 그까짓 거 사람 죽이고 도둑질하고 별짓 다 해도 되겠다." 이러거든요. 그렇게 해서 받는 모든 고통에도 상관이 없다면 그렇게 해도 되겠지만, 분명하게 괴로움과 기쁨이 갈라져 있으니 큰소리치면 안 돼요.

참으로 내 인생을 바로 보고 견성 오도한 사람은 생사에 상관없는 사람입니다. 금방 죽더라도 그까짓 것 하고 다 집어던질 수 있는 세계를 획득해야지, 말 가지고 되는 게 아니라는 거지요. 그런 이치만 알면 사소한 것들은 다 똑같은 문제에요. 다르지 않아요. 말만 바꾸어놓았지.

유마 거사가 아프니까 부처님이 제자를 보내서 문병하게 했어요. 언제 거사의 병이 낫겠는가 하니, 유마 거사가 일체중생의 병이 다 나으면 내가 낫는다, 한 중생이라도 병에 걸려 있는데 내가 어떻게 병이 나을 수 있겠느냐 했거든요. 그 얼마나 세계관이 넓어요. 그 말만 들어보아도.

바닷물 어디를 가서 찍어 먹어봐도 다 짜요. 다 다른 것 같아도 깊이 따져보면 다 똑같은 소리고 하나도 다를 게 없어요. 다만 어리석은 사람을 가르치기 위해 조건부로 말하는 게 필요한 거지요.

윤회는 깨닫지 못한 중생에게만 해당하는 것인지요. 깨달은 자는 업을 짓지 않는다, 업대로 몸을 받는다는 건 육신을 이탈한 영혼이 있어서 그렇다는 것인지요. 만약 영혼이 있다면 깨달은 사람의 영혼은 어디에 있는가요. 그렇다면 영혼을 어떤 존재로 생각한다는 것인데, 오고감이 없다는 의미는 무엇인지요. 우주가 하나라는 것과 육신과 정신이 분리되어 있다는 이원적 사고방식은 양립할 수 없는 것 같은데요.

육신과 정신이 분리되어 있다는 건 불교에서는 없는 소리에요.

세상에서 하는 소리지. 보통 미한 사람은 현실에서 다 미해요.

불교에서는 그것이 전부 자기가 생각하는 대로 현상이 나타난다고 해요. 모든 현상은 내 마음 그림자다. 이 우주도 다 허깨비예요. 내가 인정하니까 우주가 있는 거지, 내가 인정하지 않으면 우주도 없는 거예요.

그렇게 생각하면 내 몸뚱이도 내가 인정하니까 있는 거지, 그렇지 않으면 없는 거예요. 생각해보세요. 모태에 들기 전에 자기 몸이 있었느냐? 모르잖아요. 내가 나와 가지고야 비로소 내가 있고 하늘이 있고 그렇지.

십이인연법이 첫째가 무명이에요. 무명은 정신 못 차린다는 소리예요. 무명에 연하여 행동이 일어나고, 행동에 연하여 식識, 알음알이가 생기고, 식에서 연하여 온갖 명색 분별이 일어나고, 명색에서 안·이·비·설·신·의 육입이 일어나요. 육입이 일어나면서 감촉이 일어나고, 감촉을 하면 수, 받아들인다 이 말이에요. 수로 연하여 애가 생기고, 애로 연하여 취가 생기고, 취로 연하여 유가 생기고, 유로 연하여 생이 생기며 생이 연하여 노사가 생겨요. 그게 불교의 십이인연이지요. 불교에서는 다 허무한 것, 무명에서 일어나요.

본래 청정하거니 산하대지가 본래 깨끗한데 어찌하여 산하대지가 생겨나고 지옥 천당이 벌어졌느냐. 세상 사람들은 나타난 현상을 가지고 따져가며 철학적으로 구명하지만 불교에서는 내 마음 하나로 전 세계를 보지요.

破邪顯正

曦陽山老 西庵

깨달으면 어떻게 달라집니까

깨달으면 어떻게 달라집니까?

보통 사람은 자기 정체를 모르고 자기 생명이 어디에서 오는 줄도 모르고 죽어서 어디로 가는지 그 방향도 모르고 하루하루를 살면서 자기가 어디에 있는지도 모르는 채 항상 들떠 삽니다. 누가 웃기면 웃고 울리면 울고 칭찬하면 좋아하고 헐뜯으면 성내고, 마치 갈대가 바람에 나부끼듯 정신없이 흔들리며 살아요. 그렇게 사는 건 정신없이 헤매는 것밖에 안 돼요.

깨닫는다는 건 그런 허깨비 그림자를 털어버리고 참다운 알맹이인 본래의 자기를 똑바로 보고 사는 걸 말해요. 자기를 모르고 살면 항상 바깥 경계에 끄달려 정신없이 헤매니 괴로울 수밖에 없잖아요. 깨달으면 완전히 달라지지요. 혼미하면 갈팡질팡 술 취한 사람 같은데, 깨달으면 자기 방향대로 정확하게 살아가니 다 달라지는 거지요.

확철대오하면 망념이 아주 없어지는지, 아니면 미세한 망념은 남아 있는지요.

묻는 것 자체가 잘못된 거예요. 쉽게 말하면, 꿈속에서는 어떤 소리를 해도 꿈속 이야기밖에 못 해요. 꿈 깬 뒤 이야기는 꿈 깨기 전에는 할 수 없듯이 확철대오한 경지를 여기 앉아서 따진다는 게 꼭 그와 같은 것이에요. 확철대오한 사람이 망상이 있고 없고는 미한 사람의 세계에서 따지는 거지, 꿈 깬 사람이 그 소리를 들으면 웃음밖에 안 나옵니다.

확철대오한 사람이 미세한 먼지 같은 생각이 남아 있느니 없느니 하는데, 가는 생각과 큰 생각이 뭐가 다른지를 한번 따져봅시다. 그 가는 생각이나 큰 생각이나, 생각에 흔들리는 건 마찬가지지요. 그럼 확철대오한 세계를 이야기한다는 것 자체가 우스꽝스럽고 안 되는 이야기지요. 확철대오한 세계는 생사를 초월하고 모든 상념을 초월한 세계인데 어떻게 미한 세계에서 이야기가 되겠어요.

꿈을 꾸는 사람은 꿈속의 이야기밖에 못 하고, 꿈을 깨면 그 모든 게 다 거짓이라는 걸 알아요. 꿈을 깨버리면 좋은 꿈이 어디 있고 나쁜 꿈이 어디 있나 이 말이지요. 꿈에 어디 가서 보배를 얻었다 해도 깨고 나면 보배가 어디 있으며, 꿈에 누가 나를 해치려고 칼을 들고 쫓아와도 깨고 나면 그것이 어디 있냐는 말이지요. 그러니까 꿈을 꾸는 사람들이 꿈 깬 사람들에 대해 이야기한다는 것 자체가 말이 안 된다는 거지요.

깨달음을 얻었다고 하시는 분임에도 몸이 아픈 것에 집착하는 걸 보았는데 그것을 깨달았다고 말할 수 있습니까?

깨달은 사람이라고 해서 몸에 감각이 없는 것은 아닙니다. 도통천지무형외道通天地無形外 사입풍운변태중思入風雲變態中이라, 도란 본시 천지 형단이 없는 밖에 있지만, 생각은 바람과 구름같이 변화무쌍한 가운데 나오는 것이지요. 그러므로 깨달은 사람도 몸을 받은 이상은 아프고 쓰리고 모든 것을 느끼지만 근본 자리에 입각해서는 공한 줄을 알고 있는 겁니다.

그럼 그것은 과거 업식 때문에 아픈가요?

과거 업식 때문이 아니라도 이 육체는 배고프면 먹어야 하고 목마르면 물을 마셔야 해요. 운전사도 자동차가 고장 나면 갈 수가 없어요. 그렇듯 우리 몸도 자기 마음대로 구사하지 못할 때가 있어요. 운전사가 자동차에 휘발유도 넣어주고 닦아주고 기름도 쳐야 되듯이 우리 이 몸도 잘 먹여주고 재워주고 닦아주고 보호해야 합니다.

깨달은 사람은 자기 근본이 화두 삼매에 든 까닭에 몸이 아프더라도 그 아픈 것을 털어버리지요. 중생은 아프면 아픈 데 꺼둘려 정신이 없지만 깨달은 사람은 아프면 아플 뿐이지 그 아픈 데 꺼둘려 쩔쩔 매거나 정신이 없거나 흐려지지는 않아요. 몸을 마음대로 집어던질 줄 아는 겁니다. 마치 그림자가 연못 속에 잠겨도 입고 있는 옷이 실제로는 젖지 않는 것처럼 몸이 아파도 자기 근본 자리는 구애받지 않고 여일하지요.

나름대로 득도했다고 하는 분 중에 득도한 그 자체, 일종의 자기 법에 애착을 많이 가지는 경우가 있더군요. 그 점은 어떻게 봐야 할까요?

법이라는 것이 일체 애착을 떠남인데 착이 있을 수 없지요. 법은 천만인의 자리가 똑같고 사생육도가 똑같은 자리예요. 공겁이전空劫以前에 증유차물曾有此物이라, 우주가 즉 건곤이 생기기 이전에 이 물건이 있었어요. 또한 사생공동四生共同이라 태란습화胎卵濕化 사생이 똑같고, 생불명불生佛名不이라 중생이니 부처니 그런 이름도 붙지 않는 것이지요.

중생이니 부처니 하는 게 사실 어두운 소리지요. 닿지 않는 자리를 목표로 해서 일어나는 가지가지 분별심 때문에 처처에 걸리고 있는 겁니다. 법이란 그 자리가 일체 걸림이 없는 자리, 해탈의 자리예요. 법에 내 법이 어디 있고 네 법이 어디 있으며 중생이 어디 있고 부처가 어디 있겠어요.

외도의 논리로서야 중생에 걸리고 부처에 걸리고 처처에 걸리지 우리는 부처도 중생도 없는 거 아니겠어요. 어디에 걸리면 그게 무슨 해탈입니까. 부처에 걸리고 법에 걸리면 그건 법이 아니에요.

바로 내가 우주 전체예요. 부처님께서 우주와 내가 둘이 아니고 우주 전체를 스스로가 창출해낸 것이라고 가르쳐주셨어요. 천상천하유아독존이니, 하늘 위나 하늘 아래에서 내가 높지 나를 지배하는 신이 있다는 건 잠꼬대 같은 소리예요. 내가 우주의 조물주지 하늘 위에도 나를 간섭하는 신이 없고 땅 속에도 나를 간섭하는 신은 없어요.

내가 없는 시간이 없고 내가 없는 공간이 없어요, 부증생부증멸이라, 생멸하지 않으니 또한 없어질 수 없는 것이지요. 이것이 각자 본래면목이니 법에 무슨 비밀이 있겠으며 또한 함부로 해서 안 되고 하는 것도 절대 없습니다.

정진하다 보면 망상이 주로 미래에 대한 것보다는 과거에 대한 것이 많이 일어납니다.

과거는 자기가 지냈던 기억이니 사라지지 않고 자꾸 되풀이해 나타나는 거고, 미래지사는 자기도 희미하니 별로 안 일어나는 건 당연한 일 아니겠어요.

기도 정진할 때 자꾸 번뇌 망상이 들어 일념이 안 됩니다. 어떻게 그 망상을 제어할 수 있을까요?

이 공부가 쉬운 사람은 아주 쉽습니다. 그런데 또 어려운 사람은 아주 어렵지요. 술을 먹고 담배를 피워 몸이 나빠진 사람을 봅시다. 의사가 술도, 담배도 안 된다고 하면 우선은 각성이 되겠지요. 그런데 그 각성한 것을 실천하는 건 문제가 다릅니다. 용기 있는 사람은 듣자마자 끊습니다. 그러나 용기 없는 사람은 비록 끊었다 해도 다시 피우게 되고 결국 평생 못 끊기도 하지요.

중요한 것은 용기입니다. 뭐든지 용기에 따라 됩니다. 이 공부를 하는 게 오락으로, 심심풀이로 하는 게 아니지 않습니까? 내 위대한 인생을 찾자는 것인데 어찌 안이한 마음으로 되겠습니까. 내 인생을 모르면 살아가는 것이 그대로 물에 떠내려가는 것과 같아요.

이 세상 올 때에도 어떻게 왔는지 모르고 사는 것도 그날그날 끌려가며 탓하고 부아 지르고 혼몽천지로 헛되이 흘러가지요. 갈 때는 어떤가요. 죽으면서도 죽어 가는 곳도 모르고 회향할 때를 모릅니다. 헛일하며 흙탕물에 떠내려가는 것과 한가지지요. 그것이 중생심입니다. 천상으로, 귀신으로, 축생으로 떠내려갔다 매일 쳇바퀴 돌듯 헤매는 것이 중생살이예요.

그러나 한 생각 바로 먹고 용기를 내면 다 됩니다. 망상은 다생에 익힌 마음의 그림자거든요. '내가 나고 죽는 것에 떠밀려가서는 안 되겠다.' 이런 결심이 딱 서면 어떤 망상도 침범할 여지가 없습니다. 마치 호랑이가 쫓아오거나 누가 칼 들고 쫓아오면 평소에 없던 용기가 생겨 보통 때는 엄두도 못 낼 열 길 스무 길을 뛰는 것처럼, 그런 급한 용기를 갖고 화두에 몰두해보세요. 그 의심 덩어리에 몰두해서 '나도 생사의 그물을 벗어나보자.'라는 확고한 신념을 세워보세요. 그러면 어떤 망상도 결국 다 사라지니 용기를 내 해보시지요.

공부를 하다 보면 불 앞에 서 있는 것처럼 몸이 후끈후끈해질 때가 있습니다

너무 급한 생각으로 공부하다 보면 몸이 상기가 되어 화끈화끈

해집니다. 그럴 때는 밖으로 나와서 바람도 쐬고 마음을 가다듬어 다시 조용히 화두에 들어야 해요. 몸에 자꾸 열이 생기면 나중에 병이 되기 쉽습니다.

참선 공부는 거문고 줄을 고르듯 하라고 하였지요. 거문고 줄을 너무 팽팽하게 하면 소리가 끊어지고 너무 늘어지면 소리가 안 납니다. 줄을 알맞게 해야 소리가 잘 납니다. 공부를 급한 생각으로 하면 몸에 열이 생기고 반대로 너무 느긋하게 하면 공부가 안 됩니다. 그러니 마음 조정을 잘해야 해요.

그리고 몸이 계속 화끈거리더라도 그리로 느낌이 안 가면 됩니다. 화두를 하면 몸에 불이 붙더라도 감지가 안 되어 모릅니다. 화끈거림을 안다는 건 벌써 화두가 달아났다는 뜻이에요. 이런 상태를 어떻게든 고쳐서 화두 일념으로 몰아넣어야 해요. 화두를 하면서 몸에 어떤 감각을 느낀다면 그것은 화두가 순일하게 안 된 것이지요.

미래의 일이 보이는 것은 어떻게 생각해야 할까요.

미래의 일이 보인다는 것도 두 종류가 있어요. 정신이 밝아서 미래의 일이 환히 보이는 것도 있고, 공상과 망상을 해서 미래를 자꾸 생각하는 것이 있지요. 미래가 저절로 환히 나타나는 거야 뭐 나쁜 건 아닙니다. 거기 팔릴 건 못 되지만 정진하고 맑아지면 미래의 일이 나타날 때가 있어요. 문밖에 누가 오는구나 하는 게 거울같이 환히 보일 때가 있어요. 그건 마음이 밝아서 비치는 거니까 나쁠 건 없지요.

일념삼매의 선정에 들었다고 할 때 외도에서 말하는 선정과 불법에서 말하는 선정의 차이는 무엇인가요?

근본적으로 다르지요. 옛날에 이런 이야기가 있어요. 산속에 유리독이 하나 있어서 가만히 보니 몇백 년 묵은 사람인 거예요. 그 안에서 정定에 들어 손톱 발톱이 자라 쌓였어요. 그렇게 정에 들어서 몇백 년이 흘러갔던 것이지요. 하지만 그 사람은 결국 정에서 깨어난 뒤 타락했다고 해요.

그러니까 그런 건 사정邪定이지요. 생사를 초월하는 정정正定이 사정과 같을 수는 없어요. 근본 생각에서 다릅니다. 어떤 신통을 구하기 위해 정을 닦으면 신통은 성취하지만 생사를 초월하지는 못합니다.

가령 내가 감투를 한번 쓰고 싶다, 내가 신통 변화를 부려 사람들을 항복받겠다, 그런 것을 원력으로 하는 사람도 있거든요. 그런 사람이 거기에 골똘히 하면 정은 된다 말입니다. 정을 통해 그런 신통을 얻을 수는 있지요. 그러나 삿된 생각에서 일어난 것이기에 그것이 정당한 신통이 될 수는 없어요. 거기서 설사 어떤 기술을 얻었다 해도 기술에 그치고 마는 거지, 생사를 초월하는 것은 아닙니다.

정정은 생사를 초월해 참 근본을 얻는 것이고, 사정은 자기 욕심에 사로잡혀 애착을 여의지 않고 어떤 신통 변화를 얻은 것이에요. 그러니 사정이 되고 유루정有漏定이 되는 거지요. 유루라는 건 글자 그대로 새어 없어진다는 말이지요. 내가 신통을 얻어 산을 뛰어넘고 이술異術을 하고 갖은 조화를 부리게 되어도 결국은 그것 또한 다 없어지는 거예요. 백수를 누린다 해도 그걸 왜 하냐 그겁니다. 결국엔 다 없어지는 건데.

정정은 무루법無漏法, 새지 않는 법이에요. 내가 모든 문제를 해결하는 열반에 이르는 그런 정이지요.

신통을 구하는 건 아닌데, 선정에 들어 마음이 고요한 상태를 즐기며 머무르는 것도 문제라고 하는데 그것도 사정邪定인가요?

정도 뭐 여러 가지 정이 있지요. 초선, 이선, 삼선, 사선, 학술적으로 여러 가지로 분류도 합니다. 그렇게 안정을 얻는 것도 차별이 많지요. 안정을 찾으면 그 안정에서 낙이 생기거든요. 조용하고 편안하니까.

그런데 그것이 편안하다고 해봐야 생사의 근본을 해탈하지 못한 편안함은 언젠가는 끝이 나고 맙니다. 또 설사 끝이 안 난다 하더라도 편안한 데 머물러 가지고는 진척이 없지요. 그래서 불교에서는 그것도 반대하는 거예요.

공부하다가 궁금증이 생겨요

공부하는 사람들이 수행의 경지를 스승에게 인가받는 걸 어떻게 생각하시는지요.

참으로 깨달았다면 인가받지 않아도 스스로 알게 됩니다. 자기가 아는데도 확실히 깨달은 사람을 찾아가 인가받는다는 건 서류가 완전해서 잘못된 것이 없다 하고 도장을 찍어주는 것과 마찬가지지요. 도를 얻었다고 옳다고 도장 찍어주는 게 인가예요. 하지만 참으로 확철대오하면 스스로가 알아요.

그러나 크게 깨닫지는 못하고 그냥 자기 깜냥대로 깨달은 사람들이 있어요. 그런 사람들은 유명한 스님이 옳다 하면 인정이 되지만, 시원찮으면 다시 공부하라고 가르쳐줍니다. 그런데 그렇게 인가를 해줄 수 있는 사람은 천하가 다 알 만큼 완전히 깨달은 사람, 말하자면 과거 육조 혜능 스님 같은 큰 도인들이어야 하지요.

외호대중外護大衆을 만나지 못하면 깨닫기 힘들다는 말이 있는데요.

그건 외호대중이 잘해주면 공부하는 데 도움이 될 수 있다는 말이지요. 하지만 외호대중이 없어도 내 결심만 확고하면 혼자 바위 밑에 앉아서라도 깨칠 수 있고 힘든 노동 속에서도 깨칠 수 있어요. 그러니 꼭 외호대중이 있어야 공부할 수 있다고 말할 수는 없어요. 외호대중이 있으면 밥 먹고 옷 입고 거처하는 데 불편이 없어 공부에만 전념할 수는 있겠지요. 그걸 스스로 다 해결하려면 공부하는 데 좀 꺼둘리겠다 하는 정도쯤으로 생각하면 되겠지요.

법문하실 때 주장자를 치는 건 무슨 의미인지요.

주장자를 치면 사실 법문은 거기에서 다 끝나는 겁니다. 우리가 입을 열고 혀끝으로 무슨 소리를 해봐야 맨날 다람쥐 쳇바퀴 돌듯 사량 분별에 그치는 말밖에 못 해요. 주장자를 친다는 건 그런 잡념을 다 쓸어버리고 근본 도리를 다시 한번 나투자는 뜻도 되고 다른 여러 가지 뜻이 있어요.

주장자 한 번 탁 치는 데서 천 사람, 만 사람이 잡고 있던 걸 다 놓아버리고 제정신 바짝 차리는 그런 도리가 있어요. 말을 듣지 못하는 영가도 주장자를 친 사람의 정신에 따라 달리 반응합니다. 사념 없고 모든 망념을 다 쉬고 진리에 도달한 사람이 주장자를 치면 모든 중생이 다 가피를 입지요. 하지만 흉내만 내서는 그냥 막대기를 두드리는 것에 불과할 뿐 그건 법문이 안 됩니다.

주장자를 치는 것은 말로는 깊이를 알 수 없는 심오한 세계의 진리를 드러내 보이는 도리예요. 그래서 한 번 탁 치면 모든 귀신이 그 소리에 혼비백산해 고향으로 돌아가는 도리라 이 말입니다. 말하자면 구지 선사가 손가락 하나 번쩍 드는 것이지요. 그 손가락 하나가 우주 전체와 계합하는 법문을 말하는데, 모양만 따르는 사람은 손가락 드는 게 무슨 법문이냐고 하겠지요. 그런 이야기와 똑같은 겁니다. 주장자를 한 번 때리면 모든 법에 미치고 통하는 사람이 있어요.

부처님 당시 어떤 외도가 부처님께 말을 하지도 말고 안 하지도 말고 법문을 일러달라고 했어요. 그러자 부처님이 아무 소리도 안 하고 묵묵히 앉아 있었거든요. 그러자 이 외도가 환희심을 내고 근본 도를 깨달았다며 무수히 절을 하고 갔어요. 말 안 해도 마음이 통했던 거지요.

우리는 마음을 표시하는 수단으로 말을 씁니다. 그런데 그전에 벌써 그 생각을 일으키는 도리가 있는데 이게 이심전심이고 주장자 한 번 탁 때리는 것입니다. 이것이 몇 시간 하는 법문보다 나을 수가 있지요. 눈만 껌뻑해도 통하는 사람은 다 통합니다. 그러나 미련한 사람은 아무리 설명해도 무슨 소리인지 모릅니다.

초발심자에게는 어떤 경전이 좋을까요?

절에 가면 처음엔 주로 《능엄경》을 보게 하고 그다음은 《금강경》, 《원각경》, 《화엄경》을 보게 하는데 꼭 어느 경전을 먼저 봐야 한다고는 말할 수 없어요. 사람한테 계급이 정해져 있는 것도 아니고 일률적으로 말할 수는 없지요. 경전을 이것저것 보면서 자기 스스로 판단하는 지혜가 생기는 거지, 누구에게 어떤 경이 맞는다고는 말할 수 없지요.

예를 들어 《능엄경》은 현실적으로 일어나는 생활의 여러 가지를 많이 밝혔지요. 그리고 《금강경》은 현실의 상에 치우치지 않고 진리에 들어가는 공의 도리, 유에서 무로 들어가는 공의 도리를 밝혔어요. 《원각경》은 좀 높은 차원으로 진리를 깊이 알아들을 수 있는 강의를 많이 했고, 《화엄경》은 차원이 더 높아서 꽃이 피는 것이나 새 우는 것들이 진리와 다름없다는 식의, 진리를 표현하는 범위가 좀 다르지요.

하지만 이 모든 게 결국은 그 한 물건을 규명한 것이에요. 마음의 꿈을 깨는 것을 말한 것이지, 어느 것이 꼭 더 좋다 이렇게 못 박을 수는 없어요. 부처님은 수기설隨機說이라, 때에 따라 사람에 따라 법을 설한 것이지, 꼭 이런 법이다 저런 법이다 못 박은 게 아니지요. 그래서 무유정법이 명아뇩다라삼먁삼보리라 그랬어요. 일정하게 이렇다 딱 못 박으면 그건 벌써 병든 법이라는 겁니다. 법이라는 것은 살아 흘러가서 그 당시 그 사람에게 각성되면 그 진리가 살아 흐르는 것이지, 꼭 이거다 저거다 결정지으면 벌써 어긋나버린다고 말씀하셨어요.

딱 결정한 법이 있지 않음이 진리에 들어가는 법이다. 그래서 무상정변지無上正遍知라, 이보다 더 나아갈 수 없는 바르고 두루한 법과 지혜라 했거든요. 무상정변지가 바로 아뇩다라삼먁삼보리예요. 쉽게 말하면 바르게 마음 찾아 들어가는 가르침이다, 그리 알고 있으면 됩니다.

불교는 참 허허망망해서 이렇다고 딱 결정지어 못 박는 게 없어요. 이 세상에 물건이 참 많잖아요. 복잡하게 많은데 그중 어느 것이 우주의 진리라고 말 못 하거든요. 그런데 어느 것은 진리에 부응하고 어느 것은 진리에 부응하지 않는다, 이런 법이 어디 있겠느냐 이겁니다. 다만 보는 각도에 따라 다른 것이지요.

음식을 먹더라도 떡 먹고 밥 먹고 술도 먹고 감주도 먹고 감차도 먹고 온갖 식물성 동물성 광물성 별것 다 먹는데 뭘 먹어야만 사는 데 꼭 필요하다고 꼬집어 말할 수 없다는 말입니다. 형편 따라 다 먹고사는 데 도움이 되지요. 마찬가지로 불교는 딱 꼬집어서 어느 것이 옳다 그렇게 말하지 않습니다. 다만 중생들이 혼몽천지가 되어 물에 물 타고 술에 술 탄 듯 갈팡질팡 길을 못 찾으니 체계 있게 말한 것이 경전입니다.

부처님은 십이 년 동안 아함부阿含部를 설하고 팔 년 동안 방등부方等部를 설하고 이십일 년 동안 반야부般若部를 설하고 마지막 팔 년 동안 《법화경》이나 《열반경》을 설했다 합니다. 중생이 근기가 다 다르니 많은 법이 필요한 것이지요.

하지만 또 어느 법이든 방해가 되는 것이기도 해요. 우리가 밥을 먹고 살지만 그 밥을 잘못 먹으면 체해서 죽기도 하잖아요. 그런데 어느 밥이 좋은 밥이고 어느 밥이 체하는 밥이냐 말이지요. 사람에 따라 먹고 체하기도 하고 체해서 죽기도 하고 잘 먹고 소화되기도 하고 그렇잖아요. 어떤 게 먹고 죽는 밥이고 어떤 게 좋은 밥인지 말할 결정적인 부분이 없어요.

불법이 그렇게 혼융하지요. 아는 사람이 보면 법 아닌 게 없고 모르는 사람이 보면 전부 촉처면벽이라. 어느 부분이 벽에 부닥치면 답답하고 통하지 않잖아요. 그러니 안목이 열려야 되는 것이지요.

스님은 특별히 즐겁고 환희심이 일었던 경전이나 책이 있으셨는지요.

부처님 경전은 처음 볼 때부터 전부가 조리 정연해서 다 재미가 있었지요. 특히 어느 정도 고생도 하고 여러 가지 세상 경험도 하고 사회 공부도 하고 의식 세계가 여물어서 부처님 경전을 보면 참으로 감명 깊을 때가 많지요. 배움이 다 끊어지고 할 일이 없어지는 그럴 때 말이에요.

한가한 도인은 망상을 끊으려고도 하지 않고 진리를 구하려고도 하지 않아요. 그런데 우리는 망상을 제하고 진리를 구하려 하지요. 하지만 참으로 구할 것과 이론이 끊어진 사람은 망상을 끊으려 하지도 않고 진리를 구하려 하지도 않습니다.

중생의 번뇌가 밝아지면 부처예요. 헛된 몸이 없어지는 게 곧 부처의 몸입니다. 참으로 놀랄 소리지요. 우리 중생 세계는 콩이고 팥이고 검고 희고 좋고 나쁘고 전부 차별인데 마음을 쉰 사람은 그런 차별을 다 부정해버리는 것입니다.

이런 실상 이치를 증득하면 너니 나니 하는 법이 없고 옳고 그른 법이 없어요. 또 찰나에 지옥이니 중생이니 하는 모든 게 다 잠꼬대같이 사라집니다. 듣기만 해도 시원시원하지요.

스님께서 과거에 수행하실 때 있었던 일을 말씀해주셨으면 합니다.

이런 귀중한 시간에 불보살의 금쪽같은 얘기를 해도 모자라는 데 시원찮은 중생의 잘못한 공부 여담을 얘기하는 것이 도움이 되겠습니까만 여러분이 물으니 몇 가지 경험을 말씀드립니다.

저는 지리산 곰이나 백두산 곰처럼 몹시 둔했습니다. 둔하면서도 애는 많이 썼습니다. 경經도 보고 신학도 연구한다고 학교에도 가보고 별짓 다했지요. 결국 그곳에서는 배워서 얻고자 하는 내 기대를 충족하지 못했습니다.

그러다가 너무 무리해서 병이 났습니다. 죽음을 생각할 정도로 아주 고약한 병이어서 이제 죽었다고 생각했지요. 이론으로는 안다고 생각했는데 실제로 병이 나고 보니 큰 구덩이에 빠진 것처럼 정신이 아찔했어요. 생사가 본래 없는데도 두렵고 안심이 안 되었습니다.

그래서 참선을 맹렬히 시작했던 것입니다. 산골짜기에 가서 한 달이고 두 달이고 먹지 않고 단식하며 공부를 했습니다. 그렇게 애를 쓰니까 몸에 열이 나기 시작했어요. 그래도 몸뚱이는 병이 들건 죽건 열심히 정진했더니 병은 어디로 갔는지 다 나았고 공부 문자 하나만 나타났습니다.

어느 때는 캄캄한 밤중에 굴속에서 혼자 공부하는데 바깥에서 내 이름을 부르는 소리가 들렸습니다. 이미 《능엄경》을 배워 그런 경계에 안 팔리는데도 너무나 신기하게도 내 이름을 부르는 거였어요. 그래서 문을 열고 밖에 나가 "어느 놈이 나를 부르느냐!"라고 말할 만큼 신경과민이 되기도 했어요. 어느 때는 몸집이 큰 장군들이 줄을 지어 와서 나를 습격하는 경계도 있었습니다. 이미 생명을 내놓은지라 무서울 것이 하나도 없었지요. 맞받아서 같이 호령하니 장군들이 내 말에 굴복하는 것이었어요. 또 어느 때는 산중에서 아무것도 안 먹고 정진하는데 친구들이 나를 초청해서 음식을 먹으라는 거예요. 그래 나는 단식을 해서 먹을 수 없다고 물리치기도 했지요. 단식을 삼칠일 이상 하면 꿈에서도 먹지 않고 깨곤 합니다. 이러한 안일한 생각을 새로 가다듬고 정진을 계속하여 어느 정도 자신을 얻고 나니 내가 잘못된 경계에 걸릴 뻔 했구나 하고 알게 되었지요.

또 공양한다고 거지같이 돌아다니면서 갖은 짓거리도 다 해보았습니다. 심지어 남한테 두들겨 맞기도 했지요. 그럴 때 성내는 마음이 나지 않고 오히려 그 사람을 동정하는 마음의 여유가 생겼습니다. 그전에는 내가 생각이 고약해서 아주 못된 성질이 있었는데 부처님 법의 껍데기나마 보고 들은 이후로 마음이 조금 너그러워졌지요. 누가 빰을 치고 덤벼들어도 속으로는 허허 웃고 '어린애니까 저러는 구나.'라는 생각에 상대할 마음이 안 들었습니다. 지금 생각해보면 그런 것이 성질을 누그러뜨리는 데에도 많은 도움이 되었지요.

터가 세면 정진하지 못한다는 것을 어떻게 생각하십니까? 큰스님께서는 터가 센 곳에서 수행하신 경험이 있으신지요.

터가 세다 하는 거 모두 착각이에요. 마을에 가면 상엿집이 있어요. 밤에 그 집에 가보면 쿵당쿵당하고 귀신이 왔다 갔다 하고……. 그건 다 자기가 역량이 부족해서 그러는 거예요. 정신 또렷한 사람이 그깟 귀신 망상에 홀려서 헤매겠어요.

세상에는 터가 센 곳이 있긴 있어요. 폐가나 흉가가 있지요. 그런 데는 모두 지형적으로 험상궂고 좋지 않은데, 그 지기地氣의 영향을 받아 공포심이 일어나면 그런 곳을 피해서 사는 게 좋아요. 하지만 그런 게 상관없는 사람이면 그까짓 게 뭔 상관이에요. 귀신이 배 위에 올라타도 걱정 없는 사람은 아무 상관없지만 귀신이 눈만 부릅떠도 정신을 잃어버리는 사람이라면 안 되지 않겠어요?

터가 센 곳에 가서 수행한 경험이 있냐고 물었는데, 어떤 곳이 터가 세다는 말은 들어봤지요. 그런데 정작 귀신 도깨비 나오는 건 못 봤고, 뭐 그런 데서 별 상관없이 지냈어요. 비가 오면 상엿집에 가서 피하기도 하고 공동묘지에 가 귀신이 버글거리는 데 있어보기도 했지요. 그런데 그런 말들이 다 번뇌가 많아서 정신 못 차리는 사람들이 하는 소리지, 정신이 있으면 생각해봐요. 산 사람이 왜 귀신같이 매가리 없는 것들한테 겁을 먹겠어요.

그전에 대여섯 살 먹은 한 화동이 겁이 없었어요. 옛날에는 서당을 주로 마을 뒤로 한참 가서 조용한 데 만들었거든요. 그런데 이 조그만 놈이 하도 당차고 겁이 없으니 선생이 하루는 일부러 마을에다 담뱃대를 두고 와서는 공부하던 도중에 담뱃대를 찾으며 "아하, 내가 담뱃대를 안 가져왔구나. 누가 가져올 사람 없느냐?" 했어요. 그런데 서당에서 마을로 가려면 귀신 도깨비가 나온다는 데를 지나가야 하는 거예요. 그런데 그 조그마한 아이가 자기가 가겠다며 나서는 거예요.

아이가 하도 당차니까 선생이 그러라고 하면서 일부러 귀신 나온다고 하는 그 장소에 먼저 가서 숨어 있었어요. 얼마 뒤에 그 화동이 통통거리며 와요. 그래서 선생이 팔을 불쑥 내밀었어요. 그런데 이놈이 턱 하니 만져보더니 획 뿌리치고 그냥 가거든요. 그래서 아이가 담뱃대를 가져온 뒤에 선생이 물었어요. "그래, 너 겁나지 않던?" "뭐가 겁나요?" "귀신 나온다고 그러던데 귀신 안 나오더냐?" 그랬더니 아이가 하는 말이, 어느 놈이 팔뚝을 불쑥 내밀기에 꽉 쥐고 획 뿌리치고 왔다고 그러는 거예요. 그래서 선생이 "얘, 그게 귀신이다." 하니, "귀신이 뭐예요, 만져보니까 따뜻하던데." 하는 거예요. 그놈이 그래 조사감이지요.

지혜가 앞서면 이렇게 판단이 환해요. 또 설령 귀신이 나온다 해도 제정신 있는 사람이 어떻게 귀신을 겁내냐 이거예요. 정신만 차리면 귀신은 없어요. 착란한 상태에서만 귀신이 있는 거지. 정신이 바로 박힌 사람이라면 귀신을 이겨야지요.

밝은 기운이 있으면 그림자가 침범 못 해요. 내게서 삿된 기운이 뻗쳐나가니 삿된 기운이 뻗쳐오는 거지, 내가 나쁜 기운이 없으면 귀신 구덩이에 가도 귀신이 침범을 못 해요.

영靈이라든가 무의식에 대해 알고 싶어요.

똑같은 소리입니다. 하나를 알면 다 알아요. 의식과 무의식을 우리는 우리의 의식 세계에서 판단합니다. 의식을 초월해야 된다는데 의식을 초월하면 의식이 없으니 무의식이지요. 의식이 없다 이 말입니다. 그런데 우리가 여기 듣고 묻고 하는 것은 전부 의식의 저울대를 가지고 묻고 듣고 따지고 있어요. 그러니 그것이 무의식 세계에서는 말이 안 됩니다.

쉽게 말하면, 꿈을 꾸는데 꿈속에서 아무리 따져도 꿈 밖 세계에서는 따져지지 않아요. 꿈 깬 세계에서는 이야기가 안 돼요. 꿈속에서 꿈 밖 얘기를 해본 적이 있어요? 꿈속에서는 어떠한 얘기를 해도 꿈속의 얘기예요. 꿈 밖의 얘기는 꿈을 깨야 됩니다. 그런데 꿈속 이야기를 꿈 밖의 이야기로 하라고 하니 답답한 노릇이지요.

꿈 밖 이야기는 물이 차고 따뜻한 것은 물 마신 사람만이 아는 것처럼 옆에서 아무리 설명해도 설명이 안 됩니다. 무의식 세계를 의식의 저울대를 가지고 이야기한다는 것이 말이 안 되지요. 그러니 꿈 밖의 이야기를 들으려면 꿈을 깨야 해요.

영이라는 것도 추상적인 소리지요. 귀신이니 영이니 하는 것은 인간이 상상으로 만들어놓은 것입니다. 인간이 신을 만들어놓고 자기가 거기에 걸려 쩔쩔 매는 것이지, 내가 신을 보고 느낀 게 아니라는 말이에요. 신이라는 것도 영이라는 것도 다 허깨비예요.

보통 사람이라도 술에 취해 곤드레만드레 길가에 쓰러진 사람은 술 귀신이에요. 모습은 사람 모습이지만 술 귀신이지요. 감투에 눈이 어두워 형제도 친구도 무시하는 사람은 감투 귀신이에요. 그럴 때에는 사람이 아닙니다. 다이아몬드를 가지고 싶어서 이웃이 굶어 죽든 말든 하는 사람은 다이아몬드 귀신이지요. 사람의 정신이 이미 없어진 것이거든요.

꿈 깨기 전에는 다 귀신이다 이겁니다. 백 년 동안 꿈틀거리는 귀신. 꿈속에서 아무리 들어도 꿈 밖 얘기는 못 하듯이 여러분이 꿈을 깨기 전에는 부처의 세계를 알 수 없어요. 그러니 스스로 깨쳐야 해요.

죽은 이를 위해 재를 지내는 것은 어떤 의미인가요?

내가 각성하면 나고 죽는 그물에서 벗어납니다. 그렇지 않고 평범하게 이 세상 욕락 속에서 살면 당연히 생사의 그물에 걸려들지요. 그렇게 걸려들어 날 때에도 죽을 때에도 내가 가는 방향을 내 마음대로 못 가고 끌려갑니다. 빚쟁이한테 끌려가듯 평소에 자기가 지은 업대로 끌려가지요.

재란 결국 부처님 법으로 망인을 반성하게 하는 의식인데, 법문 듣고 한 생각 돌이키면 산 사람이나 죽은 사람이나 다 지옥을 벗어납니다. 죄가 없는 사람은 형무소가 겁 안 나지요. 죄가 있으니 법망에 걸리지 죄가 없으면 염부제도, 생사도 벗어납니다. 그렇게 생사를 벗어나면 지옥이 절로 무너지지요. 《천수경》에도 "내가 칼산지옥 향하면 칼산이 저절로 무너진다."고 나오지요.

내가 정신 차리면 지옥이란 없습니다. 내가 마음을 열면 천당 지옥이 없어요. 목련 존자가 천상과 지옥을 마음대로 드나들듯 눈 밝은 이는 천상도 지옥도 생사도 걸림이 없습니다.

물이 언 것이 얼음이지요. 그런데 얼음이 물로 만들어졌건만 빨래도 못 하고 밥도 못 합니다. 일단 녹아서 물이 되기 전에는 말이에요. 지금 이 본래 부처가 얼어서 귀신이 되고 풀어져서 사람이 되고 하는 것과 같아요. 깨치면 다 부처지요. 망인을 위해 재를 하든 참선을 하든 염불을 하든 알고 들으면 결국 그 말이 그 말로 다 같은 가르침이지요.

화두를 들면 영가 천도가 필요 없다는데 그 이유는 무엇입니까?

화두는 밝은 빛이라, 화두를 놓치지 않고 있다 함은 어두운 밤에 등불을 꺼뜨리지 않고 들고 있다는 것과 같은 말이에요. 그런데 침침하고 어두운 곳을 헤매는 것이 영가라서 유명幽冥이라고도 하지요. 화두를 하면 항상 정신이 밝아요. 하지만 화두를 하지 않는 사람은 탐진치 삼독에 찌들어서 가는 족족 깜깜합니다.

귀신이란 놈은 갈 데를 가지 못하고 헤매는 어두운 그림자니 화두를 들고 있는 사람이 가면 환해서 정신을 차리게 되지요. 어두운 밤에 등불을 들고 가면 주변 사람도 환해서 구덩이에 빠지지 않듯이 귀신도 참선하는 사람 옆에 가면 밝아지지요.

귀신도 원래 밝은 것을 좋아하지 어두운 곳을 좋아하지 않아요. 그러나 스스로는 밝은 데를 찾지 못하는데 공부하는 사람에게는 환한 빛이 나니까 그 곁에 가면 저절로 좋은 데로 가게 되는 거지요. 그래서 참선 잘하면 천도 안 해도 다 좋은 데로 간다는 말을 하는 거지요.

영가 천도 의식을 할 때 요령을 흔들고 목탁을 치는 이유는 무엇인지요.

요령 소리는 착한 소리도 아니고 악한 소리도 아닙니다. 땡글땡글 소리가 사람들을 집중시키지요. 또 목탁 소리도 일체 밉고 곱고 좋고 싫다는 생각 없이 그 소리에 집중하게 되지요. 그래서 어지러운 세계의 영가들에게 그 소리에 집중하라는 의식이지요. 목탁과 요령 소리에는 어떤 사량 분별이 없어요. 소리가 곱고 슬프고 하는 느낌이 없이 단순하기 때문에 듣는 데 집중이 되어 산란심이 끊어져요. 순수한 소리라 집중할 수 있어서 사용하는 겁니다.

그러면 요령 소리나 목탁 소리도 일종의 진언이라 할 수 있습니까?

음악도 잘하면 슬프고 기쁜 것도 없는 삼매에 드는 것이고, 인도의 진언인 옴 소리도 하다 보면 생각이 순일해지지요. 절의 풍경 소리도 마찬가지고요.

영가는 헤매는 것이라 이렇게 순일하게 집중하게 만드는 물건은 다 도구가 되는 거지요. 귀신도 그 업에 따라 어디를 업혀 가다가도 종소리를 듣는다든지 하면 그 잡귀가 무거워져가지고 신을 떨어뜨리고 간다는 이야기도 있잖아요. 그렇게 정신을 차리는 거지요.

술 먹은 사람도 그렇잖아요. 술에 곯아떨어졌다가도 옆에서 꽹과리를 치면 정신이 번쩍 나서 깨어날 수도 있잖아요. 죽비도 딱딱 치면 정신이 번쩍 나잖아요. 그게 모두 다 방편이에요. 그래서 불교에서 사용하는 도구는 모두 사용하는 까닭이 있는 거지요. 산사에 들어가면 그 소리에 신심이 나고. 그게 사람이나 귀신이나 마찬가지예요.

인간의 힘으로 실현하기 힘든 일을 지극한 기도로 풀 수 있다고 하는데 어느 정도까지 가능한지 알고 싶습니다.

우리의 원력이라는 건 한계가 없습니다. 무한대지요. 원력을 크게 세우면 크게 반응이 오고 작게 세우면 작게 반응이 옵니다. 마치 북을 크게 치면 크게 소리 나고, 작게 치면 작게 소리가 나듯이 원력을 세운 만큼 이루어집니다. 성불하리라는 대원을 세우고 기도하면 꿈을 깨고 성불하게 되고, 자식 낳는 소원으로 기도하면 자식을 얻게 되니 다 자기 원력 따라 반응이 오지요.

이것을 물건에 따르는 그림자로 표현하면 이해하기 쉽습니다. 물건 자체가 둥글면 그림자도 둥글고, 물건 자체가 모나면 그림자도 모나게 나타나지요. 또 산에 올라가 여자가 고함지르면 여자 소리가 울려나오고 남자가 고함지르면 남자 소리가 울려나옵니다. 이렇게 부르는 대로 산울림은 반응해요. 산울림이나 그림자가 이렇게 반응을 나타내고 비치듯 우리가 세우는 원력에 따른 반응도 조금도 틀림이 없습니다.

모름지기 이러한 원리를 믿고 지니어 지극한 마음으로 기도하면 모든 소원 성취는 자기 원력 따라 이루어집니다. 그래서 일체유심조라고 하지요. 마음에 간절히 그리면 그리되는 거지요. 석가모니의 가피를 입고 관세음보살의 가피를 입는다는 것도 내 스스로 석가모니를 만들고 내 스스로 관세음보살을 만들어서 입는 것이지, 바깥의 어느 석가나 관세음보살이 와서 던져주는 게 아닙니다. 내 마음 안에서 스스로 만든 것임을 분명히 알아야 합니다. 전체의 핵심이 나이고 우주의 조물주가 바로 나라는 걸 각성할 때 인생에 혁명이 오고 생활이 안정되고 모든 방황이 없어집니다.

법당에서 절을 하거나 《천수경》을 독경하다 보면 저도 모르게 눈물이 나는데 왜 그렇습니까?

크게 감동하면 눈물이 나지요. 좋아도 눈물이 나고 슬퍼도 눈물이 납니다. 뭔가 감정이 극할 때 눈물이 나기 마련이에요. 기도하다 보면 자기도 모르게 죄책감이 들고 허물이 많이 느껴져 저절로 참회의 눈물이 나올 수 있습니다. 또 환희심에 눈물이 나오는 경우도 있지요. 그러니 스스로 반성해보면 왜 눈물이 나오는지 알 수 있겠지요.

그렇게 눈물이 날 때 그것을 허물로 삼거나 거기에 끄달리지 말고 눈물을 내는 근본 주인공이 무엇인가를 파고 들어가야 합니다. 그렇지 않고 감정으로 흐르면 대도를 성취 못 해요. 모든 감정을 이탈해야 본래 자기 궤도에 들어갑니다. 마치 강에 막대기를 하나 띄웠는데 언덕에 걸리면 바다로 들어가지 못하는 것과 같아요.

우리가 공부를 하다 보면 이상스러운 경계들이 나타납니다. 다 수행하는 과정에서 일어나는 일이에요. 방에 가만히 앉아 있어도 밖에서 누가 오는 걸 알기도 하고 무슨 일이 생길 거라는 걸 알게도 되지요. 그러나 그런 것에 팔리면 사도에 떨어집니다.

그래서 부처님은 바깥에서 오는 어떠한 경계에도 현혹되지 말고 자기 근본을 발견하는 데 집중하라고 하셨어요. 바깥에서 오는 경계에 팔리면 아무것도 남지 않습니다. 설령 어떤 좋은 경계가 오더라도 그것에 현혹되지 말고 그 경계를 판단하는 핵심 주인을 항상 반성하고 회광반조해서 근본 뿌리를 뽑아내야 합니다. 그렇지 않고는 대도를 성취할 수 없고 해탈에 이를 수 없습니다.

불교에서 금욕과 채식을 강조하는데, 본래 모든 것이 공한데 그게 수행에 어떤 의미가 있을까요?

도를 이룬 사람에게 무슨 법이 필요하겠습니까. 완전한 도를 이룬 사람에게는 아무 법도 필요하지 않아요. 병이 있어 약을 쓰듯이, 중생이 성불하기 위해 모든 법이 생긴 겁니다. 법을 위해 법이 생긴 게 아니지요.

하지만 자기 분상에서 한번 생각해보세요. 내가 무엇에도 구애받지 않으면 수행할 필요가 없잖아요. 모든 경계에 구애받으니 수행하는 것이지요. 수행하는 데 있어서 채식은 아주 중요합니다. 우선 채식을 하면 남의 생명을 해치지지 않으니 선해지고 피가 맑아집니다.

생명은 큰 것이나 작은 것이나 다 호생오사好生惡死라 살기를 좋아하고 죽기를 싫어하지요. 아무리 미물일지라도 죽음을 두려워해요. 개미 같은 작은 벌레들도 찌르면 움찔합니다. 모든 만물이 천하하고도 바꿀 수 없는 게 자기 생명입니다. 자기 몸보다 더 소중한 것이 없지요. 그러니 사람이 아무리 크고 세다 해도 남을 못살게 굴고 피눈물 흘리게 해서는 안 되지요.

"어서 나를 죽여주시오." 하고 흔쾌히 죽는 생명체는 하나도 없어요. 소도 도살장에 끌려가면 눈물을 흘리며 원한을 품고 죽는다고 합니다. 그렇게 눈물을 흘리고 원한을 품고 눈을 부릅뜨고 죽으면 몸에 독소가 생기지요. 그 독소를 가진 고기를 먹으면 몸에 이로울 리 없지 않겠어요. 자연히 피가 탁해져서 뇌세포가 둔탁해지고 정신이 맑지 못하니 결국 공부하는 데 손해가 됩니다.

그러니 육식을 하면 내 몸에 불리하고 남의 생명을 죽이는 일이라 좋지 않으니 여러 가지 뜻으로 채식을 하라는 것이지요. 고기를 안 먹으면 우선 생명을 죽이지 않는 것만으로도 악한 일을 안 하게 되는 것이니까요. 악한 일을 되풀이해서 그 원성이 내게 돌아오면 이로울 리가 없습니다.

일부에서는 식물도 생명체이니 육식이 문제가 된다면 채식도 문제가 있지 않느냐고 합니다. 물론 식물도 생명체이기는 하지만 가지를 꺾는다고 통곡하고 발버둥을 치고 그러지는 않지요. 물론 신경초 같은 식물은 건드리면 오므라들기는 하지요.

옛날 인도에 어떤 비구가 도둑을 만나 옷을 뺏기고 알몸으로 풀에 묶였는데 풀이 끊어질까 염려하여 배고픔을 참으며 움직이지 않았다는 이야기도 있긴 하지요. 하지만 계율을 지키는 것도 중요하지만 너무 극단적으로 흐르면 안 되지요. 식물뿐 아니라 우리 몸 전체가 미세한 세균 덩어리인데 그 생명체들 때문에 우리가 가만히 앉아 있을 수만은 없지 않겠어요.

불교는 생명 존중을 강조하는데 어떤 것을 기준으로 생명이라 해야 할까요?

생명은 글자 그대로 생명입니다. 물체에 생명이 있다는 건 말이 안 되지요. 그래도 그것을 함부로 하면 안 돼요. 어떤 물체도 저절로 생긴 게 아니거든요. 종이 한 장도 세상 만물과 여러 사람이 노력한 정력이 뭉쳐서 나온 거예요. 그런 의미로 본다면 다 생명이라고 볼 수 있지요. 인간이 노력해야 그런 물건이 나오는 것이니 일차적 생명은 아니라 해도 모두 생명의 피가 맺힌 거예요.

하지만 요즘 세간에서 말하는 생명은 근본 생명을 말하는 게 아니라 이 꿈틀거리는 고깃덩어리 생명을 존중하라는 말이지요. 불교에서는 참말로 생명의 원리를 안다면 나고 죽는 데 상관없는 그런 이치가 있지만, 세간에서 말하는 건 그런 차원 높은 소리가 아니라 생명은 존귀하니 오래 살도록 보호하고 죽이거나 해치지 말라는 게 요즘 말하는 생명 존중이지요.

만약 지구의 종말이 온다면 우리는 지금 무엇을 해야 할까요?

지구의 종말이 오고 안 오고, 이것은 내 인생과 하등 상관없는 문제예요. 만일 지구의 종말이 온다 해도 평상시와 똑같이 여일한 생활을 하는 겁니다. 불교는 생과 사를 초월한 것이니 지구가 부서지든 생성하든 관계가 없다는 것이지요.

여러분은 내 생명이 무너지는 것과 지구가 무너지는 것 중 어느 쪽이 비중이 더 무겁나요? 지구의 종말보다도 내 인생의 종말이 더 크지요. 그러니 지구의 종말이 오든 말든 내 마음 하나만 바로 선다면 문제없습니다. 불교는 자기 정신으로 해탈을 구하는 것이지 지구가 부서지든지 몸뚱이가 부서지든지 다 일시적인 착각입니다.

지구는 성주괴공하고 우리 인생에는 생로병사가 따르니 태어났다가 늙고 병들고 죽게 마련이에요. 이 껍데기를 벗어날 수 없어요. 그러니 거기에 해당하지 않는 알맹이 인생, 자기 인생을 보라는 것이지요. 이것이 불생불멸이에요.

지구는 여기에 이렇게 일어났다가 저기에 꺼지고, 저기에 일어났다가 여기에 꺼지는 등 무한히 많은 세월 속에서 성주괴공합니다. 따라서 부처님 법을 제대로 배우고 익히는 수행자라면 지구의 종말 따위는 하등 문제될 게 없겠지요.

요즘 특별히 지니고 계신 좌우명은 무엇인지요.

목마르면 물 좀 달라고 하고 졸리면 잠자는 것이 내 좌우명이에요.

禪悅爲食法喜充滿

乙亥元旦 書示行脚者 西庵

제4장

생활 속 수행 이야기

사랑하는 마음이 수행에 장애가 되나요

사랑하는 사람이나 미워하는 사람을 두지 말라고 합니다. 사랑하는 마음이 수행에 방해가 되는지요.

물론 방해가 되지요. 사랑을 하면 내 정력이 나가요. 미운 사람도 미워하면 내 정력이 나가잖아요. 그러니 마음 수행하는 데 방해가 되지요. 그만큼 공부하는 에너지가 손실된다는 말이에요.

사랑하는 사람도 두지 말고 미워하는 사람도 두지 마라. 사랑하는 사람은 이별하는 게 싫고, 미운 사람은 만날 때가 싫다는 말이 있지요. 미운 사람은 외나무다리에서 만난다고 하지요. 사랑하는 사람은 또 달아나지요. 달아나면 보고 싶고 그러면 마음에 손해겠지요.

그러나 사랑하는 마음이 있어야 잘 돌봐줄 수 있고 미워하는 마음이 있어야 잘못된 것을 바로잡아줄 수 있지 않을까요.

그것은 다생에 우리가 너무도 많이 해본 일입니다. 공부는 좋은 줄 알아도 잘 안 되고 나쁜 것은 안 하려 해도 자꾸 하게 되지요. 그건 다생에 익혔기 때문에 그래요. 사랑하는 게 아무 장애가 없다면 평생 사랑하라고 하겠지만, 사랑을 하면 그 찰나는 좋을 것 같지만 자기 정력이 소모될 뿐 아니라 그게 큰 독소가 되어서 돌아오니 하지 말라는 거예요.

부처님이 심술로 남을 좋아하는 사랑을 하지 말라 했겠어요. 그런 뜻이 아닙니다. 다생에 정신없이 헤맨 게 다 사랑하고 미워하는 것 때문에 그랬으니 그 뿌리를 뽑으라는 말입니다. 참선을 해보면 사랑하는 것도 미워하는 것도 사라지고 밝은 생각이 뚜렷이 나타나요. 사랑에 빠지고 미움에 빠지면 번뇌 망상에 시달리니 출가한 사람은 그 모든 것을 초월하라는 것이지요.

그러나 원효 스님 같은 사람도 있기는 하지요. 위대한 기운을 가지고 뛰어난 인물을 낳으려고 요석 공주와 사흘인가 사랑을 했어요. "내가 하늘을 바칠 기둥이 있으니 자루 빠진 도끼를 허락하겠느냐?" 했더니 요석 공주가 알아듣고 받아들인 거지요. 그래서 설총 선생을 낳았는데 그들은 애착에 빠져서 그런 게 아니었어요. 위대한 인물을 얻기 위해 사랑 속에 젖어들어도 냉정할 수 있는 마음의 지혜가 열린 거였지요. 그건 망상이라고 할 수 없어요. 그런데 이는 아주 특별한 사람의 경우입니다.

결혼했던 방 거사, 부설 거사, 윤필 거사 같은 사람도 몇백만 년에 하나 나올까 말까 하는 사람들이지요. 만약 그 정도 능력이 있으면 사랑 따위에 걸리지 않아요. 세상의 사랑이 며칠이나 가냐 이 말이에요. 잠깐이고 찰나예요. 애착이 늘수록 환멸이 되지요.

세상 인간의 오욕락은 몇 푼어치가 안 됩니다. 경전에서는 온갖 파멸이 도사리는 우물 속에서 한 방울씩 떨어지는 꿀을 받아먹는다고 우리의 삶을 비유했지요. 잠시의 즐거움 속에 그 몇 배의 고통이 숨어 있어요.

남녀 간의 사랑은 자기 욕심을 만족시키려는 그릇된 집착이라 그런 문제가 있다 해도, 깨달은 자인 관세음보살의 사랑은 남에 대한 진정한 이해에서 오는 참다운 사랑이라 할 수 있는데 그런 사랑하는 마음도 공부에 큰 장애가 될까요?

사실은 사랑이라는 말 자체가 남을 사랑하는 거지 자기를 사랑하는 게 아니잖아요. 남을 사랑하는 것은 남을 위하는 건데 자기 욕심을 채우려 한다는 게 말 자체가 사랑에 어긋나는 거지요. 남녀 간의 사랑이든 이웃 간의 사랑이든 내 이익보다는 남을 도와주는 게 사랑 아니겠어요. 자기 욕심으로 사랑한다는 건 말도 안 되는 거예요. 사랑의 원리에 어긋나는 거지요. 서로 도와주고 의지하는 게 사랑이에요. 미움도 아니고 이익을 취하는 것도 아니고 사랑은 희생이에요.

그런데 중생은 그러한 참다운 사랑에서 어긋난 욕심인 경우가 많지요. 욕심으로 하다 보니 갈등이 생기고 결혼해 살다 이혼하고 사랑이 원수가 되지요. 도에서 뿐 아니라 만사가 어긋나버리는 거예요. 그게 잘못된 거예요. 근본적으로 보면 세상에서는 욕망을 사랑이라고 말해요. 그건 금수나 다름없잖아요. 그런 욕망은 공부하는 데 장애가 되지요.

하지만 순수하게 인간적인 사랑은 서로 공부하는 데 방해가 된다고 할 수 없어요. 남을 위하는 게 하등 장애가 될 리 없지요. 진정한 사랑은 서로 받들고 도와주니 무슨 해를 가져올 리가 없잖아요.

세상사를 경험해보고 출가하는 편이 좋을까요

세상사를 경험해보고 출가하는 게 더 좋을까요? 석가모니 부처님처럼 세상사를 경험해보고 출가해야 세상에 대한 미련이 끊어져 도를 이룰 수 있다고도 말합니다만.

그런 사람은 영원히 출가 못 할 사람입니다. 다생에 걸쳐 세상 경험을 한없이 해놓고도 아직도 미련이 남아 있으니 말이에요. 미련을 끊지 못하고 계속 오욕락에 빠져 있고 싶다는 소리는 그것이 좋은 줄로 알고 있는 거니 그만큼 탁하다는 소리예요.

그렇게 할 짓 다하고 세상 일이 아직도 좋다고 하며 성불을 무슨 오락조로 한다는 건 성불할 것 없다는 소리와 똑같은 얘기지요. 마치 술 취한 사람이 술 깨는 것이 싫어 자꾸 술 먹는 것과 똑같은 이치입니다.

공부하는 사람 중에 그 문제로 고민을 많이 하는데 어떻게 하면 벗어날 수 있을까요?

그런 사람은 용기가 없고 아직도 공부가 부족해서 그럽니다. 그러니까 자꾸 경학을 공부해 잠을 깨서 그러한 오욕락에 매달리는 게 얼마나 미혹한 짓인가를 자각해야 해요. 술 먹는 사람은 술이 좋은 줄 알고 자꾸 마시지만, 정신이 맑은 사람은 술을 먹으면 혼탁해진다는 걸 아는 것처럼 꾸준히 공부해 스스로 깨우치는 수밖에 없습니다.

그런 이치를 알기는 하지만 습 때문에 자꾸 끌려갑니다.

습 때문에 안 되기도 하지요. 아편 중독도 습 때문에 자꾸 하는 건데, 그러나 그 습은 내 본성이 아니에요. 습은 원래는 자신에게 없던 거예요. 그러니 지혜가 있는 사람은 달관해서 아닌 줄 알고 끊어버리지만 지혜가 없는 사람은 습관을 못 이겨서 자꾸 그 습에 끌려가지요. 그래서 중생이 해탈하기 힘든 것입니다.

그 습을 쉽게 끊는 방법이 있습니까?

끊는 방법은 자기 용기지요. 내가 하고 있는 게 할 일이냐 안 할 일이냐를 판단해서 해서는 안 될 일은 하지 말고 해야 할 일이면 자꾸 하면서 내 생각이 바로 서야 돼요. 그런데 이게 할 일인지 안 할 일인지 갈피를 못 잡겠으면 법문을 듣든지 경을 보든지 해서 정신 차리고 자기를 바로 세워야 합니다.

청춘이 맨날 푸르게 있는 게 아니지요. 오욕락이 좋아서 다하다 보면 한창 혈기 왕성할 때 즐거움이지, 몇 해 지나면 맥이 빠져서 공부할 힘을 잃어버려요. 그렇게 해서 몸뚱이를 잃으면 개가 될지 소가 될지 귀신이 될지 뭐가 어떻게 될지 모르는 일이지요. 다시 말하지만 습에 이끌려 하고 싶은 거 해보고 공부한다는 소리 자체가 보통 병든 소리가 아닙니다. 그야말로 미혹한 얘기지요.

불자 가운데도 그런 생각을 하는 사람이 많이 있는 것 같습니다.

불자들이 그런 소리를 한다면 더욱 넋 빠진 소리지요. 인간이 자기 마음대로 오욕락을 누린다 해도 몇 해나 누릴 수 있겠어요. 당장 탈이 나서 내일 죽을지도 모르는데…….

옛날에 여덟아홉 살 먹은 아이가 조실 스님한테 가서 "스님, 저도 선방에 공부하러 가겠습니다." 하니 "네가 시봉하기 귀찮으니 선방에 공부하러 간다고 그러는구나, 안 된다." 했어요. 그러자 아이는 절을 하고 꿇어 앉아 "스님, 제가 죽을 날을 가르쳐주세요." 하고 물었어요. 아무리 어려도 자기가 언제 죽을지 모르는데 시봉만 하고 있을 수 없으니 죽을 날을 가르쳐주면 몇 해 동안 스님 시봉하고 나서 공부하겠다는 소리지요. 그 소리에 조실 스님이 꼼짝 못 하고 허락했다고 해요. 언제 어떻게 죽을지는 아무도 모르는 일이지요.

앞으로 십 년을 더 살지 백 년을 더 살지, 오늘 죽을지 내일 죽을지 장담 못 해요. 대들보가 무너져 죽을지 지진이 나서 건물이 내려앉아 죽을지 모르는 일이지요.

부처님이 "생사가 어느 사이에 있느냐?" 하고 물으니, 한 사문이 생사일식경生死一食頃, 밥 한 끼 먹는 사이에 있다고 대답했어요. 그러자 부처님이 "그대는 내 껍데기를 알았다."고 말씀하셨지요. 또 한 사문이 "한 번 들이쉬고 내쉬는 호흡지간에 있다."고 대답하니, "그대는 내 뜻을 알았다."고 말씀하셨어요.

우리의 생사가 그러할진대, 십 년 산다는 보장만 있으면 장가도 가보고 방탕하게 놀아도 보고 감투도 써보고 남은 기간은 공부한다고 그러겠지만 십 년 산다는 보장을 누가 해줄 수 있겠어요. 한 번 밀어버리면 어디 가서 떨어질지 모르는 게 우리 인생이지 않겠어요? 십 년 살아보고 공부하겠다고 어리석은 소리 하는 사람은 십 년 지나면 또 십 년 더 살아보겠다고 할 거예요. 이 세상의 오욕락은 절대 만족이 없는 것이라, 목마를 때 소금물 마시는 것 같이 마실수록 갈증이 더할 따름이지요.

진정 공부를 하려는 사람은 오욕락을 털어버리는 용기를 내야 해요. 그것이 영원하지 않다는 걸 알아야지, 세상사 다해보고 한다는 소리는 정신 있는 사람이 할 소리가 아닙니다.

세상 경험이 없던 분이 수행을 잘하다가 우연히 세속의 어떤 경험을 하고 무너지는 모습을 보니 동진 출가의 의미가 어떤 것인지 궁금해지더군요.

그것은 일종의 타락이지요. 아무리 좋은 옥이라도 흠이 생기면 빛을 잃지요. 아무리 평생 공부를 했더라도 공부를 옳게 성취하지 못하고 타락해버리면 십 년 공부가 도로 아미타불이라는 말도 있잖아요.

그러나 어쩌다 한 번 실수하는 것은 내내 타락에 빠져 사는 것하고는 거리가 멀어요. 길을 가다가 흙구덩이에 몸 전체가 빠지는 것과 다리 하나 빠지는 게 같을 수는 없지요. 몸 전체가 흙구덩이에 빠지면 끄집어내기가 매우 어렵지만 한 발만 빠졌을 때는 얼른 끄집어내 씻어주면 됩니다. 그래서 어쩌다 한 번 타락에 빠지는 걸 보고 전체 수행한 것이 효과가 없다고 볼 수는 없어요. 물론 실수를 안 한 것만은 못하지만 그 한 번 실수했다고 그 사람 공부 자체가 다 무너지는 건 아닙니다. 문제가 된다면, 공부는 육체와 정신을 의지해서 하는데 그런 행동을 함으로써 우선 육체적으로 그만한 피해가 오고 정신 건강이 탁해지니 공부의 진척이 약해진다는 데에 있겠지요.

그러니 공부하는 데 있어서 계는 삼학의 근본입니다. 계를 지키다 보면 마음이 안정됩니다. 중생이 혼탁한 것은 오욕락 때문인데 그 오욕락을 쉬면 정신이 정확한 상태로 돌아오고 그때 안정이 되지요. 안정이 되면 지혜가 비칩니다. 그래 정혜쌍수定慧雙修라 계행 위에 정혜가 생기는 거예요. 그리고 승려라 함은 계행을 지키는 사람을 말하고 승려라는 말 자체에 이미 계가 포함되어 있는 것이지요.

수행하는 데 성관계는 왜 나쁩니까?

의학적으로 우리 몸속에 백혈구가 있어 세균 따위의 독을 막아 건강을 지켜줍니다. 이 백혈구는 사람의 정력이 작용하는 것에 따라 탁하고 맑아지는데 정력을 소모할수록 탁한 백혈구가 생겨 정신까지도 탁해진다고 합니다. 도교에서도 정액 이야기는 금단이라 해서 신선은 금욕 생활을 철저히 할 때만이 될 수 있다고 하지요. 그렇듯 절에서 금욕 생활을 하는 것도 다 이유가 있습니다.

수행하는 데 색 경계가 제일 큰 마장이에요. 그 색 경계 같은 경계가 마침 한 가지니 어쩌다 성불하는 것이지 그런 경계가 두 가지만 있어도 성불할 수 있는 그림자가 끊어진다고 했어요. 그리고 계를 지키는 것은 맑은 정신으로 공부 잘하려고 하는 것이지 좋아하는 것을 못 하게 하려는 게 아닙니다.

부부 관계에 대한 욕정도 색욕인가요. 만일 색욕이라면 결혼 생활을 어떻게 영위해야 하는지요.

색욕은 색욕이지요. 그래서 부부 간에 정당하게 이루는 것은 정음正淫이라고 하고 부부 외에 다른 이성과 관계할 때는 사음邪淫이라고 하지요. 그런데 이 오욕락을 금한 이유를 알아야 합니다. 오욕락은 정신을 혼탁하게 하고 도에 들어가는 문을 좁게 합니다. 오욕락을 구사하다 보면 도 얻기가 힘들다는 말이지요. 불교는 계정혜인데 계행을 첫째로 하고 계행을 지킴으로써 정이 되고 정이 됨으로써 혜가 이루어집니다.

그러면 색 경계를 범하면 공부가 안 되느냐 하면 꼭 그렇지는 않습니다. 옛날에 유마 거사, 방 거사, 부설 거사 등 많은 거사들이 아들딸 낳고도 도를 이루고 살았어요. 색욕은 인간의 본능으로 적당하게 취하면 공부가 되지만 너무 범람하면 피가 탁해지고 정신이 흐려지니 공부가 잘 안 되지요. 그러니 색 경계 그 자체를 나무라는 게 아니라 정신이 혼탁해져 도에 들어가는 문이 좁아지니 경계하라는 것이지요.

우리는 색욕뿐 아니라 재물, 명리, 수면, 음식에 대한 오욕락을 가지고 삽니다. 이 오욕락 없이는 즐거움이 없다고 할 정도지요. 이 오욕락이 도에 장애가 되는지도 모르고 사니 도에 들어가기가 어려워요. 안 된다는 게 아니라 힘이 든다는 것입니다.

가령 술도 한 잔 마시는 것과 잔뜩 마시고 취하는 게 다릅니다. 한 잔 마시면 오히려 기분이 좋아져 일을 잘할 수도 있지만 많이 마시면 술 귀신이 되어 몸도 못 가누고 곤드레만드레 정신이 없어지지요. 음식도 알맞게 먹으면 힘이 생기는데 입맛 당긴다고 잔뜩 먹으면 위장병이 생기고 식곤증이 생겨 아무것도 못 합니다. 모든 욕락이 다 그렇지요. 그러니 이 욕심을 절제하는 생활을 해야 합니다.

그래서 재가 생활을 하는 분은 절제를 해야 하고 출가 대중은 전적으로 욕구를 금합니다. 출가 대중은 농사 안 하고 장사 안 하고 남에게 재물을 얻어 다른 사람들의 복을 짊어지고 사니 그만큼 책임이 중요하지요. 만약 승려가 파계하면 산문출송이라 해서 승권을 빼앗고 절에서 내쫓아버립니다.

그러나 이것은 승려의 규칙을 어겨서 수치스러운 일이라는 것이지, 그렇다고 해서 불교를 믿지 않고 도를 이루지 못한다는 소리는 아닙니다. 마치 학교마다 규칙이 있어서 그것을 어기면 정학당하고 퇴학당해 학생 자격을 상실하는 것처럼 아무리 도가 높아도 승려 규율을 어기면 승려 자격을 상실합니다.

그래서 옛날에도 원효 스님이 설총이라는 자식을 두었다 해서 스스로를 낮추어 복성 거사라 이름 붙이고 돌아다녔지요. 이것은 원효 스님 자신은 도를 이루었으니 상관없지만 후대 사람이 그걸 본떠 행동할 게 염려되어 그러신 것입니다. 원효 스님이야말로 대보살이고 훌륭한 도인이지만 후대 사람을 경계하시어 스스로 승단에서 물러난 것입니다.

우리의 모든 법은 어떤 목적을 달성하기 위해 있는 것이지 법을 설하기 위해 법이 있는 게 아닙니다. 그물을 던지는 것도 고기를 잡기 위해서지 그물을 던지는 것이 목적이 될 수 없는 것과 같지요. 부처님 법은 도를 이루기 위해 만들어놓은 것입니다. 그러니 승려가 파계했다고 해서 도를 얻지 못하는 건 아닙니다. 그러나 아무리 지식이 훌륭해도 규칙을 어긴 학생은 학교를 떠나듯이 규칙을 어긴 승려는 승단을 떠나야 하는 것이지요.

수행하는 사람이 득도하면 성욕이나 인간의 모든 기본 욕망을 초월하게 됩니까?

도를 얻었다, 그래서 득도라 그러지요. 그런데 도를 다 얻은 다음에야 뭐 물을 것도 없지요. 도를 얻기 위해 마음먹고 공부해서 결국 아무 물을 것도 없는 사람을 득도했다 하는 것이에요. 그러니 공부해봐야 알지요.

그렇지만 일반 공부하는 스님들은 모든 욕구를 억압시켜 놓은 상태가 아닙니까?

그거야 자기 소견이지. 아무것도 모르면서 그렇게 단정하면 못써요. 공부하는 사람은 어떻다 하는 것이 똑같지 않아요. 공부하는 정도에 따라 천차만별이에요. 고통 없이 공부 잘하는 사람도 있고 비틀거리는 사람도 있어요. 그게 어디 일률적인 법이 있나요.

그래도 인간이 갖고 있는 기본 욕망은 다 같은 것 아닌가요?

그것도 아무것도 모르는 소리예요. 기본 욕망이 똑같으면 할 것도 없지요. 그대로 따라가면 되지. 욕망이란 어리석어서 일어나는 불꽃이에요. 참으로 수행하는 사람은 욕망이 일어나지 않아요. 억지로 욕망을 일으키면 한 번씩 일어나는 것이고, 오히려 추하고 더러워서도 욕망이 일어나지 않아요.

보통 남자들은 성적 욕구가 수행 과정에서 많이 일어나지 않는가요?

그것도 일으키는 사람이나 일어나지 일으키지 않는 사람은 일어나지 않는 법이에요. 그게 뭐 몇 푼어치나 된다고. 성적 욕망에 팔린 사람이야 병이 들어 죽게 돼도 별짓 다하지만, 안 그런 사람에게는 그런 세계는 일어나지 않아요. 남녀 관계의 욕망을 익힌 사람은 일어나겠지만 평소에 안 익힌 사람은 일어나지 않지요.

수행한 사람이 그 추한 게 일어나겠어요? 일어나지 않아요. 닦지 못한 사람은 그것 때문에 온갖 만행을 해가지고 법망에 걸리면서까지 별짓 다하겠지만 수행하는 사람이 보면 그게 이해가 안 되고 왜 저럴까 싶지요. 아편 중독된 사람에게야 아편이 없으면 큰일 나는 것 같지만 아편 안 맞는 사람이 보면 우습잖아요. 그게 뭐가 좋다고 야단인가 싶어서. 그것과 마찬가지예요.

모든 인간이 자기 일으킨 대로 고민하는 거예요. 인간사 온갖 감정을 일으킨 사람은 거기에 매여 쩔쩔매지만 안 일으킨 사람은 관심도 없어요. 사람이 본시 다생에 나쁜 걸 익힌 사람은 그것이 치성하고 안 익힌 사람은 일어나지 않아요.

그러니 나에게 뭔가 치성한 욕구가 있으면 내가 그 뭔가를 많이 익혔다고 자각해야 돼요. 그래서 나쁜 것이다 싶으면 안 해야지요. 안 하도록 노력하는 게 중요해요. 암만 생각해도 안 해야겠다 싶으면 안 하면 돼요. 내 마음을 내가 쓰는 거잖아요. 내 마음을 내 마음대로 하는 것이 도에 가는 사람이지요. 그렇게 내가 내 뜻을 내 마음대로 할 수 있으면 그게 도예요. 내가 노력해서 되는 것이에요. 무슨 묘한 방법이 따로 있는 게 아닙니다.

나쁜 짓을 해도 내가 한 것이지 누가 한 짓이 아니지요. 내 욕망에 사로잡혀 하는 것이에요. 그러니 나쁜 짓을 안 할 절대 권리가 나에게 있어요. 뭘 수행하고 말고 할 것도 없지요. 노력해서 나쁜 것을 고치면 성인이 되는 거예요. 성인 종자가 따로 있는 게 아니에요.

칼부림을 하고 강도질을 하고 온갖 나쁜 짓을 하는 사람도 본시 그런 사람은 아니에요. 나쁜 습관을 들여 그렇지. 그런 사람도 좋은 인연 만나 마음 바꾸고 공부하면 하루아침에 고쳐서 좋은 사람이 되지요. 전부 자기 마음이거든요.

내 마음 하나 못 이겨 쩔쩔맨다면 도를 공부할 자격이 부족한 사람이에요. 결심이 있는 사람은 한 번 안 하겠다 하면 천하에 무슨 일이 있어도 안 해요. 저절로 되는 게 아니에요. 다 내 결심이고 내 노력으로 되는 것이지요.

산중에서 이삼십 년 정진해도 견성하기 어려운데 세속에서 처자와 살면서도 견성할 수 있을까요?

본시 공부는 처소가 따로 없어요. 산중에 가 있어도 용기가 없으면 세상의 번뇌 망상이 죽 끓듯 끓어올라 공부하기 힘들고, 세속에서도 처자 권속을 데리고 살지만 마음이 물듦이 없으면 공부를 잘하는 것이에요. 공부는 마음을 철저히 간직해 노력하는 데 있지 몸이 산중에 있든 들에 있든 차이가 없어요.

그래도 한편으로는 인간은 공기 맑고 좋은 데 있으면 저절로 상쾌해지고 변소나 냄새 고약한 곳에 있으면 기분이 나빠지듯이, 조용한 산중이 마음 다듬는 힘이 더 상쾌하고 부담이 적고 복잡한 곳에 있으면 아무래도 신경을 써도 더 쓰게 되겠지요. 하지만 아무리 고약한 곳이라도 마음을 가다듬어 움직이지 않으면 그런 고약함이 나한테 침범을 안 해요. 또 산중에 공기 좋은 데 있더라도 과거의 온갖 나쁜 습관을 가지고 불평하면 그 사람은 이미 고약한 거지요. 꼭 껍데기 가지고 이렇다 저렇다 결정적으로 말할 건 없는 겁니다.

세상에 있는 사람으로 산중에 있는 사람보다도 더 빨리 성취한 사람도 있잖아요. 그러니 오히려 좋은 데 있으면서 공부합네 하면서 뼈아프게 공부하지 않는 사람보다 처자에 꺼둘려서 공부 못하는 게 한스럽다 하여 더 뼈아프게 노력하는 사람이라면 그 사람이 더 먼저 성취할 거예요. 공부는 그 마음에 있는 것이지 주위 환경이 좌우하는 게 아니에요.

결혼 생활과 수행 생활을 함께 하는 데 어떤 점을 유의해야 할까요?

이 세상 살아가는 우주의 원리는 만사가 음양으로 이루어집니다. 따라서 결혼 생활이란 자연스러운 일이겠지요. 어찌 보면 수행 정진하려고 출가해 평생 혼자 산다는 것은 그런 인간 생활 다 하고는 공부가 잘 안 되니까 만사 집어던지고 전문적으로 한번 해 보자고 나온 것이지요.

옛날 유마 거사나 부설 거사, 방 거사 같은 분은 가정생활 다 하고 공부도 잘하셨거든요. 그쯤은 되어야겠지요. 처자 권속 거느리고도 수도할 자신이 있는 사람은 그렇게 하고 아무래도 지장이 있겠다 싶으면 혼자 전문적으로 해야 합니다. 어찌됐든 그 일상사에 정신 팔리면 공부는 안 됩니다.

일반적으로 처자 권속 함께 사는 게 인간 생활의 기본이겠지만 그 기본을 갖추고 살더라도 백 년밖에 못 사는 인생, 오욕락에 빠져 사는 인생, 이게 인생의 전부가 아니에요. 인생의 참된 목표가 있습니다. 그러니 처자 권속 데리고 살아도 그것이 근본이 아니에요. 생활 수단이 어떻든지 자기 정신세계는 정신세계 아니겠습니까? 그것은 설명할 것도 없겠지요.

결혼하고 안 하는 데 공부가 있는 건 아닙니다. 사실 불교는 승려가 되어야 견성한다는 그런 법은 없습니다. 이 세상 누구나 다 견성 오도할 수 있지요. 그러나 결혼해서 살면서 보통 사람처럼 거기에 빠지면 그것은 분명 공부가 안 됩니다. 결혼 생활을 해도 오욕락에 빠지지 않고 담박하게 생활하며 공부해야 공부가 이루어집니다.

반면에 혼자 산다고 해도 망상이 일어나고 청정함이 유지가 안 된다면 혼자 산다고 꼭 좋다고 볼 수도 없겠지요. 문제는 마음가짐에 있는 것이지 껍데기에 있는 게 아니에요. 평생 비구 생활을 해도 수행 못 한 사람이 있고 처자 권속 거느리고도 수행 잘한 사람이 있다는 건 다른 뜻이 아닙니다. 그 사람 정신 상태를 말하는 것이지 껍데기가 문제가 되지 않는다는 뜻이지요.

그래서 불가에는 이런 말이 있습니다. 계를 파한 비구가 꼭 지옥에 들어가지 않고, 계를 잘 지녔다고 꼭 천상에 나지 않는다. 껍데기로 이 말을 음미하면 극히 모순되지요. 계행을 지키면 천당에 가고 파계하면 지옥에 가야 하는데 딱히 지옥에 가지 않는다고 했거든요.

불교는 선악을 초월하고 시비를 초월하고 지계, 파계를 초월합니다. 그렇다고 초등학생에게 대학 강의를 하면 안 되겠지요. 그렇게 하면 도리어 못 들어가니까요. 보통 사람을 가르치는 데는 엄격한 계율이 있어야 해요. 그렇지 않으면 되질 않습니다. 그래서 승가에서도 파계하면 축출해버리는 것이지요.

수행하는 데 처자 권속 갖고 안 갖고는 자기 역량에 맞춰야겠지요. 백 근 들 수 있는 사람은 백 근 들고, 오십 근 들 수 있는 사람은 오십 근 드는 거예요. 오십 근밖에 못 들 사람이 저 사람이 백 근 드는데 나도 백 근 들어야겠다고 하면 허리가 부러지든지 다치거든요. 자기 역량이 할 수 있게끔 공부하는 것이지 꼭 어떤 것을 못 박아 이것이 좋고 저것이 나쁜 것은 없어요. 어떤 방법으로 공부하는 것이 나한테 맞는가 참작해서 해야 진짜 공부지요.

妙德莊嚴

石庵

내 마음이 마음대로 안 됩니다

나를 관찰하다 보면 오히려 내 생각에만 빠져 관념적이거나 멍청해질 때가 있습니다. 현실 속에서의 갈등도 더 심해지는 것 같고요.

나를 바로 알려고 하면 그게 잘 안 되고 현실에 부딪쳐서 마찰이 생긴다는 말처럼 들리는데, 그렇지요? 모든 것이 잘 안 되지요. 이 세상에 도인만 살면 좋겠지만 전부가 어지럽고 욕심에 찌든 중생이라 더욱 힘이 들지요.

불교를 배우겠다고 여기 와서 이렇게 모인 사람이 서울 인구의 몇만 분의 일도 못 됩니다. 그러니 여러분은 자갈밭에 옥돌처럼 귀한 존재예요. 불교를 체달해 고통을 끊고 부처의 세계로 간다는 게 평범한 일이 아닙니다. 비상한 일이에요. 생사의 파도에 떠내려가다가 그 그물을 뚫고 행복하고 참다운 내 인생을 살려고 하는 게 확실히 평범한 일이 아니지요. 이런 비상한 일을 하려는데 비상한 용기와 비상한 결단력 없이는 이루어지지 않겠지요.

다생에 걸쳐 익힌 모든 습관을 끊고 괴로움에서 벗어나려면 어려운 길, 가시밭길이라도 가야 합니다. 부처님이 심술이 많아서 가지고 싶은 것 못 가지게 하고, 하고 싶은 것 못 하게 하신 게 아니에요. 그렇게 하지 않고는 괴로움의 밭에서 헤쳐 나올 수 없기에 그러신 겁니다. 그게 백번 어렵고 백번 마장이라 해도 이를 악물고 뛰쳐나가는 용기로 시작하는 것이지, 무슨 신비하고 쉬운 법이 따로 있는 게 아닙니다.

우리가 부딪치는 사람도 맞부딪치지 말고 그 사람을 이해해야 합니다. '이 사람이 아직도 옹졸하고 오히려 나보다도 더 헤매는구나.' 하고 동정심을 일으켜야 해요. 내 아들딸이 고집을 피우고 부모한테 막 대들어도 그걸 보고 자식 미운 생각은 안 합니다. '저놈이 저렇게 해서 되겠는가.' 하고 자비심으로 어루만지고 순순히 타이르고 혹은 종아리가 피가 나게 매질을 해도 사랑 속에서 합니다.

그렇듯이 거슬리는 사람을 절대 밉게 생각해서는 안 됩니다. 그 사람을 불쌍하고 측은하게 자비심으로 보는 것이 공부입니다. 그렇게 할 때 그 사람이 감화를 받고 그 힘이 그를 깨우쳐주는 것이지, 맞지 않는다고 너 한주먹 나 한주먹으로 경우만 찾아들어가서는 그 사람을 교화 못 합니다. 나도 똑같이 말려들게 됩니다.

나는 모든 사람을 잘 이끌어가는 부처님의 제자라는 걸 잠시도 잊지 말고 어떠한 사람이 온다 해도 용서하는 생각을 놓쳐서는 안 됩니다. 그렇게 하면 차츰차츰 그 경계에 익숙해지고 힘이 생깁니다. 뭐든지 처음이 제일 어렵지요. 참기 어려운 걸 한 번만 참으면 두 번째는 쉽고 세 번 참으면 참지 않아도 할 수 있고 이렇게 자꾸 습관 들이면 그게 내 생활이 되어 조금도 힘들이지 않고 남을 이해하고 용서하고 깨우쳐줄 수 있는 역량이 생깁니다. 자전거도 처음 탈 때가 제일 힘들잖아요. 처음 탈 때 자빠지고 넘어지지만 넘어져도 자꾸 탄다 그거지요. 한 번 타고 두 번 타면 조금 나아지고 자꾸 타다 보면 나중에는 손 안 대고도 타듯이 제일 처음이 어려운 것이지요.

공부할 때, 화두를 할 때에도 처음에는 잘 안 됩니다. 아무리 귀담아듣고 꼭 해야지 하지만 돌아서면 그만 화두를 놓쳐버립니다. 하지만 그럴 때에도 '내가 또 정신없이 생사의 파도에 떠내려가선 안 되겠다.' 하고 정신을 차리고 마음을 가다듬어 자꾸 또 해야 해요. 그렇게 하면 잘 안 되는 그것이 바로 되는 것입니다. 안 되는 과정을 거쳐서 되는 것이지, 안 되는 것 없이 되는 것이 아닙니다.

생활을 하다 보면 뚜렷한 까닭 없이 불안할 때가 있습니다.

불안한 의식은 누구에게나 있습니다. 그러나 내가 가지고 있는 그 근본 자리를 알아버리면 일체가 해소되지요. 그 하나가 투철하지 못하면 항상 안개가 낀 듯 회의가 일어나고 괴롭습니다.

행복은 바깥 조건에 있지 않아요. 내 마음에서 행복을 찾아야지 바깥 경계에서 찾으면 잘못된 일입니다. 어디를 가도 괴롭고 우울하고 명랑하지 않다는 건 내가 스스로 만들어놓은 것이지 바깥에 구름이 끼었다고 그렇게 된 게 아니에요. 문제는 내 마음을 깨치라는 것이지요. 내 마음을 깨치면 모든 문제가 다 풀리고 깨치지 못하면 모든 문제가 의혹투성이입니다.

우리의 괴로움은 몸을 기준으로 해서 살기 때문에 생깁니다. 몸이 편안하고 몸이 만족하고 몸이 마음대로 되어야 하는데 그게 잘 안 되니 찌뿌드드하고 괴로운 거지요. 그렇다면 이 몸이 어떻게 생겼느냐 하는 뿌리를 근본적으로 생각해보아야 합니다. 이걸 해결하면 모든 문제가 다 풀리니까요. 몸이 어떻게 생겼는지 그 근본도 모르면서 몸이 움직이는 대로 따르다 보니 괴로움이 생기는 것이지요.

결국 문제는 자기 초점으로 돌아갑니다. 근본 자기를 알면 나로 말미암아 나타나는 모든 현상계가 전부 내가 뿌린 씨라는 것을 알게 되지요. 나를 깨치지 못하면 중간에 일어난 내 형태만 흐리멍덩하게 알아 내가 억울하게 당하는 것 같고 피해를 입는 것같이 느껴지지요. 하지만 전부 내가 뿌린 것이라는, 추호도 어긋남이 없는 그 원리를 깨쳐야 합니다. 깨치기 전에는 항상 회의를 느끼지요.

그런데 설령 깨치지 못했다 해도 그 원리를 알 수는 있지 않겠어요? 그것을 누가 던져주었겠습니까? 내가 느끼는 걸 가만히 돌이켜보면 내 스스로 어떤 고민을 더하기도 하고 덜기도 하잖아요. 허공에 구름이 일어나듯 그것이 금방 있다 없다 있다 없다 하잖아요. 그러니 그것이 흐리멍덩하다 이겁니다. 있으면 영원히 있고 없으면 영원히 없어야 하는데, 이것이 자기 초점을 모르기 때문에 그래요. 이렇게 내 고통의 원인을 모르기는 하지만 분명히 내가 받고 있고 그 고통은 내가 뿌린 씨앗이에요.

그리고 그런 억울함은 팔정도를 행함으로써 없어집니다. 팔정도는 정견正見, 정사유正思惟, 정어正語, 정업正業, 정명正命, 정정진正精進, 정념正念, 정정正定으로 모두 바른 행으로써 자기의 초점을 알아내는 수행이지요. 부처님은 팔정도의 생활을 하면 자연히 내 마음이 밝아져 고통의 그물을 벗어버릴 수 있다고 하셨습니다. 이것이 고집멸도를 말하는 사제법이지요.

고苦도 사람 생김새처럼 짙은 고가 있고 옅은 고가 있어 모양이 다 다릅니다. 그 고를 느끼는 사람을 중생이라 합니다. 중생은 흐리멍덩한 존재지요. 흐리멍덩하니 고통도 천차만별로 느끼고, 행복하게 살고 싶으면서도 자꾸 불행한 구덩이로 기어들어가는 겁니다. 그러나 팔정도를 행하면 삶의 이치가 순응해 삶이 바르게 다가오고 어떠한 고통도 극복할 수 있고 피해나갈 수 있습니다.

고깃덩어리 이 상태로 생명이 있는 게 아닙니다. 참으로 그 자리는 불생불멸합니다. 고깃덩어리 이 몸은 죽어도 그 생명은 죽을 수 없습니다. 본시 그 자리는 빛도 냄새도 없어요.

손을 들었다 놓았다 할 때 손이 자기 마음대로 하는 게 아니지요. 그러면 이 손을 들었다 놓았다 하는 게 무엇입니까? 나라고 하는 것이지요. 그 나는 모양이 없어요. 그러면 모양이 없으면 내가 없습니까? 없다고 할 수 없지요. 분명히 손을 들었다 놓았다 하게 했으니까요. 그래서 그 자리는 있고 없는 것도 상관없는 자리예요. 있고 없는 것을 초월했어요.

그 자리는 모양이 없으니 죽을 수도 없고 살릴 수도 없습니다. 그 자리는 우주 법계가 생기기 이전부터 있던 자리예요. 그것은 누가 만들어낸 것이 아니니 또한 없어질 수도 없어요. 모든 형단 있는 것은 다 만들어진 물건이니 없어집니다. 이 지구도 몇억 년이 지나면 마멸하여 없어지겠지요. 그러나 우리 생명 자리는 모양이 없으니 없어지지 않아요. 모양 없는 그 자리가 바로 자기라 이겁니다. 그러니 육체는 죽어도 그 자리는 죽을 수 없어요.

그런데 인간은 그러한 자기를 망각해버리고 미해 가지고 백 년 안쪽으로 살아가는 이 육체를 자기인 줄 잘못 알고 온갖 향락을 다하며 그 오욕락 때문에 스스로를 괴롭히고 남도 괴롭힙니다. 육체를 근본으로 삼으니 과거의 전생 다생한 영원한 자기 생명력을 보지 못하는 거예요. 그래서 이 육 척 단구의 몸이 자기 전체인 줄 알고 거기에만 매달리다가 나자빠지면 정신없어 하지요.

인도 갠지스 강가에 가보면 피골이 상접한 사람일지라도 가만히 앉아 청정한 정신으로 살아가는 사람이 많습니다. 그런 사람은 육체를 떠나 자기 생명력을 알고 있는 겁니다. 그런 사람은 남을 해치거나 하는 것이 없습니다. 딱 앉아서 근본 자기 자리로 돌아가는 수행이 되어 있는 사람입니다.

그런데 미국 같은 데 가보면 살찐 늙은이들이 어깨가 축 처져서 돌아다니는 게 많이 보입니다. 이것은 육체를 위주로 살다가 육체가 무너지니 희망이 끊겨 맥없이 살고 있는 겁니다. 갠지스 강가의 인도 사람처럼 육체를 본위로 살지 않고 진리를 본위로 살았으면 육체가 무너져도 헤매지 않고 당황하지 않지요.

이 육체가 남보다 잘 먹고 잘 입고 화평하게 사는 게 잘사는 것인 줄 알기 때문에 지금 정신세계는 병들어 있어요. 시선이 자꾸 바깥으로 향하니 욕구만 커지는 것이에요. 욕구라는 것은 목마를 때 소금물을 마시는 것 같아서 만족이 없습니다.

인간의 오욕락은 탐하면 탐할수록 점점 더 탐욕에 빠져들게 됩니다. 오욕락은 만족을 모릅니다. 만족이 되었어도 며칠이나 갑니까? 또 만족이 되었다 해도 몸뚱이 성할 때만 향락을 누리는 것이지요.

우리는 이러한 백 년 인생을 목표로 사는 게 아닙니다. 영원한 자기 생명을 가지고 나고 죽는 고통의 그물을 끊어버리자는 것이 부처님의 가르침입니다. 또 백 년을 살아도 바른 가르침으로 살

때 행복한 것이지 그걸 모르고 욕망에만 빠져 살면 그 백 년 인생도 점점 비참한 나락으로 떨어지게 되지요.

《초발심자경문初發心自警文》에 보면, "세락世樂이 후고後苦어늘 하탐착재何貪着哉며 일인一忍이 장락長樂이어늘 하불수재何不修哉리오." 라고 했어요. 세간의 즐거움은 뒷날의 괴로움일진데 어찌 탐착하겠으며, 한 번 참는 것은 영원한 즐거움인데 어찌 닦지 않겠느냐는 겁니다.

백 년 후다닥 지나갑니다. 파도가 밀려오는 백사장에서 아이들이 모래로 소꿉장난을 하는 것 같아서 아무것도 아니지요. 그러니 세상을 달관하여 이 세계를 다듬어 나아갈 때 희열을 느끼고, 영원한 생명을 비축하며 살아가는 지혜가 열리고 법열의 세계가 나타납니다. 그리고 그럴 때 나만 편안할 게 아니라 모든 미혹한 중생을 어루만져줄 수 있어야 합니다.

생사가 본래 둘이 아니라면, 자살은 죄업이 되지 않습니까?

자살은 큰 죄악입니다. 생사가 없다는 건 달관한 입장에서 하는 말이지 중생은 분명히 생사가 있습니다. 태어나는 것을 좋아하고 살기를 좋아하고 죽는 것을 슬퍼하고 꺼립니다.

진정으로 생사가 본래 없는 줄 안다면 자살할 이유가 없습니다.

자살한다는 것은 내 욕망대로 안 되니 뭔가 불만이 잔뜩 차서 자기 스스로 없는 생명을 있는 줄 알고 끊는 것입니다. 본시 생사가 없는 도리를 알면 자살이라는 말도 성립하지 않습니다. 죽을 수 없는데 어찌 스스로 죽겠느냐 이 말입니다.

그렇지만 미한 세계에서는 생사가 있어요. 그러니 수행 정진하고 허물을 반성하고 성인의 가르침대로 인생을 계획해야 해요. 고통을 극복하지 못하고 스스로 자기 생명을 없애버리는 것은 가장 어리석은 행동입니다.

불교에서 말하는 생사가 없는 그 도리를 분명히 알 때, 바로 참선하는 그러한 이치가 개발됩니다. 참선은 생사가 없는 도리를 획득하는 것입니다. 참선뿐 아니라 생사가 없는 도리를 설한 것이 불교의 근본 가르침입니다.

욕심을 버리려 해도 잘 되지 않습니다

보통 사람들은 수행하겠다고 마음을 먹으면 먹고 싶은 것, 졸린 것을 참고 고행을 합니다. 그렇게 역행을 하는 것이 수행입니까? 또 그렇게 역행을 해보자 마음먹고 하다가도 잘 안 될 때 좌절하기도 합니다.

그건 사람에 따라 다르지요. 진리가 어디 한 군데만 있는 게 아닙니다. 괴로움을 받는 속에도 진리가 있어요.

착한 마음도 마음이고 악한 마음도 마음입니다. 그 마음이 근본이 되어서 세계가 벌어지거든요. 순리로 나가면 평탄하고 좋기는 하지만, 어떻게 거슬리는 구덩이에 빠졌더라도 그 경계에서 더 깨우치고 솟아나는 용기가 있을 수도 있지요.

그러니까 그걸 한마디로 단정할 수 없어요. 하지만 근본적으로 내가 모든 걸 다스려나가고 순리로 가는 것이 원칙이지요. 어쩌다 이탈했다 해도 그것에서 벗어나 경책을 하고 전철을 밟지 않도록 각성하면 오히려 그게 선행일 수도 있는 것이지요.

그런데 그렇게 역행을 하다가 좌절감을 겪는 건 심지가 약해서 그래요. 그런 걸 무슨 역행이라 하겠습니까. 달팽이 뿔만 한 신심을 발휘했다가 그게 제대로 안 된다고 주저앉아버린다면 사람 자격이 모자라는 것이지, 뭐 일이 그렇게 안일하고 쉽게 되겠습니까?

그런 유약한 정신 가지고는 포교든 선행이든 일반 세상사든 아무것도 안 됩니다. 견고한 원력과 세상 이치를 잘 배우고 알아서 마장에 넘어가지 않고 모든 허물을 정복해나가는 결심과 노력이 필요한 것이지 다른 방법이 없습니다. 노력이 부족하면 업력에 팔려 일을 추진해나가는 힘이 없게 됩니다. 원력과 신심이 부족한 것이지요. 그러니 발심을 바로 해 부처님 말씀을 듣고 배우고 격려해야지요. 또 어쩌다가 해태심이 나면 선각자를 찾아가 지도를 받아가면서 자꾸 경책해 나아가야 합니다. 어떤 우연이나 기적이 있어서 공부가 되는 게 아닙니다.

업력에 져서는 안 됩니다. 스스로 업력을 극복해나가는 지혜가 항상 뒷받침되어야 해요. 불교 문제만이 아니라 세상사도 그렇습니다. 세상사도 무얼 하다가 실패하고 안 되면 좌절하거든요. 그럴 때 용기를 가다듬어 다시 또 추진하고 그렇게 정진해서 성공하는 것이지요. 한 번에 좌절해버리면 낙오자가 되어버립니다. 백절불굴로 그런 용기가 필요합니다.

정말 제가 업력 중생이라는 생각이 듭니다. 자기 업 따라 왔다 갔다 싫증을 잘 내서 이걸 고치고 싶은데 잘 안 됩니다.

안 그런 사람 없습니다. 아무리 좋은 일도 한참 하다 보면 싫증이 날 때가 있습니다. 그걸 고치려면 고치려는 망상 하나가 더 들어가지고 더 고통스럽지요. 싫증난다고 그 싫증나는 걸 없애려 하면 싫증나는 것 없애려는 고통 하나가 더 보태어질 뿐이지 싫증 안 나고 태평해지느냐 하면 그렇지 않습니다.

그러면 어떻게 하면 되느냐. '이 싫증나는 마음이 어디에서 일어나는가?' 하고 싫증나는 마음 뿌리를 돌이켜보세요. 자꾸 그렇게 하면 어느 결에 싫증내는 마음이 없어집니다. 싫증나는 대로 따라가지 말고 싫증나는 마음이 일어나는 초점으로 돌이켜 살펴보면 싫증이 없어집니다.

안 그러면 이 뭣고, 도대체 싫증도 내고 좋아도 하는 '나'라는 초점, 이 중심이 무엇인가 의심해보세요. 싫증내고 온갖 망상을 일으키는 것이 마음의 불꽃인데 화두를 하면 시원하게 마음의 청량제가 되고 흔적 없이 사라집니다. 부아가 나지를 않아요.

이 뭣고를 하면 부아가 나지 않습니다. 이 뭣고를 놓쳤기 때문에 부아가 나는 것이지요. 부아가 나면 이 부아가 어디에서 나는지 뿌리를 한번 찾아보아야 합니다. 그렇게 찾아보고 또 찾아보아도 도무지 뿌리를 못 찾거든요. 못 찾으니 부아가 없어질 수밖에요.

허무한 데 사로잡혀서 내가 전부 착각으로 세워 일으킨 것이라 아무리 찾으려 해도 보이지 않습니다. 전부 이 마음 놀이입니다. 병도 마음에서 일으키고 약도 마음에서 일으키고 전부 마음의 조화예요. 그러니 참나의 모습을 찾는 정진에 힘써야 합니다.

욕심을 버리고 순수한 마음으로 돌아가려 해도 잘되지 않습니다. 어떻게 공부하면 될까요?

인간은 모두 욕심 속에서 살아요. 그래서 이 세계를 욕계라 하지요. 사람마다 욕심의 모양은 달라도 욕심이라는 점에선 똑같습니다. 이 많은 욕심을 어떻게 극복하고 욕심 아닌 세계로 돌아갈 수 있느냐는 질문인데, 깜깜한 밤에 어둠을 몰아내려고 빗자루로 쓸고 부채로 부치고 몽둥이로 두들겨 패도 어둠이 물러가겠어요? 물러가지 않습니다. 그러면 어떻게 어둠을 몰아내느냐? 불을 켜면 어둠은 붙들어도 달아나버립니다.

우리가 욕심을 안 부리겠다고 해서 되는 게 아니에요. 공부를 해서 마음에 빛이 비쳐지면 저절로 욕심을 부리지 않게 되지요. 그런 세계가 열립니다. 욕심이 허무한 것임을 느끼는 마음의 빛이 일어나는 거지요.

그래서 한 끼 굶어도 만족하고 돈 한 푼 없어도 만족하며 살게 됩니다. 우주가 전부 자기 것이에요. 태양도 바람도 물도 자기 것이고 천하가 자기 것이지요. 아무리 세상 대단한 갑부와 비교해도 아무것도 바라지 않고 만족하게 사는 사람이 진짜 갑부입니다.

참말로 만족을 느끼는 그런 세계가 있습니다. 부처님 마음만 깨치면 천하가 다 내 세계예요. 내 것이 어디 따로 있는 게 아닙니다.

괴로움의 가장 큰 원인이 바라던 일을 성취하지 못하거나 갖고자 하는 것을 소유하지 못했을 때인 것 같습니다. 그럴 때 그 고를 끊을 수 있는 방법이 무엇일까요?

사람이 분수를 지키지 못하고 자꾸 욕심만 따라가니 자기 마음도 어지러워지고 세상 살림살이도 혼란스러워지는 겁니다. 욕심을 따라간다고 그 욕심대로 성취되느냐 하면 그것도 아니지요. 아닌데도 자기 생각을 이기지 못해 자꾸 욕심을 부려요. 욕심에 사로잡혀서 내가 가져야 될 것인지, 안 가져야 될 것인지도 모르고 무조건 탐착해 따라가다 보니 파탄이 생기는 거예요. 그것은 어디까지나 인간 자신의 병입니다. 그것을 알아야 해요.

그래서 부처님이 이 세계를 욕계라 하셨어요. 욕심으로 얽혀진 세계에서 욕심이 일어나는 대로 따르다 보면 파멸이 온다고 가르치셨지요. 허황되게 남의 것을 탐하는 마음은 내 생명을 손상시키는 결과를 가져오지요. 그러니 어리석게 욕심을 따라가지 말라는 소리예요.

불교에서는 모든 고통은 욕심 때문에 온다고 가르칩니다. 이 욕심이라는 것도 여러 가지가 있는데 명예욕·재욕·색욕·식욕·수면욕 이 다섯 가지를 오욕락이라고 합니다. 참으로 지혜 있는 사람은 욕심을 부리지 않아요. 욕심을 부릴 때 벌써 고통을 가져온다는 걸 알기 때문이지요.

지혜로운 사람은 내가 생명을 받은 이상 이 생명을 잘 구사해서 잘 살아야겠다고 생각합니다. 그러면 욕심을 부리기는커녕 오히려 자기가 가진 재물도 남에게 베풀게 되지요. 길가에 금 덩어리가 떨어져 있어도 줍지 않아요. 내가 땀 흘려 노력하지 않은 것은 나한테 도움이 되지 않는다는 것을 알거든요. 그러니 남의 물건을 훔치거나 남의 것을 얻으려는 욕심은 있을 수가 없지요.

그래서 수행이 바로 된 사람은 욕심을 부리지 않습니다. 오히려 자기 재물을 남한테 주기를 좋아합니다. 이것이 불교의 보시행이지요. 내가 좋아하는 것을 남한테 주고 그 사람이 좋아하는 모습을 보며 내 마음이 편안해지는 기쁨을 누리는 겁니다. 그러한 눈에 보이지 않는 정신세계에 만족해야지 재물을 끌어모아 놓고 좋아하는 건 어리석은 짓입니다. 욕심을 부리면 자꾸 고통이 생겨요.

또 지혜로운 사람은 게으름을 부리지 않고 부지런히 일을 하니 그 대가가 많이 옵니다. 그러면 그것을 다시 다른 사람에게 베풀 수 있게 되지요. 그렇게 하다 보면 인생이 너그러워지고 고통이 따라오지 않아요. 그리고 나에게 도움을 받은 그 사람이 정신적으로 나를 도와주게 됩니다.

내가 더 많이 가졌다는 게 어디 땅에서 솟아나고 하늘에서 떨어진 게 아니지요. 결국은 누구한테 있어야 하는 것을 빼앗아온 거다 이 소리거든요. 그러니 서로 베풀어야 해요. 그러면 서로 마음이 화평하여 천하가 태평해지지요. 이렇게 살 때 행복의 세계가 열리고 천지신명이 보호하고 재앙이 사라지지요.

가난해서 남 밥 먹을 때 죽을 먹으면서도 남 주기를 좋아하는 사람은 절대 굶어 죽지 않아요. 훔치는 사람이 굶어 죽지 보시하는 사람은 굶어 죽지 않아요. 그러니 부처님이 이 밝은 이치 속에서 편안하게 살라고 가르치신 것이지, 무슨 심통으로 남 가지고 싶은 것을 못 가지게 한 게 아닙니다.

절대 내 욕심대로 세상이 살아지지 않아요. 욕심을 부리면 파탄밖에 오지 않습니다. 또 욕심 부린다고 한 끼에 밥을 스무 그릇 먹는 것도 아니고, 양복을 열 벌, 스무 벌씩 포개 입는 것도 아니고, 구두도 열 켤레, 스무 켤레 포개 신는 게 아니잖아요. 그러니

천 석을 모으면 뭐하겠습니까?

입이 있으면 먹을 게 있고 몸이 있으면 걸칠 게 있을 텐데 왜 그렇게 욕심을 부려 자기 인생을 자기가 망치느냐 이겁니다. 욕심을 부리면 내가 파멸하니까 하지 말라는 거예요. 내 길이 막히니 욕심을 부리지 말라 그겁니다.

남이 하는 일은 좋아 보이는데 내가 하는 일은 불만스러울 때가 많습니다. 왜 그런지요?

중생 사회가 다 그렇지요. 자기 앞의 콩보다 남 앞에 있는 콩이 더 굵게 보인다는 말이 있듯이 남 하는 것은 다 좋아 보입니다.

그러나 불법을 알면 이웃과 내가 둘이 아닙니다. 이웃이 잘되는 것이 내가 잘되는 것이고, 이웃의 불행을 볼 때 내 마음이 괴로운 것입니다. 이렇게 전체를 하나로 보게 되면 내 것이고 네 것이고 나누지 않고 내가 하는 일에 행복을 느끼고 그 일을 충실히 하게 되지요.

그러지 않고 나와 남을 갈라놓고 보면 그런 피상적인 인생관을 갖게 됩니다. 근본적인 원리에서 자타가 없는 진리의 눈을 뜰 때 남이 하는 것을 좋게 여기고 자기가 하는 것을 불만스럽게 여기는 생각이 사라집니다.

모든 것은 우리 마음가짐에 있습니다. 내 마음의 좋아하고 싫어하는 그 초점을 돌이켜보세요. 어디서 미워하는 생각이나 불만스러운 생각이 일어나는지. 그것을 돌이켜보면 그런 생각이 사라집니다. 이것이 수행하는 방법입니다.

세상에 회향하기

불교에서는 착하고 악한 것의 기준을 무엇으로 판단하나요?

우리 사회에서는 착함과 악함의 기준이 밝음과 어둠처럼 명백하지요. 착한 행동을 하면 내가 편안하고 행복해질 뿐 아니라 다른 사람도 편안하게 해주니 평탄한 세계가 열립니다. 그러나 악한 행동을 하면 내 마음이 괴롭고 고통스러울 뿐 아니라 그 행이 이웃에까지 영향을 끼쳐 사회가 혼탁해지지요.

그래서 불교에서는 사악수선捨惡修善, 악을 버리고 선을 행하라 했으니 착한 것이야말로 도에 들어가는 지름길입니다. 참선 수행도 선한 바탕 위에서 해야 망념이 사라지고 깨끗한 마음을 만나는 길이 열리는 것이지요. 악을 행하면 마음의 파도가 일어나 안정을 잃어버립니다. 안정을 잃으면 지혜가 생길 수 없고 지혜가 생기지 않으니 모든 일이 흐트러지고 잘못되겠지요. 그렇듯 선과 악의 기준은 마치 천당 가는 길과 지옥 가는 길이 갈리듯 뚜렷하게 갈립니다.

그러나 한 생각 초월해서, 어떠한 고통이 와도 상관이 없다 하면 그 선악의 기준은 무너집니다. 즉, 누가 와서 내 목을 자르려 해도 생사의 본래 도리를 알 때에는 그것에 조금도 구애받지 않고 끄떡없이 견디게 되지요. 내게 다가오는 것이 선이든 악이든 상관없이 그야말로 선악을 평등하게 똑같이 다룰 수 있는 아량을 갖게 됩니다.

이렇듯 부처님과 보살의 세계는 선악을 초월한 경지이므로 그 기준이 사라집니다. 하지만 중생은 선에 치우치기는 어렵고 악에 묶이기는 참 쉽습니다. 그러니 우리는 선악을 초월한 불보살이 되기 전까지는 선이라는 길을 택해 가지 않으면 안 되며, 이 선택이 바로 우리가 행복해지는 방법이지요.

마음이 청정하면 세상도 청정하다는데 현실에는 왜 온갖 비리가 있는 것인지요?

마음이 청정하면 세계가 청정하다는 건 마음이 청정한 사람한테 해당하는 소리예요. 마음이 청정한 사람은 어떠한 경우에도 청정합니다.

그런데 중생은 청정한 세계를 두고도 청정하지 않은 세계를 헤매고 있지요. 스스로 불구덩이로 기어들어가고 있다는 말이에요. 본래 청정하기 때문에 내가 청정하면 우주가 청정해요. 지옥도 무너지고 없어요. 그런데 중생이 그렇지 않은 방향으로 자꾸 만들어 가니 그게 문제지요.

괴롭고 비리가 있는 것은 한마디로 내 스스로가 만든 자업자득이에요. 내가 붉은 안경을 쓰고 보면 우주 전체가 붉게 보이지만 내가 안경을 안 쓰고 보면 형형색색이 다 나타나요. 아무 고통 없는 안경을 쓰고 보면 천하가 청정합니다. 고통의 원인이 되는 욕심이란 색안경을 쓰고 보니 세상이 그리 보이는 것이에요. 자체가 옳고 그른 것이 있는 게 아니에요.

개인적 고통과 사회적 고통이 같은지, 아니면 다른지요?

같다면 같고 다르다면 다르지요. 개인의 고통도 각각 다 다르잖아요. 사람 따라 돈이 많아 고통이고 돈이 없어 고통이고 천차만별이지만, 또 고통은 다 같다고 볼 수 있어요. 괴로운 게 고통인데 그 모양이야 천차만별이라도 다 같지요.

누가 전에 이렇게 말하던데. "아이고, 이불도 없고 양식도 없고 소금도 없고 땔나무도 없고……." 그래서 "아이고, 이 사람 답답하네. 돈 없다고 한 가지만 말하면 되지."라고 말해주었어요. 그렇듯 모든 고통은 결국 다 같은 거예요.

《선생경善生經》에 보면 아내에게 잘하라고 여러 실천 행을 말하는데, 오늘날에도 꼭 그렇게 해야 하는지요?

아내에게만 잘해주는가? 남편에게도 잘해주어야지요. 그 시대에는 여성을 너무 박대하니까 아내에게 잘해주라는 잔소리를 한 거지요. 오늘날은 여성 상위 시대라 여자한테 쩔쩔 매는 남자도 많으니 남자한테도 잘해줘야지요.

부처님 법은 전부 방편설이에요. 형편 따라 그 시대에 맞는 법을 하는 겁니다. 무유정법 아뇩다라삼먁삼보리라. 부처님 법을 못 박아서 딱 이렇다 하면 벌써 부처님 법에 어긋나는 것임을 알아야 해요.

불교인의 경제적 관점은 어떠해야 할까요?

만인이 평등한 것이 부처님 경제법이지요. 나 혼자, 내 가족, 내 나라만 잘살라는 게 아닙니다. 우주 전체가 다 똑같이 동체대비로 잘살라는 것이지요.

내 것을 내 맘대로 하는데 무슨 상관이냐 하는데 크게 잘못된 생각이에요. 무엇이든지 아껴 쓰면서 자기 관리를 잘하는 것이 자기 경제를 잘하는 것이에요. 전 국민이 잘살도록 경제를 해야 되고, 모든 국가가 서로 이익이 되도록 해야 해요.

이웃 나라가 망하든 말든 이익이 되든 말든 우리나라만 잘살려 하고, 다른 나라 사람은 굶어 죽든 말든 우리만 잘살려 하고, 가난한 사람들은 밥도 제대로 못 먹는데 자기는 다이아몬드 반지를 끼어야 하고 밥도 고급으로 먹어야 하고 그러면 세상이 탁해지는 거지요. 전 세계가 같이 잘사는 것이 불교인의 경제적 관점이에요.

불교의 실천 속에는 자비 말고 다른 것은 없는지요.

자비 속에는 없는 게 없어요. 우주 전체가 곧 불교인데, 자비심으로 살아갈 때 불교가 살아나는 것이고 원결怨結과 중생심으로 살아갈 때 불교가 없어지는 것이지요. 불교가 뭐 따로 있는 게 아닙니다.

남을 사랑하고 남에게 도움을 주는 게 모두 자비의 다른 말이지요. 무엇이든 잘하는 것이 다 자비인데 자비가 안 통하는 곳이 어디 있겠어요. 자비나 박애나 동체대비나 말 모양만 다르지 다 같은 말이에요.

사회봉사가 불교적 깨달음에 차지하는 의미는 무엇입니까?

좋은 일을 한다는 것은 보시의 전 단계예요. 불교의 근본은 선善이에요. 선을 행하고 결국에는 그 선을 초월하는 데까지 들어가는 게 불교예요. 그래서 제악막작 중선봉행諸惡莫作衆善奉行이라, 모든 악을 버리고 모든 착한 것을 받들어 행하라고 하는 것이지요. 착하게 하는 게 불교이지 불교라는 게 따로 없습니다.

그리고 더 깊이 올라가 꿈을 깨라. 착한 사다리를 타고 가서 결국 착한 데 그치는 게 아니라 꿈을 깨기까지 해야 해요. 좋은 일을 자꾸 해야 깨달아지는 거지, 나쁜 일을 하면 깨달을 수가 없어요. 좋은 일을 많이 할수록 깨달음에 가까워지는 것이니, 선은 도에 들어가는 사다리라 할 수 있지요.

대승 불교의 참뜻은 수행의 결과를 사회로 돌리는 데 있다고 생각합니다.

대승 불교의 참뜻만 그런 게 아니라 소승 불교도 마찬가지예요. 대승 불교의 참뜻은 사회에 이바지하는 건데, 대승 불교뿐 아니라 이 세상을 살아가는 것 자체가 다 사회를 생각하는 겁니다. 우리는 혼자 사는 게 아니라 사회를 상대로 해서 사니까요.

대승 불교와 소승 불교의 차이라 하면, 소승은 사람이 조금 타고 가는 조각배와 같고 대승은 사람이 많이 타고 가는 큰 배와 같다는 거지요. 쉽게 말하면 대승 불교는 모든 사람이 다 간다는 거고, 소승 불교는 나쁜 놈 너는 비켜라, 좋은 사람 가야 된다, 그렇게 갈라놓은 거지요.

대승 불교는 네가 없고 내가 없다, 동체대비입니다. 똑같다, 똑같으니 가려낼 게 없어요. 나쁜 짓을 하는 사람이 있으면 소승 불교에서는 그 사람은 같이 갈 자격이 없다고 제쳐놓지만 대승 불교는 그 사람이 나쁘고 좋고 상관없이 다 같이 가자는 것이지요. 그러니 완전히 차원이 다른 세계지요.

국가도 대승법으로 다스리면 나라가 잘되고 소승법으로 하면 맨날 마찰이 일어나게 되지요. 왜냐하면 대승법에서는 사람이 잘못을 해도 그 사람을 미워하지는 않아요. 대신 그 사람이 왜 그런 나쁜 행동을 하게 됐느냐를 관찰해 그 근본을 다스려요. 그런 사람도 다 보살심으로 돌려서 잘해주는 거예요. 자비롭게 대하는 거지요. 좋지 않은 행동을 하는 사람을 더 이상 그런 행동을 안 하게끔 교화시키는 거지요.

이렇게 나쁜 짓을 하는 그 근본을 다스리는 게 보살행이에요. 나쁜 사람을 나쁘게 취급하는 게 아니라 다시는 나쁘게 안 되도록 교육시키는 거예요. 자비로 용서하는 거지요. 자기가 한 나쁜 행동이 모든 사람에게 피해를 끼치게 되고, 그러면 결국 자기도 괴롭고 고통스럽게 된다는 감화의 정신으로 교화하는 거예요.

대승법으로 정치를 하면 나쁜 사람을 먼저 도와주게 돼요. 잘하는 사람은 가만둬도 괜찮잖아요. 대신 나쁜 짓을 하는 사람을 다스리는 걸 먼저 하는 거예요. 오히려 좋게 대해주고 대접해주면 그 사람도 양심이 있으니 양심의 가책을 받게 되지요. 인지상정으로 다 알아요. 나쁜 짓 하는 사람도 그게 나쁜 짓인 걸 모르고 하는 게 아니니까요. 나쁜 줄 알고도 하는 거니까요.

대승의 선에서는 절대 가리지를 않아요. 나쁜 사람을 오히려 더 불쌍히 생각해서 그 사람을 도와주고 감화시키지요. 그럴 때 근본적으로 다스릴 수 있는 도리가 있는 겁니다. 그게 보살행이지 다른 게 아니에요. 그런데 그렇게 하기가 어렵지요. 그러니 보살행이 어렵다는 겁니다. 대승 불교의 참뜻이 수행의 결과를 사회로 돌리는 데 있다는 것은 바른 소리예요.

집착하는 것과 원을 세우는 것은 둘 다 바라는 마음인데, 그 차이점을 알고 싶습니다. 갈등을 일으킨다면 그것은 이미 원이 아니겠지요.

집착하는 것은 자기 욕심을 부리는 것이에요. 원을 세우는 것은 '이거 이렇게 해서는 안 되겠다. 모든 사람에게 이로운 것을 내가 원을 세워서 해야겠다.' 그게 원이에요. 그러니 집착과 원의 차이는 아주 크지요.

그리고 내가 바라는 게 갈등을 일으킨다면 그것은 더 이상 원이 아니에요. 갈등은 나쁜 방향인 거고 원은 좋은 방향인 건데 같을 수가 없어요. 남에게 해를 입히는 일과 원을 세워 좋게 하는 일은 정반대예요.

참다운 보시에 대해 알고 싶습니다. 보시를 할 때 그걸 받는 사람이 욕심이 생기면 오히려 업을 쌓게 되는 건 아닌지 걱정스럽습니다.

내가 보시했다는 생각이 있으면 벌써 그건 참다운 보시가 아닙니다. 내가 착한 일을 한다고 생각하면 그건 벌써 착한 일을 하는 게 아니지요.

세상 사람은 내가 잘한다 하면 내가 잘한다는 마음을 가지고 있어요. 그렇게 잘한다는 마음을 가지고 있으니 그게 언젠가는 남의 기분을 상하게 하는 거예요. 내가 잘하면서도 잘한다는 생각이 없어야 합니다. 내가 뭘 한다고 하면 한다는 상이 붙어서 남의 기분을 상하게 해요. 내가 상대에게 자비를 베푼다는 생각을 조금이라도 비치게 되면 그 사람은 보살 자격이 없는 거예요.

보시를 생각 없이 한다 해도 받는 사람이 욕심이 생겨서 업이 쌓이면 어쩌나 하는 생각이 든다면, 그건 참말로 보시하려는 생각을 갖고 있는 게 아니에요. 참말로 보시한다는 건 바라지를 않는 겁니다. 다만 내가 좋은 일을 할 뿐이지 저 사람이 어찌하든 거기에 관심이 없어요.

만약 그런 생각이 있으면 자기도 모르게 받는 사람에게 자극을 주게 되는 거지요. 그런 생각이 없어야 상대가 자극을 받지 않는 법입니다. 그럴 때 참말로 우러나는 마음이 생기는 거거든요. 너는 나쁘다, 내가 너한테 자비를 베푼다는 생각이 있으면 그 사람을 감화시킬 자격이 모자라는 거예요.

그러니 내 수양이 먼저 되어야 합니다. 내 수양이 안 되면 모든 것이 남을 이롭게 하지 못해요. 아무리 좋은 일을 했다 해도 내가 했다는 생각이 머리에 남아 있으면 그 사람이 하는 행동은 보살행이라 할 수 없어요.

이 세상에 살면서 어떠한 선한 행위를 해도 일체중생을 위해 하는 것이지 어느 누구를 위해 하는 게 아닙니다. 그 중생이 나쁜 사람이든 좋은 사람이든 간에 그렇게 할 때 상대방 마음이 편하고 너그럽지, 내가 좋은 걸 했건 뭘 했건 간에 상相이 남아 있으면 칼날같이 상대 마음을 찌르게 되는 거예요. 그게 완전히 없어져야 합니다. 그렇게 되어야 보살행이라 할 수 있어요.

一理齊平

乙卯元旦
太白山老
西庵

불교는 행복하게 사는 길

한국 불교의 가장 시급한 문제가 무엇이라고 보십니까?

정신 차리는 거지요. 불교가 부처님의 가르침을 잊고 있어서 불교가 비불교예요.

불교의 근본은 첫째가 자비예요. 부처님이 육바라밀로 보시·인욕·지계·정진·선정·지혜와 팔정도 등 여러 가지 말씀을 하셨지만 하나같이 전부 중생을 위하라는 것이지요. 내 욕심 차리고 돈 많이 벌고 명예 감투 쓰고 자기 위치 확보하라는 건 경전 중에 어디에도 없어요. 전부 다 동체대비의 마음으로 세상 인류를 내 몸같이 생각하라 하셨어요. 항상 자비롭고 인욕하고 정진하고 정근해야 하는 거지요.

불교 안에는 터럭만치라도 자기 이익을 구하고 남을 해치고 하는 건 찾아보려야 찾아볼 수가 없어요. 그런데 내 절 네 절 따지고, 내 문제가 아니면 관심도 안 갖고, 서로 모여 재산 분배하고 세력 분배하고, 그것도 안 되면 힘을 이용해 싸움이나 하고. 어디 불교에 그런 불교가 있을 수 있냐는 말입니다. 그런 불교가 어떻게 인류를 구제하겠어요.

'한국 불교는 정신 차려라'는 말은 '중이 뭔지를 알라'는 소리예요. 지금은 불교가 이름만 불교지 불교다운 불교가 없어진 지 이미 오래됐어요. 불교는 전부 방하착이라, 다 쉬어버리고 내어주는 것이 불교예요. 내 몸을 포기해서 중생을 살리는 방향이 불교인데 거꾸로 됐어요. 그러니 세상 사람들이 어떻게 중을 좋게 보겠으며, 그래서야 어떻게 사회를 구하겠어요. 그러니 서양 종교가 판을 치는 거예요. 불교가 병이 들었으니 그렇게 된 거지요.

그러니 정신 차리고 참다운 불교가 어떻다는 걸 세상에 알려야 해요. 이 나라에 불교가 들어올 때 절 단청을 짊어지고 왔나 돈을 가지고 왔나. 부처님이 갖고 계셨던 건 발우대 하나예요. 이것 가지고 살라 하셨어요.

어디 가도 중은 밥을 얻어먹는 걸사乞士예요. 왜 걸사냐? 농사 안 하지 장사 안 하지, 그러니 얻어먹을 수밖에 없잖아요. 그것도 최소한으로 얻어먹는 선비예요. 그래서 선비 사士자를 써서 걸사라고 말하는 거예요. 어디 가도 요령 하나 들고 흔들면 다 밥 주게 되어 있어요. 그게 부처님이 우리에게 준 재산이에요.

불교가 이 나라에 들어올 때 재물과 패거리를 끌어모아 자리싸움하러 온 게 아니에요. 아도 화상, 순도 화상이 혼자 와서 하루아침에 불교를 편 건 어디까지나 정신적으로 편 거지 물질적으로 편 게 아니에요. 눈에 보이지 않는 무수한 정신세계를 이 세상에 베풀라는 것이지 돈 벌어서 물질로 베풀라는 그런 건 부처님 법에 없어요. 한국 불교는 한마디로 정신 차려야 합니다.

스님은 어떻게 종정 자리도 버리고 그렇게 마음이 확고부동하신지요.

나는 본시 취한 것이 없어요. 취한 것이 있어야 버리지요. 그러니 버릴 것이 없습니다. 또 취한 것이 있어야 버린 것이 아깝지, 하나도 취한 것이 없기에 그 질문은 안 맞습니다. 나도 뭐 금덩이 하나 주워서 취하면 딱 거머쥐고 안 놓지만, 본시 취한 것이 없으니 버릴 것도 없고 버린 것도 없어요.

우리나라 문화의 바탕은 본래 불교였지요. 그러나 요즘은 서양 문화가 득세하면서 불교는 그 빛이 바랬습니다. 어떻게 하면 다시 불교를 융성하게 할 수 있을까요?

이 질문은 인간이 어떻게 하면 행복하게 살 수 있겠느냐는 물음이겠지요. 서양에서 들어온 물질문화가 여러 가지 병폐를 낳고 있으니 신라 시대나 고려 시대처럼 불교문화가 빛을 발했으면 좋겠다는 바람이겠지요.

무슨 문화라고 이름 붙여지는 것은 상관없습니다. 문화가 불교적인 바탕으로 이루어지는 게 중요한 게 아니라 인간이 어떻게 하면 행복하게 살 수 있느냐 하는 점이 중요하겠지요. 다시 말한다면 꼭 불교문화라야 하고 다른 문화면 안 된다는 게 아니라 어떤 문화든 그것으로 인간이 행복할 수 있으면 됩니다.

불교는 불교라는 어떤 특정한 틀이 있어서 독특하게 생긴 것이 아니라 인간이 행복하게 사는 길을 제시했을 뿐입니다. 서양에서는 어떤 틀을 만들어놓고 그대로 살라고 하지요. 신이 우주 만물을 만들었다는 틀 말이에요. 그래서 그 틀에 거역하면 안 된다고 하지만 불교에서는 그런 게 없어요. 인간이 언제 어디서든 행복하게 살 수 있는 지혜가 불교입니다.

오늘날 사람들은 어떤 틀에 맹목적으로 박혀 살고 있어요. 그래서 괴로워하고 쩔쩔매고 서로 싸우고 가시밭길이지요. 하지만 그렇게 불행하게 사는 것을 좋아할 사람은 없지요. 다들 좋아하지 않으니 그것을 해결하려는 게 불교입니다. 그러니 어떤 것을 믿든지 바른 길만 찾아가라는 것이지요.

불교라는 두 자를 모르더라도 인간이 복되게 살면 불교예요.

꼭 무슨 형식이 있어서 불교적으로 살 까닭이 없습니다. 그냥 그렇게 복되게 살게 하는 가르침이 불교입니다.

현명한 사람은 '이렇게 행동하면 이런 결과가 온다. 그런 결과가 오면 어떻게 된다.' 이렇게 지혜로써 비춰보고 생활합니다. 그 일이 아무리 하고 싶어도 판단해보고는 해서는 안 될 일은 하지 않지요. 향락에 취해 가서는 안 될 길을 가면 금방 불행해집니다. 지혜롭게 살라는 것이 부처님 가르침입니다. 옛날이나 지금이나 진리의 이치는 마찬가지입니다.

옛날에도 불은 모든 것을 태우고, 물은 흘러가고, 바람은 틈새로 지나갔습니다. 옛날 신라, 고려 시대라고 불교가 있었고 요즘은 없는 게 아니에요. 불교라는 말은 우리가 이치를 바로 찾아 살 때 행복해지고 진리에 어긋나게 살 때 어지러워진다는 말이에요.

그러니 불교가 성하고 쇠하는 게 문제가 아닙니다. 인류가 정신 차리고 바로 살면 행복해지고 눈앞의 욕락에 빠져 살면 어지러워지는 것이지, 불교니 뭐니 종교를 별스럽게 말할 필요가 없습니다.

자기가 꿈을 깨야

불교는 가난하거나 소외된 사람에게 더 소중한 가르침이라 생각되는데, 제가 봉사하는 인도의 천민 마을 사람들은 여유가 없어 아예 공부할 생각조차 안 해 안타깝습니다.

가난한 사람이라 해서 불교를 더 믿어야 하고 부자라 해서 불교를 안 믿어도 된다는 차별은 있을 수 없지요. 보통 경제적이나 시간적 여유가 있으면 절에도 가고 책도 사보고 하니 마음공부를 할 조건이 좋다는 것이고, 인도의 천민 계급같이 먹고살기 바쁜 사람들은 마음 닦을 생각조차 못 하니 공부하기 더 어렵다는 말이 생긴 것이지요.

그런데 사는 데 그만큼의 여유도 없다는 소리는 그만큼 복을 못 닦은 사람이라는 거예요. 복을 많이 못 닦아 축생으로 떨어지고 금수로 전락하면 아예 공부조차 할 수가 없지요. 그러니 박복한 사람은 공부할 만한 그릇이 아니라는 말이기도 하지요.

그러니 천민들은 공부할 생각도 안 내는 거예요. 종교를 오히려 귀찮게 생각하지요. 여유가 있고 지식도 있고 지혜가 있는 사람은 과거에 많이 닦았어요. 그러니 전생에 못 닦은 사람일수록 죄가 크니 그 사람들을 불교로 귀화하게 해주는 것이 큰 복이 되는 거지요.

그런데 부자라고 반드시 수행하는 데 좋은 것은 아니에요. 사치하고 낭비하고 쾌락에 빠진다면 오히려 수행하기에 더 어렵지요. 그러니 수행은 잘사니 못사니 하는 데 있는 게 아니에요. 불교는 그런 분별과 차별을 떠나는 데 있는 거지요.

여럿이 함께 불사에 임하는데 힘들어서 뒤쳐지는 사람들이 있습니다. 그런 사람들을 어떻게 이끌면 좋을까요?

내가 한 자를 뛰어넘는 도량이 있으면 나는 한 자를 뛰어넘지만 그렇지 못한 사람은 중간에 떨어질 것입니다. 그만한 단련과 힘이 모자란다는 소리지요. 신심이 부족하고 불교를 깊이 알지 못하니 따라오지를 못하는 것입니다. 그러니 신심을 자꾸 발휘하도록 격려해주는 것이 중요합니다. 격려를 해서 '내가 용기를 내야 되겠다.'는 마음을 일으키게 해줘야 해요. 그러면 다 함께 가는 것이지요.

그런데 도량이 안 되는 사람도 가르치다 보면 배움의 정도가 높아져 자기 스스로 각성이 올 것입니다. 각성이 되게끔 지도해주는 것이 중요하지요. 아무리 불교가 좋다한들 첫 번에 불교가 좋으니 믿으라고 하면 누가 믿어주겠습니까? 그러니 인생을 깨우쳐주는 온갖 지식도 필요한 것이지요. 지식을 일러주면서 여러 가지로 깨우쳐주면 각성을 하게 되거든요. 그렇게 각성해서 자기 용기가 발생하도록 이끌어줘야 합니다. 그게 지도자의 역할이에요.

석가탄신일에는 많은 사람이 절을 찾아 연등을 달고 보시를 하고 소원을 빌기도 합니다. 어떻게 보면 이런 건 하나의 껍데기고 모양인 것 같은데, 스님의 말씀 듣고 싶습니다.

연등을 달거나 불공을 드리거나 절을 짓는 모든 것이 부처님의 가르침을 잇기 위한 것이지요. 절도 지어야 되잖아요. 절을 짓는 것도 알고 보면 중요해요. 사람의 정신세계를 여는 게 절이잖아요. 불법은 시공을 초월해 중생의 정신을 밝히는 작업이거든요. 이것보다 더 큰 법은 없어요. 그러니 절이라도 하나 지어놓아야 중생이 다른 귀신들한테 정신 안 팔고 부처님 껍데기에라도 의지를 하는 거지요.

그러면서 부처님의 가르침을 잘 모르는 사람은 그렇게 하면 부처님이 복을 주는 줄 알아요. 하기는 부처님께 항상 절을 하면 부처님이 복을 주긴 주지요. 자기 부처가 자기한테 복을 주는 거예요. 바깥의 무슨 부처가 있어서 주는 게 아니라. 일심으로 하면 천지가 다 자기 마음이니 마음이 안정되고 그러다 보면 사물을 제대로 보는 눈이 생기고 어렵게만 보이던 일들이 잘 풀리게 되는 거지요.

석가탄신일을 기념하는 건 좋은 일이에요. 부모나 친구가 태어난 날도 기념하고 꽃 달아주고 음식 대접하는데, 위대한 성인이 출현한 그날에 연등 달고 하는 게 다른 무엇보다도 좋은 일이지요. 그런데 그건 석가모니 부처님을 빛나게 하는 게 아니라 중생의 마음 깨우치는 작업이에요.

연등이라는 건 아름다운 마음의 표상이에요. 연등 하나 켠다고 뭐 특별히 좋기야 하겠어요. 그러나 중생에겐 그게 필요해요. 부처님이 탄생한 그날 등을 달면 복을 준다고 하는 건 자기 철학이고, 그만큼 또 그 사람에게 이익이 돼요.

큰 우물에 가서 조그만 그릇 가지고 물 떠오면 조그만 그릇에 물이 담기고 큰 그릇 가지고 떠오면 큰 그릇에 담기는 거예요. 길쭉한 그릇에 담으면 길쭉하게 담기고 동그란 그릇에 담으면 동그랗게 담기고. 다 자기 그릇대로 담아가는 거지요. 그러면서 불법을 차차 제대로 알아가는 거예요. 그러니 불법을 공부하는 데 어떤 방법만이 옳다고 말할 수 없어요.

우리가 일상생활을 하면서도 본의 아닌 행동을 많이 하잖아요. 그것이 잘못된 줄 알았을 때 잘못된 걸 고치는 데 의의가 있는 거지요. 무엇이든 대번에 잘하게 되는 건 아니에요. 그러니 그 나름대로 다 필요해요.

부처님도 팔만사천법문이 다 필요하니 해놓은 거고, 그 많은 법을 설해놓고 "나는 한 말도 한 게 없다."고 한 것도 다 필요해서 한 소리예요. 다 중생을 위해 하신 소리지요. 하나도 버릴 게 없어요. 그래서 불법은 거두어들이는 문, 섭수문攝受門에는 하나도 버릴 게 없고, 참으로 근본으로 들어가면 하나도 취할 게 없다고 하는 거지요.

그동안 많은 가르침을 주셨는데 불교를 좀 더 체계적으로 공부하려면 어떻게 해야 좋을까요?

맨날 해도 그 소리가 그 소리지요. 맨날 하는 법문도 색다르게 말이 달라야 들으니 각도를 좀 달리하는 것이지 알고 보면 맨날 그 법문이에요. 다른 것이 있다 하면 도로 어긋나지요. 이 세상 살아가는 것도 그래요. 어제나 오늘이나 항상 그 시간이고 항상 그렇게 사는 거지 몇 해를 두고 배워야 되고 그런 게 없어요.

그러니 불교는 한 생각에서 깨치라는 것이에요. 죽비 딱 때리고 일 분 동안 알아야 해요. 일 분 동안. 일 분이나 몇만 년이나 똑같은 거예요. 일 분 동안 집중하면 그만이지 몇 시간을 해야 한다는 원리도 없어요. 어찌 들으면 장난도 아니고, 일 분 동안 어찌 알까 하겠지만 일 분만 잘하면 다 알아버리는 거예요. 시간 공간에 다른 차이가 없어요. 길고 짧고 그게 없거든요.

서로 수십 년 밉상스럽던 사람도 한 생각 돌리면 그 밉상이 없어지잖아요. 몇십 년 감정이 맺혔다고 몇십 년 동안 풀어야 풀어지는 게 아니잖아요. 그러니 진기하고 묘하지. 그러니 시간과 공간이 없단 말이 그게 참 묘한 말이라는 거예요.

시간과 공간이 없는 도리에 들어가야 해요. 장단이 있고 시비가 있고 생사가 있고 그런 것은 다 시간 속이거든요. 이렇게 시간 속에 사는 사람을 시간을 초월한 세계로 끌어들이려니 말이 많고, 또 사람이 천차만별이니 맨날 해야 그 소리라도 그게 또 필요한 거지요. 작년에 밥 먹고 올해 밥 먹고 몇백 년 후에 밥 먹고 몇천 년 후에 밥 먹어도 맨날 그 밥이듯이 똑같지만 또 안 먹을 수는 없단 말이지요. 그러니 똑같은 소리가 아닐 수가 또 없는 거예요. 그걸 알고 보면 말이라는 것이 묘하지요. 딴소리를 할 수가 없는 거예요.

문제는 자기가 그러한 세계를 능히 잡아 쓰느냐 하는 것이에요. 그 잡아 쓰는 것이 수행이거든요. 알기는 알아도 잡아 쓰지 못하면 소용없어요. 자기가 실제로 잡아 써야 되거든요. 그게 문제지요. 그러니 모두 알았다 하지만 그 사람이 모르는 사람과 똑같은 행동을 하면 안다는 게 뭐겠어요. 자기 자신에게도 해탈이 안 되거든요. 누구를 위해 수행하는 게 아니에요.

사실 공부라는 게 따로 있는 게 아니에요. 우두커니 앉았다고 되는 것도 아니고. 선방에서 얼마 동안 공부해야 된다, 뭐 이렇게 해야 된다 저렇게 해야 된다 그런 게 정해진 게 아니에요. 세상 공부는 1학년, 2학년 밟아 올라가 몇 해 되면 졸업장 주고 인정하고 그러지만 마음공부는 그런 게 없어요. 그런 게 없으니 찰나에 자기 생각 돌아서면 되는 거예요.

본래 이 공부가 다른 것처럼 어떻게 한다 틀이 있으면 쉬울 텐데 그게 없어요. 그래서 몇십 년 해도 모르는 사람이 있고 잠깐 들어도 아는 사람이 있거든요. 그게 뭔가 모양이 있어야 얼마 동안 해야 된다는 게 있을 텐데 모양이 없거든요, 마음은 본시 모양이 없어요. 모양이 없는데 뭐 어떻게 해야 된다 소리가 없는 거지요. 모양이 있어야 어떻게 구부리든 펴든 멈추든 하지, 모양이 없는 마음이니 자기가 꿈 깨듯이 그 이치를 알아야 해요.

하늘에 명주, 맑은 여의주라는 구슬이 있는데 그 구슬을 검은 데 갖다놓으면 새까맣게 되고 붉은 데 갖다놓으면 붉어져요. 그런데 그 구슬을 검은 데 놓으면 어리석은 사람은 그 구슬을 검은 구슬로 알고 깨끗하게 만들려고 자꾸 닦는다 말이에요. 하지만 아무리 닦아봐야 닦아지지 않거든요. 구슬이 본시 깨끗한데 검은

데 갖다놓으니 까매졌지 거기에 뭐가 묻은 게 아니거든요. 그런 걸 어두운 사람은 형단만 보고 까맣다고 보니 까만 걸 제하려고 노력하지만 백날 해봐야 그게 닦여지지가 않지요.

공부도 그와 같아요. 우리가 탐진치 삼독이 있는데 그것도 말이 탐진치 삼독이지, 어디 뭐 더럽게 묻을 것도 깨끗이 닦을 것도 없어요. 탐진치 삼독이란 것도 없는 거라. 없는 데 그 없는 것이 닦아지느냐 이 말이에요. 우리 마음도 진심嗔心이 있다 해도 진심을 안 내려고 아무리 닦아봐야 닦여지지가 않아요. 그게 천년을 닦아도 안 돼요.

하지만 영리한 사람은 까맣게 된 걸 보면서도 깨끗한 걸 보고 있는 거예요. 영리한 정신은 까맣지 않은 근본을 보는 거지요. 그런데 조금 시원찮은 사람은 '아마 그게 까만 게 아닐 거다. 어디 다른 데로 옮겨보자.' 하고 흰 데 갖다 놓지요. 그렇게 옮겨놓고 아는 이는 까만 것을 닦으려고 하는 이보다 그래도 조금 지혜가 있는 편이지요. 옮겨놓고 흰 것을 보니까요. 하지만 영리한 사람은 본시 물들지 않은 것으로 투명하게 보는 안목이 있다 그거예요. 그러니 그걸 옮기려고 하지도 않고 닦으려고 하지도 않지요.

오조 홍인 대사의 제자 중에 신수 대사가 글을 짓기를 "몸은 보리나무 같고 마음은 맑은 거울 같다. 중생이 모두 찌들어 있으니 탐진치 삼독이 안 끼게 자꾸 털고 부지런히 닦아라." 그랬거든요. 이 세상 사람이 그런 식이지요. 뭘 닦고 공부하고 기도하고 뭐

하고 다 그렇게 하지요.

그런데 백날 닦아봐야 제해지는 게 아니다, 본시 때 안 묻었다, 보리라는 것도 무슨 덩어리가 있는 줄 아느냐, 보리도 나무가 아니고 맑은 거울도 그 거울이 아니다, 말하자니 거울이니 뭐니 하지 본래무일물이라 아무것도 없다, 그러니 어느 곳에 때 낄 것이 있느냐, 본시 없는데. 이게 육조 혜능 스님 말씀이지요. 그래서 오조 홍인 대사가 인정하고 혜능 대사에게 발우를 전했어요.

우리 일상생활에 비춰보면 다 그래요. 내가 업이 많아서 이렇게 고생한다, 내가 업이 많아서 염불을 해야 되고 절을 해야 되고 백일기도를 해야 되고 그렇게 평생을 퍼덕거려 봐야 그게 되는 게 아니에요. 달관해서 본시 없는걸 알아버리면 돼요. 아는 것이 몇 달 아는 것도 아니고. 그게 아무 근거가 없어요. 본디 때 낄 곳이 없는 거니까. 그러려면 견성하라, 꿈을 깨라, 그 이치를 알라는 거지요.

그래서 불교에서는 견성을 해서 노력해야 공부지, 견성하기 전에는 아무리 노력해도 공부가 아니라는 말이 나오는 거예요. 그러니 선방에 가서 견성 먼저 하라 그러는 거지요. 견성해야 비로소 닦는 길이 있으니까. 견성 안 하면 닦는다 해도 검은 구슬 닦는 거와 마찬가지예요. 닦아도 닦는 게 아니다 그 말이거든요.

그러니 선문에서는 알고 뭘 해야 된다고 하지요. 안다 하면 방황하지 않아요. 안 될 짓은 안 한단 말이에요. 하지만 중생은 안 될 짓을 해요. 그러니 몇백 년을 해도 맨날 타락하고 안 돼요. 원리를 모르기 때문에. 근본을 아는 사람은 헤매지 않아요. 모르는 사람은 단식을 해야 되고 일종식을 해야 되고 장좌불와도 해야 되고 고기도 먹으면 안 되고 뭐도 해도 안 되고 백날 해봐야 안 돼요. 본시 때가 안 끼는 논리를 모르니 말이에요. 도를 마친 사람, 꿈을 깨버린 사람은 헤매질 않아요. 뭘 해도 태연해요. 뭘 해도.

그러니 꿈을 바로 깨야 해요. 설명 들은 것 가지고는 안 돼요. 그것이 그럴 듯하지만 늘 알쏭달쏭한 게 자기 것이 안 되거든요. 그러니 그걸 자기가 투입해서 착실히 깨치는 게 중요하지요. 이걸 자기가 응시해 자기가 깨뜨리라는 거예요. 자기가 깨는 걸 누가 일러줄 수도 없어요. 그 언저리 근처만 설명해주는 거지 자기가 꿈을 깨야 해요.

서암 홍근 대종사 행장

西庵 鴻根 大宗師 行狀

서암 홍근 대종사西庵 鴻根 大宗師

1914~2003

성姓은 송宋, 이름은 홍근鴻根이다. 1914년 10월 8일 아버지 송동식宋東植과 어머니 신동경申東卿사이에서 5남 1녀 중 셋째로, 어머니가 '고목에서 꽃이 피고 수많은 별들이 쏟아지며 거북이 나타나는' 태몽을 꾼 다음 경상북도 풍기읍 금계동에서 태어났다.

절개가 굳은 의인이었던 아버지는 일제 치하에 풍기 일원의 독립운동단체 지도자로 활약하였다. 이런 까닭에 가족은 삶의 터전을 잃고 안동, 단양, 예천, 문경 등지를 떠돌 수밖에 없었고, 스님은 유년 시절을 추위와 굶주림 속에서 보냈다.

"많이 배워라. 기상을 죽이지 마라."는 아버지의 가르침과 헌신적인 어머니의 희생 덕분에 동네 서당과 단양의 대강보통학교, 예천의 대창학원 등에서 품팔이를 하면서 한학과 신학문을 배웠다.

인간의 삶과 진실, 세계와 우주의 질서, 그 비밀에 접근하는 열쇠를 발견한 것처럼 책을 탐독했고, 틈만 나면 사유와 사색에 젖어 들었다. 그중에서도 러시아 작가들의 책을 즐겨 읽었다.

타고난 영민함, 박학다식 그리고 깊은 사색으로 인생에 대한 진지한 논쟁을 여러 사람들과 나누었는데 어린 나이였지만 필적할 만한 이가 없었다.

그러던 중 "책이나 선생들로부터 들은 것 말고 단 한마디라도 좋으니 네 자신의 이야기를 해보라."는 예천 서악사 화산華山 스님의 말씀에 최초로 부끄러움을 배우고 "제 인연은 스님에게 있습니다."라는 말과 함께 머슴과 같은 행자 생활을 하게 되었으니 15세(1928년)의 일이다.

고된 생활 가운데에서도 당시 대강백이었던 화산 스님께 초발심자경문初發心自警文, 치문緇門, 의식儀式 등을 틈틈이 배우며 출가 수행자로서 기반을 다졌다.

은사인 화산 스님이 3년이라는 긴 행자 생활을 지내도 사미계沙彌戒를 줄 생각이 없자, 당시 경허鏡虛 스님과 교분이 있던 장진사의 간청에 의해 비로소 본사인 김용사에서 19세(1932년)의 나이로 낙순 화상을 계사로 모시고 사미계를 받았다. 법명은 홍근鴻根, 수계 후 김용사 강원에서 수학하였다.

22세(1935년)에 김용사 강원 생활 중 금오金烏 스님을 모시고 보살계와 비구계를 받고, 이후 대덕법계를 품수하게 되었다. 법호를 서암西庵으로 받았다. 김용사 강원에서 동학同學가운데 출중하여 가히 군계일학群鷄一鶴이라 할 만하였다.

타고난 학문에 대한 열정으로 일본 유학을 결심한 후 강원에서 내전內典을 보는 동시에 독학으로 유학 준비를 하여 25세(1938년)에 종비장학생으로 가난한 유학 길에 오른다.

선진 학문을 접하면서 넓어지는 안목의 변화에 하루하루 가슴이 벅차올랐으나 이를 위해서 힘든 노동과 배고픔의 대가를 치러야 했다. 자신도 모르게 육체는 깊은 병을 만들어 가고 있었고, 결국 당시에는 사형선고와 같은 폐결핵이라는 진단을 받게 된다. 귀국하여 '세상에서의 마지막 봉사'라는 생각으로 각혈을 하면서도 모교인 대창학원에서 1년 동안 학생들을 지도하였다. '시한부 인생'이라고 생각하며 남은 정열을 쏟아부었으나 죽음은 쉽게 오지 않았다. '생사의 근본도리!' 이것이 저절로 스님에게는 화두가 되어 있었다.

죽음만을 기다리며 사는 것이 헛되다고 돌이키며 28세(1941년)에 김용사 선원에서 수선안거修禪安居에 들어갔다. 여름과 겨울이 지나가면서 마음은 맑아지고 몸은 가벼워졌다.

이듬해 봄이 되어 북쪽으로 만행하던 중, 철원 심원사에서 스님의 학식을 흠모하는 여러 스님들의 간청에 못 이겨《화엄경》을 1년간 강의하였다.

이후 금강산 마하연과 신계사에서 여름 안거를 마치니, 어느덧 몸에 있던 병마는 흔적 없이 사라졌다. 가을이 되자 다시 길을 떠나 묘향산, 백두산 등지를 거쳐 다시 남쪽으로 내려와 문경 대승사의 천연동굴에서 성철性徹 스님과 함께 용맹정진 하였다.

32세(1945년)에는 광복이 되자 산에서 내려와 예천포교당에 머물며 징병·징용 당하여 죽음의 땅에서 돌아온 동포들에게 보금자리를 마련해 줌과 동시에 불교 청년운동을 전개하였다.

이듬해에는 계룡산 골짜기에 있는 '나한굴羅漢窟'이라는 천연동굴로 들어갔다. '깨달음을 얻기 전에는 살아서 이 바위굴에서 나가지 않으리라!' 이와 같은 목숨을 건 정진으로 머리는 산발하고 뼈만 앙상하게 남았으나, 의식은 오히려 맑아졌다. 나중에는 잠도 잊고 먹는 것도 잊은 채 선정삼매禪定三昧의 날들을 보내다가, 한순간 탄성이 저절로 터져 나왔다.

본무생사本無生死라!
삶과 죽음의 경계마저 한갓 공허한 그림자처럼 사라진 것이다.

계룡산에서 내려온 뒤에도 수행의 고삐를 늦추지 않았다. 만공滿空 스님 회상의 정혜사와 한암漢岩 스님 회상의 상원사 그리고 해인사, 망월사, 속리산 복천암, 계룡산 정진굴, 대승사 묘적암 등지에서 계속 정진하였다.

33세(1946년)부터 35세(1948년)까지 금오金烏 스님과의 인연은 각별했다. 지리산 칠불암과 광양 상백운암, 보길도 남은사, 계룡산 사자암에서 금오 스님을 모시고 정진을 하게 되었는데, 특히 칠불암에서의 '공부하다 죽을 각오를 한 정진'은 지금까지도 유명한 일화로 남아 있다.

38세(1951년) 이후부터는 문경군 농암면에 있는 원적사에 주로 머물렀다. 맹렬한 정진력과 깊은 지혜, 통쾌한 변재와 절도 있는 생활은 여러 수좌들의 귀감이 되었다. 그런 까닭에 주변에는 늘 스님의 도를 흠모하는 수좌들이 함께했다. 낮에는 대중들과 함께 정진하고, 밤이 되면 혼자 산으로 올라가 새벽예불 시간이 되어서야 내려왔다. 원적사에서의 정진도 칼날 같았다.

범어사, 동화사, 함창포교당, 태백산 홍제암, 각화사 동암, 상주 청계산 토굴, 나주 다보사, 백양사, 지리산 묘향대, 천축사 무문관, 통도사 극락암, 제주 천왕사, 김용사 금선대, 상주 갑장사 등지에서도 한결같은 모습을 볼 수 있었다.

57세(1970년)에 봉암사 조실祖室로 추대되었으나 사양하고 선덕禪德 소임을 자청하여 원적사를 오갔다. 당시 봉암사 대중들이 선방 벽에 붙어 있는 용상방龍象芳에 스님의 법호를 조실 자리에 붙이면 스님은 떼어내고, 대중들이 붙이면 다시 떼어내곤 하였다.

62세(1975년)에는 제10대 조계종 총무원장을 맡아 어려운 종단 사태를 수습하고 2개월 만에 사퇴하였다.

65세(1978년) 이후부터는 봉암사 조실로 머물면서, 해이해진 승풍僧風을 바로잡고 낙후된 가람을 새롭게 중창하였다. 한편 수행 환경을 위해 전국에서는 유일하게 산문山門을 막아 일반인의 출입을 통제하였다. 봉암사는 오늘날 '모든 수좌들의 고향'으로 자리 잡고 있다.

78세(1991년)에는 조계종 원로회의 의장을 맡아 성철 스님을 종정으로 재추대하여 종단의 중심을 잡은 후에 미련 없이 산으로 돌아왔다.

80세(1993년)에는 제8대 조계종 종정으로 추대되었다. 그러나 이듬해에 종정직과 함께 봉암사 조실까지 사임하고, 거제도, 삼천포, 팔공산 등지를 거쳐 태백산 자락에 토굴을 지어 '무위정사無爲精舍'라 이름하고 무위자적하였다.

88세(2001년)에 봉암사 대중들의 간청에 의하여 8년 만에 봉암사 염화실로 돌아와 한거閑居하였다.

90세(2003년) 3월 29일 오전 7시 50분 무렵 봉암사 염화실에서 "한말씀 남기시라."는 제자들의 거듭된 요청에 "그 노장 그렇게 살다가 그렇게 갔다고 해라."는 마지막 말씀을 남기고 열반하였다. 4월 3일 봉암사에서 다비가 행해졌으나 생전 스님의 말씀에 따라 사리를 수습하지 않았다.

지은이 서암西庵 스님

한국 최고의 선승禪僧. 겉치레에 연연하지 않고 한평생 문중도 자기 절도 없이 수행자로만 살았다. 광복 이후 우리 사회가 매우 혼란스러울 때 당대 선지식이신 금오 스님을 모시고 지리산 칠불암에서 도반들과 더불어 '공부하다 죽어도 좋다.'고 서약하고 용맹정진한 일화가 유명하다.

해인사, 망월사, 김용사 금선대 등에서 정진을 계속하였고 1951년 이후로는 청화산 원적사에서 다년간 정진하였다. 1978년 이후 봉암사 조실로 추대되어 낙후된 가람을 전국의 납자 100여 명이 결제에 들 수 있도록 대작불사를 이끄는 한편, 일반 관광객의 출입을 금지시키고 엄격한 수행 기풍을 진작해 봉암선원을 조계종 특별종립선원으로 만들었다.

평생 선 수행을 바탕으로 법문하고 공부했던 스님은 사부대중이 이해하기 쉬운 '생활선의 법문'으로도 알려져 있다. 선에 있어서도 생활 속 실천을 강조했다. "선이란 것은 어디

다른 데 있는 게 아니라 우리 생활 속에서 이루어지는 것이다. 일상생활에서 손 움직이고 발 움직이고 울고 웃고 이웃 간에 대화하는 그 속에서 24시간 불교를 찾는 생활, 그것이 선"이라는 것이 스님의 가르침이었다.

스님은 세수로 80세가 넘도록 몸이 허락하는 한 언제나 대중교통 수단을 이용하였고 시봉 또한 두지 않은 채 검소하고 소박하게 살아가셨다. 이렇게 일생을 통해 부처님의 가르침을 몸으로 실천했던 큰스님의 모습은 수행자들의 귀감이 되고 있다.

1914년 경북 풍기에서 태어났으며 법명은 홍근鴻根, 법호는 서암西庵, 1993년 12월 대한불교조계종 제8대 종정으로 추대되어 재임 140일 만인 1994년 4월에 사임하고 종단을 떠났다. 2003년 3월 29일 세수 90세, 법랍 75세의 일기로 봉암사에서 입적하였다. "그 노장 그렇게 살다가 그렇게 갔다고 해라."는 열반송을 남겼다.

"자기가 꿈 깨듯이 그 이치를 알아야 합니다."